2668 Hans Albers, Hoppla jetzt komm ich
01.01.1991   30,00 DM
Helmut Eßer, Postfach 1214, 21602 Buxtehude

Herzlichen Glückwunsch zu diesem herrlichen Hans Albers Bildband.

Wir hoffen, daß all die faszinierenden Ansichten und Anekdoten unseres packenden Filmhelden Ihnen die große Filmwelt ein kleines Stück näher bringen wird. Auf daß Sie mit dem legendären Hans Albers und dem kräftig-herben Holsten- Pilsener den packenden Genuß erleben!

Holsten-Pilsener.
Kräftig-herb. Der packende Genuß.

Der packende Genuß

Hans Albers
Hoppla, jetzt komm' ich!

Herausgegeben von Otto Tötter

Rasch und Röhring Verlag

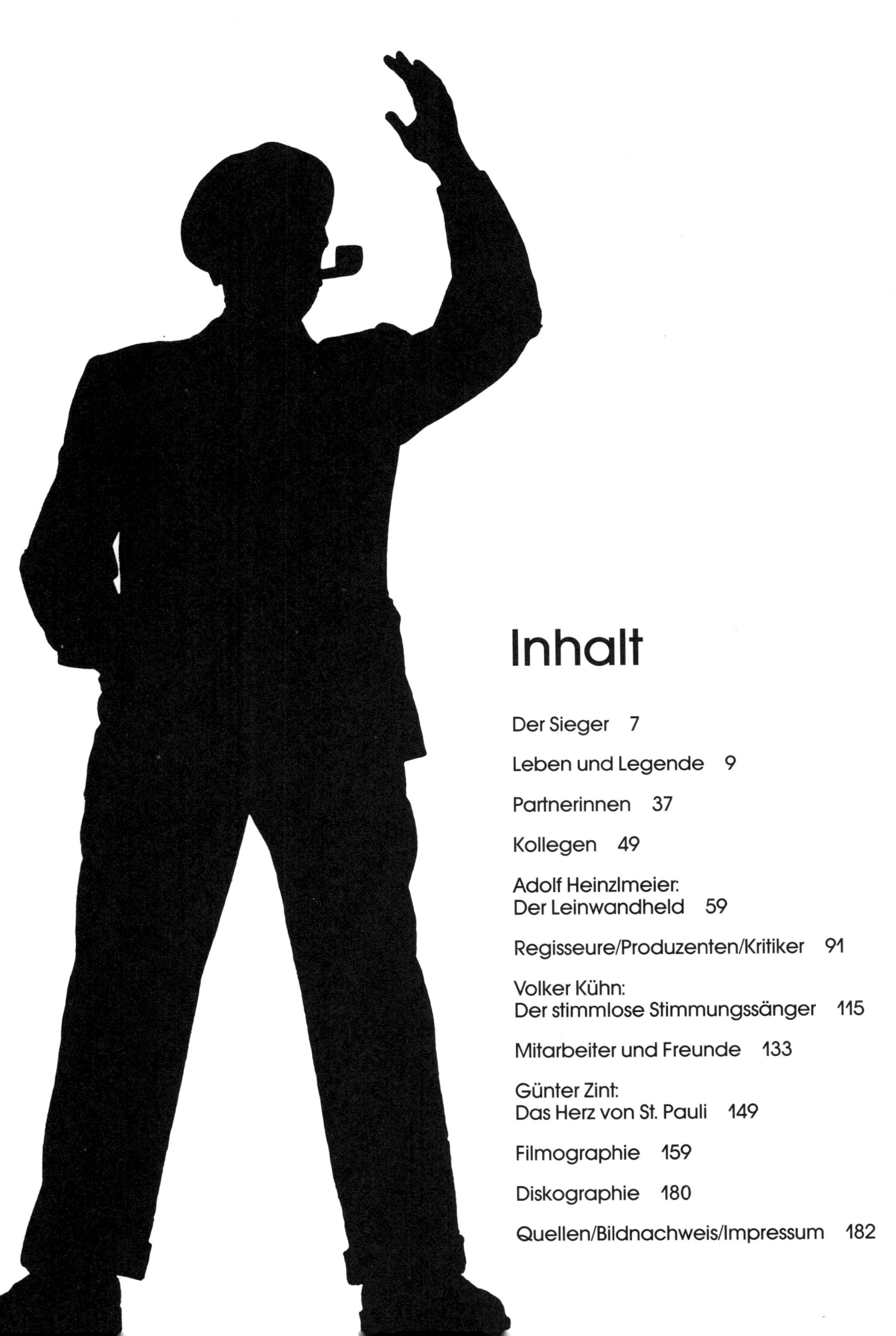

Inhalt

Der Sieger 7

Leben und Legende 9

Partnerinnen 37

Kollegen 49

Adolf Heinzlmeier:
Der Leinwandheld 59

Regisseure/Produzenten/Kritiker 91

Volker Kühn:
Der stimmlose Stimmungssänger 115

Mitarbeiter und Freunde 133

Günter Zint:
Das Herz von St. Pauli 149

Filmographie 159

Diskographie 180

Quellen/Bildnachweis/Impressum 182

Der Sieger

»Hans Albers war der einzige in unserer Zeit, der in seiner Filmarbeit internationales Format erreicht hat und am ehesten den Vergleich mit Gary Cooper, Clark Gable ... oder John Wayne aushält ...« Das sagt der Schauspieler Carl Raddatz, selbst ein berühmter Star des deutschen Films der dreißiger und vierziger Jahre, über den blonden Hans mit dem Hoppla-jetzt-komm'-ich-Charme.
Hans Albers wurde 1891 in Hamburg geboren. Er starb 1960 in seiner Wahlheimat Bayern. In der Erinnerung ist er jedoch bis heute lebendig. Nicht nur die Generation, die seine große Filmzeit von 1930 bis zu seinem Tod 1960 im Kino miterlebt hat, liebt ihn, auch die Jugend mag seine Shanties, seine Filme, die immer wiederkehren, sei es auf dem Bildschirm oder auf der Leinwand.
Es gibt also viele Gründe, seinen Spuren nachzugehen. Immer wieder fragt man sich, was denn so außergewöhnlich gewesen ist an diesem Komödianten, der, was den Erfolg beim Publikum angeht, alle seine Kollegen um Längen geschlagen hat und der auch in der Gunst der Medien bis heute ganz oben rangiert.
Ich machte mich also auf zu Zeitgenossen von Hans Albers, zu Menschen, die mit ihm gearbeitet haben, die ihm nahestanden, die seine Freunde waren. Und ich fand viele, die mir halfen, ein deutliches Bild der Persönlichkeit dieses Volksschauspielers reinsten Wassers zu zeichnen.
Die Spurensuche führte mich kreuz und quer durch Deutschland, nach Österreich und in die Schweiz, sie war beschwerlich, aber hochinteressant. In zahlreichen Gesprächen und Interviews entstand so ein lebendiges Porträt dieses Unsterblichen des Kinos.
Natürlich wird das Porträt erst abgerundet durch die zahlreichen Bilddokumente, die wir aufgespürt haben: Theaterfotos, private Schnappschüsse, Fotos aus seinen Filmen, zu denen Adolf Heinzlmeier einen fachkundigen Beitrag geliefert hat. Oder durch die Erinnerung an den unverwechselbaren Sänger und seine Lieder, die auch heute noch oft zu hören sind und mit denen sich Volker Kühn beschäftigt. Und schließlich durch Interviews von Günter Zint, der sich auf Hamburgs »sündiger Meile« umhörte und bestätigt fand, daß St. Pauli den flotten »Hanne« noch nicht vergessen hat.
So ist ein Buch entstanden, das in Bild und Text Aufschluß gibt über das bewegte, erfolgreiche Schauspieler-Leben des Hans Albers, der drei Jahrzehnte deutscher Filmgeschichte mit geschrieben hat.

Otto Tötter

Leben und Legende

Hans Albers schaffte nach dem Ersten Weltkrieg den Sprung nach Berlin und begann dort seine große Karriere.

»Hoppla, jetzt komm' ich! Alle Türen auf, alle Fenster auf!
Hoppla, jetzt komm' ich! Und wer mit mir geht, der kommt eins rauf!
Einen Happen möcht' ich schnappen von der schönen Welt
und das Leben mal erleben, wie es mir gefällt.
Hoppla, jetzt komm' ich! Alle Türen auf! Alle Fenster auf und die Straße frei für mich!«

Wohl selten hat ein einziges Lied das Bild eines Mannes in der Öffentlichkeit so nachhaltig geprägt wie dieser Schlager. Er wurde 1932 von Max Colpet und Robert Gilbert geschrieben, von Werner Richard Heymann vertont und war ein Hit jener Zeit, geschaffen für einen der strahlendsten Sterne am deutschen Film-Firmament – für Hans Albers.

Der Film, mit dem Albers diesen Hoppla-Effekt auslöste, trug einen bezeichnenden Titel: *Der Sieger*. Es war nicht sein erster Film dieses Genres. Ähnliche Rollen waren ihm schon vorher auf den Leib geschrieben worden. Und es war auch nicht der erste Hit, den Deutschland und die halbe Welt dem blonden Hans nachgesungen oder -gepfiffen haben. Werner Richard Heymann waren schon vor dem »Hoppla« Ohrwürmer für Albers eingefallen, die heute noch lebendig sind. »Das ist die Liebe der Matrosen« ist nur ein Beispiel von vielen. Trotzdem, das Siegerlied blieb an ihm hängen, und nur an ihm. Mit ihm wurde und wird er bis heute identifiziert, mag er in noch so vielen Schlagern und Shanties sein Hamburg und vor allem sein St. Pauli besungen haben.

Hans Albers verbrachte den größten Teil seines abenteuerlichen Lebens in Berlin und – wenn er einmal Ruhe suchte – in seinem Haus in Garatshausen am Starnberger See. Dennoch blieb er in seinem Herzen ein Hamburger Junge, und für seine Millionen-Gemeinde ist er das auch heute noch. Als er am 22. September 1891 im Hamburger Stadtteil St. Georg das Licht einer relativ heilen Welt erblickte, wurde ihm an der Wiege allerdings kein Lied gesungen. Er war das jüngste von sechs Kindern, seine Eltern betrieben eine Schlachterei. Sie waren ehrbare Bürger in einer aufstrebenden Handelsstadt, in der Kaufleute und Handwerker auf goldenem Boden standen.

Der temperamentvolle Hans schlug schnell aus der Art, zunächst zum Leidwesen und später zur Freude seiner konservativen Familie. Harry E. Weinschenk hat 1938 ein Buch herausgegeben, in dem er Schauspieler aus ihrem Leben erzählen läßt. Dort äußert sich der damals populärste deutsche Filmschauspieler Albers frank und frei über seine Hamburger Jugendzeit, nicht ohne Selbsterkenntnis, dafür aber ohne Bescheidenheit, die ja nie seine Art war:

»... Zunächst besuchte ich die Uhlenhorster Oberrealschule. Ich kann nicht behaupten, daß ich ein Musterschüler war, denn mit Ausnahme der Nebenfächer Zeichnen, Turnen, Singen und Geographie wiesen alle übrigen Zeugnisspalten sehr mangelhafte Zensuren auf. Ich galt damals schon als couragierter Junge, der sich besonders bei den Schlachten hervortat, die zwischen den einzelnen Anstalten ausgetragen wurden. Es kam auch vor, daß ich an eine höhere Klasse ausgeborgt wurde, wenn Not am Mann war.

Als Quartaner verließ ich die Schule, aber keineswegs freiwillig, vielmehr ereignete sich ein Zwischenfall, der die Gemüter des Lehrerkollegiums auf das heftigste erregte. Ich hatte in der Zeichenstunde ein Kastanienblatt entworfen, das wohl zu gut gelungen war, als daß man mir diese Leistung zutraute. Jedenfalls trat eines Tages der Lehrer von hinten an mich heran, guckte mir über die Schulter und meinte: ›Das hast du doch nicht selber gezeichnet!‹, worauf er mir mit dem Lineal einen Schlag auf den Hinterkopf versetzte. Diese ungerechte Behandlung brachte mich derart in Harnisch, daß ich ihn packte und zu Boden warf, wobei er sich den Fuß verstauchte. Natürlich flog ich in hohem Bogen ...«

Vater Albers ist dann offenbar mit dem Rohrstock zur Tat geschritten. Und er verhängte ein Schwimmverbot, was den Sohn besonders hart traf, denn dem Wasser gehörte seine ganze Liebe. Den Rohrstock haßte der junge Hans, so sehr, daß er ihn des öfteren einfach annektierte und verschwinden ließ. Das half ihm allerdings auch nicht viel weiter, denn ». . . es kam häufig vor, daß der Vater mir zehn Pfennig in die Hand drückte und mir befahl, einen neuen Stock aus dem Laden zu besorgen. Ich schämte mich jedesmal vor dem jungen Mädel, das mich bediente, deshalb begann ich immer erst ein langes Gespräch mit ihm, um schließlich mit meinem Anliegen herauszurücken. Ich behauptete stets, den Stock zum Kreiselspiel zu benötigen, was nicht ganz glaubhaft klang, weil ja ein dünner Rohrstock wenig geeignet für diese Zwecke ist.«

Der Vater startete dann für seinen Sohn einen neuen Schulversuch auf der St.-Georg-Realschule, allerdings mit dem gleichen Mißerfolg. Hans brachte eben nicht genügend »Neigung und Sammlung« für die wissenschaftlichen Fächer auf, ihm waren Ansehen und Meisterschaft im Schwimmclub »Alster« wichtiger als Mathematik und Fremdsprachen. Mit Mühe — oder eher, mit Unlust — schaffte er es schließlich bis zur Obertertia, dann machte der Vater kurzen Prozeß: Der Sohn mußte den Handel mit Chemikalien und Farben erlernen. Aber auch das war nicht nach seinem Geschmack.

Claire Dux, die Opernsängerin, war Albers' »ständige Begleiterin« in den frühen zwanziger Jahren.

Mittlerweile hatte nämlich ein Ereignis stattgefunden, das in ähnlicher Form fast jedem Schauspieler den Weg wies: Hans Albers erlebte im Deutschen Schauspielhaus Hamburg, das gerade eröffnet worden war, seine erste Theateraufführung: Schillers »Wilhelm Tell«. Und er sah und hörte im Hansa-Theater den berühmten Otto Reutter, der ein Couplet zum besten gab, das ihm wahnsinnig imponierte: ». . . Bescheiden zu sein, das war schon seither meine Tugend, die ich immer schätzte. Als ich noch zur Schule ging, da war ich bescheiden der letzte.« Albers fand also sein eigenes Schulmotto von einem berühmten Mann bestätigt. Und das war ganz nach seinem Geschmack.

Der Hamburger Junge wußte, daß sich Schwierigkeiten vor ihm türmen würden. Trotzdem beschloß er, Schauspieler zu werden. Und da er eben Hans Albers war, schaffte er den Sprung auf die Bühne. Dabei hatte ihm der Oberspielleiter des Hamburger Schauspielhauses nach einem mit Mühe erzwungenen Vorsprechen kurzerhand erklärt: »Junger Mann, Sie haben nicht die Spur von Talent, geben Sie alle Hoffnung auf.«

Hans scherte sich den Teufel um dieses vernichtende Urteil, und das jähe Ende seiner Lehrzeit brachte ihn seinem Ziel unversehens einen Schritt näher. Daß es mit dem Farbenhandel ziemlich rapide zu Ende ging, kam so:

». . . Eines Tages hatte ich im Lager zu tun und vergnügte mich mit meinen Kollegen damit, mit einer aus Pappe gedrehten Kugel Fußball zu spielen. Als nun ein Lehrling einen Augenblick hinausging, legte ich die Kugel abstoßbereit vor meine Füße, um sie ihm entgegenzuschleudern, sobald er wieder zurückkam. Die Tür öffnete sich, ich feuerte den Schuß ab, er landete auch im Gesicht des Eintretenden; aber es war nicht mein Arbeitskamerad, sondern der Herr Prokurist.«

Dieser Herr hat dem jungen Albers das nicht verziehen. Er schikanierte ihn und sammelte Tatbestände, bis es zur Entlassung reichte. Hans hat auch das relativ mühelos überstanden — seiner Familie behagte der erneute Rausschmiß natürlich gar nicht — und bewarb sich frech um eine kaufmännische Stellung. »Ich hatte auch Glück, denn ich wurde von einer Seidenfirma in Frankfurt am Main engagiert. Mein Gehalt betrug 250 Mark, ich stand also damit auf eigenen Füßen.« Hans Albers verließ die Hansestadt. Das alles geschah noch zu Kaisers Zeiten.

Es sollten einige Jahre ins Land gehen, bevor Albers an Alster und Elbe zurückkehrte. Freilich hatte er Hamburg mit sehr gemischten Gefühlen verlassen. Zwar war er jetzt dem Druck des Elternhauses nicht mehr direkt ausgesetzt und konnte seiner Liebe zum Theater freien Lauf lassen, aber als Hamburger

Junge vermißte er am Main doch manchmal, was ihm das Leben in der Hansestadt so lebenswert hatte erscheinen lassen. In Hamburg, da war ja nicht nur das Wasser, da lebten nicht nur die Freunde, da war auch schon ein bißchen St. Pauli, damals noch nicht gerade »die sündigste Meile der Welt«, aber schon recht frei und offenherzig. Albers erzählt in seinen Erinnerungen, daß er des öfteren Fleischbestellungen zu den Kunden des väterlichen Betriebes austragen mußte. Aber er hat züchtig verschwiegen, was dem Filmstar später auf der Reeperbahn leicht über die Lippen ging, wenn er mit Kollegen zusammensaß: Die Dienste für Vaters Geschäft haben Hans wohl auch vielfach in die berüchtigte Herbertstraße geführt, wo damals schon die Damen zum bezahlten Schäferstündchen einluden. »... Und dann ist er wohl gleich dageblieben«, merkt ein heute sehr berühmter Kollege im Gespräch lächelnd an. So scheint denn das Gerücht nicht ohne Wahrheitsgehalt, daß der junge Hans auf St. Pauli zum Mann geworden ist. Was übrigens seine starke Bindung an dieses Hamburger Stadtviertel und seine Menschen einmal mehr erklären würde.

In Frankfurt machte sich Hans Albers ganz entschieden daran, seinen Weg zum Theater vorzubereiten: »Ich nahm dramatischen Unterricht bei einer Künstlerin, einer ehemaligen Heroine, und das belastete mein Budget erheblich, denn die Stunde kostete zehn Mark... Die Methode allerdings, die meine Lehrerin anwandte, um eine freie und lockere Atmung zu erreichen, erschien mir etwas seltsam. Ich mußte mich auf die Erde legen, den Körper mit den Händen stützen und ihn auf- und niederstrecken. ›Sie sollen sehen, wie gut das Ihrem Brustkorb tut‹, meinte sie.«

Kurz und gut, Albers überstand auch diese Liegestütz-Periode – die ja seinem Brustkorb erkennbar nicht geschadet hatte – und bekam bald sein erstes Engagement – in Bad Schandau. Und kurz darauf auch seine erste Kritik. Er

Albers (Bildmitte) im Ersten Weltkrieg als Verwundeter im Lazarett. Er verhinderte die Amputation seines verletzten Beines.

Hans Albers' Mutter und seine drei Schwestern im ersten Cadillac des schon berühmten Familienmitglieds.

spielte in dem Stück »Die von Hochsattel« den hoffnungsvollen Sprößling eines Grafen und las anschließend in der Zeitung: ». . . ganz aus der Art geschlagen hingegen sein Sohn, gespielt von Herrn Hans Albers. Derartige Darstellungen, die alles zu wünschen übriglassen, sind wir Gott sei Dank an unserem Theater nicht gewohnt.«

Nun steckte Albers derlei hämische Anmerkungen mit Leichtigkeit weg, um so mehr, als eine Verpflichtung an das Neue Theater in Frankfurt ihn in kleinen Rollen übte und er klug genug war, nach dieser Spielzeit an kleine Provinztheater zu verschwinden. In Güstrow im Mecklenburgischen spielte er alles, was gut und teuer war, sei es den alten Attinghausen im »Tell« oder den Tertianer Melchior in Frank Wedekinds »Frühlings Erwachen«.

Sehr gut ging es ihm in der Theaterprovinz allerdings nicht. Er trat zwar ständig auf, aber für sehr wenig Geld. Und manchmal vermißte er Mutters Fleischtöpfe sehr; der Vater sollte zu der Zeit noch nichts von den Abwegen seines Sohnes erfahren, die Familie schied also als Retterin in der Not aus. So mußte sich Hans manche Mahlzeit verkneifen, doch er fand auch da einen Weg: »Da war ich in Demmin mit der Tochter eines Likörfabrikanten bekannt, die mir für vierzig Pfennig zwei Liter Eierlikör überließ. Ich nahm ein paar kräftige Schlucke aus der Flasche, wenn dann der Alkohol seine Wirkung getan hatte, legte ich mich zu Bett und überschlief einfach die Mahlzeiten.«

Albers räumt ein, daß die Mutter und die Schwestern, denen er peu à peu seinen neuen Beruf gebeichtet hatte, ihn sicherlich unterstützt hätten, aber er wollte sich eben allein durchschlagen. Doch der ständige Griff zum Eierlikör kann mit entscheidend gewesen sein für sein weiteres Leben, denn er hat bis zu seinem Tod dem Alkohol nicht mehr entsagen wollen — oder können?

In Demmin endete für den Schauspieler Albers das Engagement so abrupt wie seine diversen Schul- und Lehrjahre. Man spielte den »Faust«, Albers »gab« Gretchens Bruder Valentin. In einer Ecke des Saales befand sich eine Theke, an der die Kellner ihre Bestellungen für alle Räume des Gasthauses aufgaben, und das nicht gerade leise. »Als ich nun in meiner Sterbeszene bei den Worten war: ›Mein Gretchen, sieh! Du bist noch jung . . .‹ und plötzlich in der Stille vernahm, wie hinten der Oberkellner die Blechmarken auf das Büfett warf und in seinem mecklenburgischen Dialekt dazu sagte: ›Drei Dornkaat, drei Rundstücke warm, drei Helle‹, da war es mit meiner Fassung vorbei, da packte mich eine unbändige Wut, ich trat an die Rampe und rief dem Kellner zu: ›Mir auch!‹ Natürlich war die Szene geschmissen, und die Folge war, daß ich nach der Vorstellung die fristlose Entlassung erhielt.«

Folgende Doppelseite: Bademode der späten »Zwanziger«: Hans Albers (ausnahmsweise ohne Toupet) und Max Schmeling, die einander gut kannten, am Strand der Nordsee. Dauerlauf für den Fotografen.

> Joachim Cadenbach erzählt in seiner Hans-Albers-Biographie:
> »Hans Albers im Café ›Kurfürst‹. Er hat nicht einmal genügend Geld in der Tasche, um seine Tasse Kaffee zu bezahlen. Ein junger Mann tritt an seinen Tisch und fragt: ›Sind Sie Schauspieler? Sie sollten filmen.‹
> ›Filmen? Ich filme nicht.‹
> ›Sie können es doch mal versuchen. Ich könnte Ihnen acht Mark pro Tag geben.‹
> ›Sie sagten acht Mark?‹
> ›Ja, acht Mark.‹
> Albers nahm an. Und der Kellner Gustav Fischer borgte ihm zwanzig Mark. ›Sie brauchen doch wat für Jardrobe und so. Jeben Sie es mir bei Jelegenheit wieda.‹
> Als Albers später gefragt wurde: ›Wenn Sie damals die vierzig Pfennig für den Kaffee gehabt hätten, wären Sie dann auch zum Film gegangen?‹, war die Antwort: ›Nein, unter gar keinen Umständen.‹
> ›Dann wäre ein Schauspieler wie Hans Albers dem Film verlorengegangen?‹ ›Das glaube ich nicht, dann hätten mir voraussichtlich an einem der nächsten Tage die vierzig Pfennig für den Kaffee gefehlt!‹«

Lange arbeitslos war Albers jedoch nicht. Er schlug sich mehr schlecht als recht durch, bekam schließlich ein kleines Engagement in Köln und kehrte dann an die Elbe zurück, ans Schiller-Theater in Altona, eine niederdeutsche Bühne, die plattdeutsche Stücke spielte. Jetzt mußte wohl oder übel auch der Vater erfahren, daß sein Sohn unter die Komödianten gegangen war. In seiner ersten Rolle in Altona hat der Alte seinen Jüngsten auf der Bühne gar nicht erkannt, er war auch nicht sonderlich begeistert von seiner Leistung, aber bald erschien Hans in größeren Partien auf den Brettern des Hamburger Thalia-Theaters und hatte ein Versprechen eingelöst: »Ich hatte meiner Mutter erklärt, wenn es mir innerhalb von drei Jahren nicht gelungen sein sollte, in meiner Vaterstadt Theater zu spielen, so will ich zum kaufmännischen Beruf zurückkehren.« Das blieb ihm erspart.

Während seines Hamburger Engagements erlebte Albers die Mobilmachung — der Erste Weltkrieg war ausgebrochen. Er meldete sich freiwillig zu den Kraftfahrtruppen nach Lübeck, mußte dann zur Infanterie wechseln, kämpfte an der Ost- und Westfront, wurde zweimal verwundet und 1917 aus dem Lazarett entlassen. Und hätte er in diesem Lazarett nicht lautstark gegen die Amputation eines Beines protestiert — »Das Bein bleibt dran« —, dann hätte die Filmwelt wohl nie etwas von seiner Existenz erfahren. Seine Bereitschaft zum Risiko, die ihn ein Leben lang ausgezeichnet hat, ließ ihn so handeln. Und er hatte, wie so oft, Glück; der befürchtete Wundbrand blieb aus, die Wunde heilte.

Nach seiner Entlassung spielte Albers in Wiesbaden am Residenztheater, übernahm dann zusammen mit einem Kollegen sogar die Direktion des Theaters: »Finanziert hatte uns Eugen Klöpfer, der gerade am Neuen Theater in Frankfurt engagiert war und auch bei uns spielte. Während er den seriösen Teil bestritt, trat ich in Possen, Lustspielen und Operetten auf. Nach Kriegsende war es dann soweit, daß ich den Sprung nach Berlin wagen konnte.«

In den Jahren nach dem Ersten Weltkrieg führte der Weg eines jeden Schauspielers, der sich zu Höherem berufen fühlte, mit zwingender Notwendigkeit nach Berlin. Die Hauptstadt des Reiches hatte sich schon um die Jahrhundertwende zu einem kulturellen Zentrum entwickelt. Und in der Zeit der Weimarer Republik errang die Weltstadt Berlin auch im Bereich des Theaters absolute Weltgeltung. Dort starteten viele Karrieren, dort fand aber auch manches in der Provinz hochgelobte Talent ein unrühmliches Ende. Viele Schauspieler haben sich auf dem harten Pflaster Berlins die Füße wundgelaufen.

Nicht so Hans Albers. Er verfügte zeitlebens über starkes Selbstvertrauen und vor allem über ein ausgeprägtes Selbtbewußtsein. Sein Blick war immer auf den Gipfel des Berges gerichtet, auch als er in Bad Schandau noch an dessen Fuß stand. Und er hatte einen großen Vorzug: Er fühlte sich weder als dramatischer Held für die großen klassischen Rollen noch als unwiderstehlicher Komiker für mehr oder weniger zeitgerechte Komödien oder Lustspiele. Er war bereit, alles zu spielen, was ihm angeboten wurde. Und das begann an der Spree — mit einer Operette:

»Ich wartete darauf, einmal für Guido Thielscher einspringen zu können, der allabendlich einen alten Kammerherrn in der Operette ›Der verliebte Herzog‹ spielte. Er tat mir aber nicht den Gefallen, krank zu werden... Da grassierte die Grippe in Berlin, kaum ein Mensch blieb von ihr verschont, und eines Tages hatte sie auch Thielscher ergriffen. Nun war der Augenblick für mich gekommen, auch einmal in einer Abendvorstellung vor das Berliner Publikum treten zu dürfen.«

Albers legte sich mächtig ins Zeug, hatte Erfolg und wurde zum Vorsprechen ins Berliner Theater gebeten. Eigentlich war ihm so etwas immer unangenehm, was man gar nicht glauben mag. Er überwand dann seine Hemmungen und trat wie so oft in seinem Leben die Flucht nach vorn an:

»Gerade hatte ein Schauspieler aus der Provinz den Franz Moor gesprochen und wollte sich vom Regisseur sein Soufflierbuch holen, da fiel diesem das Monokel aus dem Auge, es rollte mir direkt vor die Füße, und so wurde der Regisseur auf mich aufmerksam. ›Wollen Sie jetzt an die Reihe?‹ fragte er; da wurde ich erneut verlegen, stammelte ein paar Worte und fragte, ob ich zur Abwechslung einmal den Kosinsky aus den ›Räubern‹ modern sprechen könnte, als Gardeleutnant vielleicht. Das hatte ich lediglich gesagt, um über meine Hemmungen hinwegzukommen, ich wollte keinesfalls Schiller verspotten; der Regisseur schien aber irgendwie Interesse an dem Experiment zu haben und war einverstanden.

Ich trat an die Rampe, machte eine kurze Verbeugung, streifte mit einem raschen Blick die großen Kollegen, die da unten im Parkett versammelt waren, und begann mit näselnder Stimme: ›Habe immer gewünscht, Mann zu sehen mit vernichtendem Blick, wie er saß auf Dingsda, Ruinen von Dingsda, Dingsda...‹ Kaum waren die ersten Worte heraus, da ging eine Welle der Heiterkeit durch die Reihen der Anwesenden... Zum Schluß erntete ich dröhnenden Beifall.«

Eine Sternstunde für Hans Albers. Er bekam einen Fünfjahresvertrag als Charakterschauspieler und Operettenbuffo für die drei Berliner Bühnen, die damals unter einer Leitung standen, für das Berliner Theater, das Komödienhaus und das Theater an der Königgrätzer Straße. Und er erwies sich als »vertragswürdig«, denn nun stellte sich Erfolg auf Erfolg ein. Er spielte sich durch alle Genres: Possen, Lustspiele, Dramen, Operetten und demonstrierte in Revuen seine artistische Begabung. Er war bald wer in der Berliner Theaterszene. Zu den Großen aber gehörte er noch nicht, obschon er sich an der Seite von Fritzi Massary ebenso behauptete wie als Partner von Käthe Dorsch und ob-

Um 1929: Hans Albers ließ kaum einen Berliner Ball aus. Er zählte schließlich zu den Attraktionen solcher Veranstaltungen.

Die Paraderolle des Hamburgers am Berliner Theater war Molnárs »Liliom«. Linke Seite: Szenenfoto aus der Aufführung; links: prominenter Besuch in der Garderobe: Charlie Chaplin (links im Bild).

schon er die Gunst des breiten Publikums besaß. Er hat sich selbst oft gefragt, warum er so gut über die Rampe kam: »Vielleicht gerade deshalb, weil ich so verblüffend einfach war, weil ich mich immer bemühte, gerade dort natürlich zu sein, wo jede kompliziertere Auffassung lebensunecht gewirkt hätte.« Offensichtlich also erkannte Albers das Geheimnis seines Erfolges sehr früh, und tatsächlich haben ihm Fachleute und Kritiker gerade diese ungezwungene Natürlichkeit immer wieder bestätigt.

Als der Hamburger auf Revuen und Lustspiele – auch auf Klamotten – abonniert schien, hievten ihn drei Bühnenrollen in die Reihe der ersten deutschen Schauspieler. Am berühmten Deutschen Theater von Max Reinhardt spielte er, eingesprungen für Oskar Homolka, neben Gustaf Gründgens und anderen großen Darstellern in Ferdinand Brucknes »Verbrecher«. Regisseur Heinz Hilpert lobte seine überzeugende Leistung als Kellner Tunichtgut ebenso wie die so gefürchtete Berliner Kritik. Und das Publikum war von »Hanne«, wie man ihn nannte, hellauf begeistert. Dann kam der Ruf an die Freie Volksbühne, wo Erwin Piscator mit Albers und Fritz Kortner ein von Carl Zuckmayer ins Deutsche übertragenes amerikanisches Erfolgsstück von der französischen Front des Ersten Weltkriegs inszenierte: »Rivalen«. Kortner und Albers wurden im Laufe ihrer Zusammenarbeit tatsächlich Rivalen, doch davon an anderer Stelle. Wieder hatte Hanne einen Riesenerfolg.

Und schließlich war Hans Albers »Liliom«. Der Ungar Franz Molnár hatte etwas dagegen, daß der Hamburger diese exzellente Rolle in seinem Rummelplatz-Bilderbogen spielte, seine Vorstellungen zielten in andere Richtungen. Aber das Theater an der Königgrätzer Straße setzte Albers durch – und tat gut daran. Selten hat man eine solch absolute Identifikation eines Schauspielers mit seinem literarischen Vorbild erlebt. Auch Franz Molnár war hingerissen, ging nach der Premiere zu Albers in die Garderobe, gratulierte ihm und entschuldigte sich zugleich wegen seiner Fehleinschätzung.

Ob der ungestüme Hans Albers über Jahre und Jahrzehnte hinweg ein ganz großer Bühnenschauspieler geworden wäre, wie seine Zeitgenossen Werner Krauß, Heinrich George, Eugen Klöpfer, Albert Bassermann, Gustaf Gründgens, diese Frage wird ohne verbindliche Antwort bleiben, denn parallel zur Bühne lief für den Hamburger schon in den frühen zwanziger Jahren die Filmkarriere an, und der Film okkupierte ihn letzten Endes ganz. Er machte ihn für dreißig Jahre zum populärsten Schauspieler Deutschlands.

Hans Albers ging schon stramm auf die Dreißig zu, als er gegen Ende des Er-

Nach dem Zweiten Weltkrieg kreierte Hans Albers an den Münchner Kammerspielen einen sehr eigenwilligen Mackie Messer in Bert Brechts »Dreigroschenoper«. Rechte Seite oben ein Probenfoto; unten eine Szene aus der Aufführung.

sten Weltkrieges nach Berlin kam. Ein gestandener Mann also, der dem Champagner wie dem Cognac lebhaft zusprach und schönen Frauen nur ungern aus dem Weg ging. Und die Damen jedweder Gesellschaft flogen auf den blonden Hamburger, dessen Charme so unwiderstehlich war. Auch Claire Dux, die damals immer noch berühmte Sopranistin, fand mehr als Gefallen an dem athletischen Mann mit dem goldenen Herzen, und sie ließ für ihn alle ihre Beziehungen spielen. Unter anderem beim Stummfilm, der immer mehr an Bedeutung gewann und immer neue Gesichter suchte.

». . . Aber auch hier mußte ich von unten anfangen, auch hier gab es zunächst Enttäuschungen und Mißerfolge . . . Die große Schwierigkeit bildeten am Anfang meine hellen Augen. Das Filmmaterial war noch zu wenig lichtempfindlich, und so ergaben sich infolge der grellen, scharfen Lampen dort, wo meine Augen sein sollten, weiße Löcher. Wie häufig hieß es: ›Albers kommt nicht in Frage, der hat zu blasse Augen!‹ Aber das wurde mit einem Schlage anders, als panchromatisches Material benutzt wurde, als es gelang, die naturgetreuen Augen festzuhalten.«

Trotz der »weißen Löcher« hat Albers wohl an die hundert Stummfilme gedreht, er spielte vornehmlich kleine und mittlere Rollen. Klassische Streifen wie etwa »Metropolis« oder »Das Kabinett des Doktor Caligari« waren nicht darunter. In den letzten Stummfilm-Jahren gab es für ihn zwar auch Hauptrollen, aber den Bekanntheitsgrad etwa eines Willy Fritsch oder eines Gustav Fröhlich erreichte er noch nicht.

Das änderte sich allerdings überraschend schnell, als in den Jahren 1928/29 die laufenden Bilder sprechen lernten. Albers' Lebensgefährtin Hansi Burg hat ihm die große Karriere vorausgesagt, als sie mit ihm den amerikanischen Tonfilm »The Singing Fool« mit Al Jolson in der Titelrolle gesehen hatte. Hansi gewann überhaupt in kurzer Zeit einen positiven Einfluß auf den Hallodri, wenngleich Albers auch während der Jahrzehnte an ihrer Seite immer ein sehr freies Leben geführt hat.

Der tönende Film wurde in Künstler- und Kritikerkreisen sehr unterschiedlich aufgenommen. Die einen sahen darin den natürlichen Fortschritt, die anderen redeten von einer Katastrophe für die künstlerische Weiterentwicklung des Mediums. Sie wollten nicht wahrhaben, daß die Bildsprache, mit der Friedrich Wilhelm Murnau, Ernst Lubitsch, Fritz Lang, Carl Froelich und andere große Regisseure weltweit Aufsehen erregt hatten, durch den Ton noch stärkere Wirkung erzielen konnte.

Die Skeptiker redeten sich damals ins Abseits, ebenso wie ein gutes Jahrzehnt später (1941), als die Farbe die deutsche Leinwand zu erobern begann. Carl Froelich entschied sich denn auch als einer der ersten arrivierten Filmregisseure für das Neue und verpflichtete Albers für den ersten, nach eigenen Gesetzen produzierten deutschen Tonfilm: *Die Nacht gehört uns* (1929). Aber es wurde ein schwieriges Unterfangen mit Hanne, wie sich schon zu Beginn der Dreharbeiten herausstellen sollte. War es Befangenheit, Respekt vor dem Mikrofon? Albers sprach jedenfalls pathetisch, gekünstelt und war mit sich und der Welt unzufrieden. Aber Carl Froelich blieb geduldig, mit sanfter Hand führte er den Schauspieler. Nur manchmal wurde er etwas deutlicher: »Herrgott, rede doch so, wie dir der Schnabel gewachsen ist. Du brauchst dich doch nicht zu verstellen. Vergiß doch mal das Scheiß-Mikrofon.«

Albers vergaß es tatsächlich und sprach, wie man es von ihm gewohnt war. Und der Erfolg gehörte ihm. Publikum und Kritiker waren des Lobes voll über seine natürliche Art zu sprechen. Als er selbst den Film zum erstenmal sah, hat er, so ist überliefert, dem Regisseur auf die Schulter geschlagen und gerufen: »Mensch, ick bin ja wirklich gut. Ick bin ja ein richtiger Schauspieler.« In der Tat wurde Hans mit seinem ersten Tonfilm in Berlin ein Topstar, und neidvoll mußten die berühmten Stummfilmhelden zugeben, daß er — in den Kinderta-

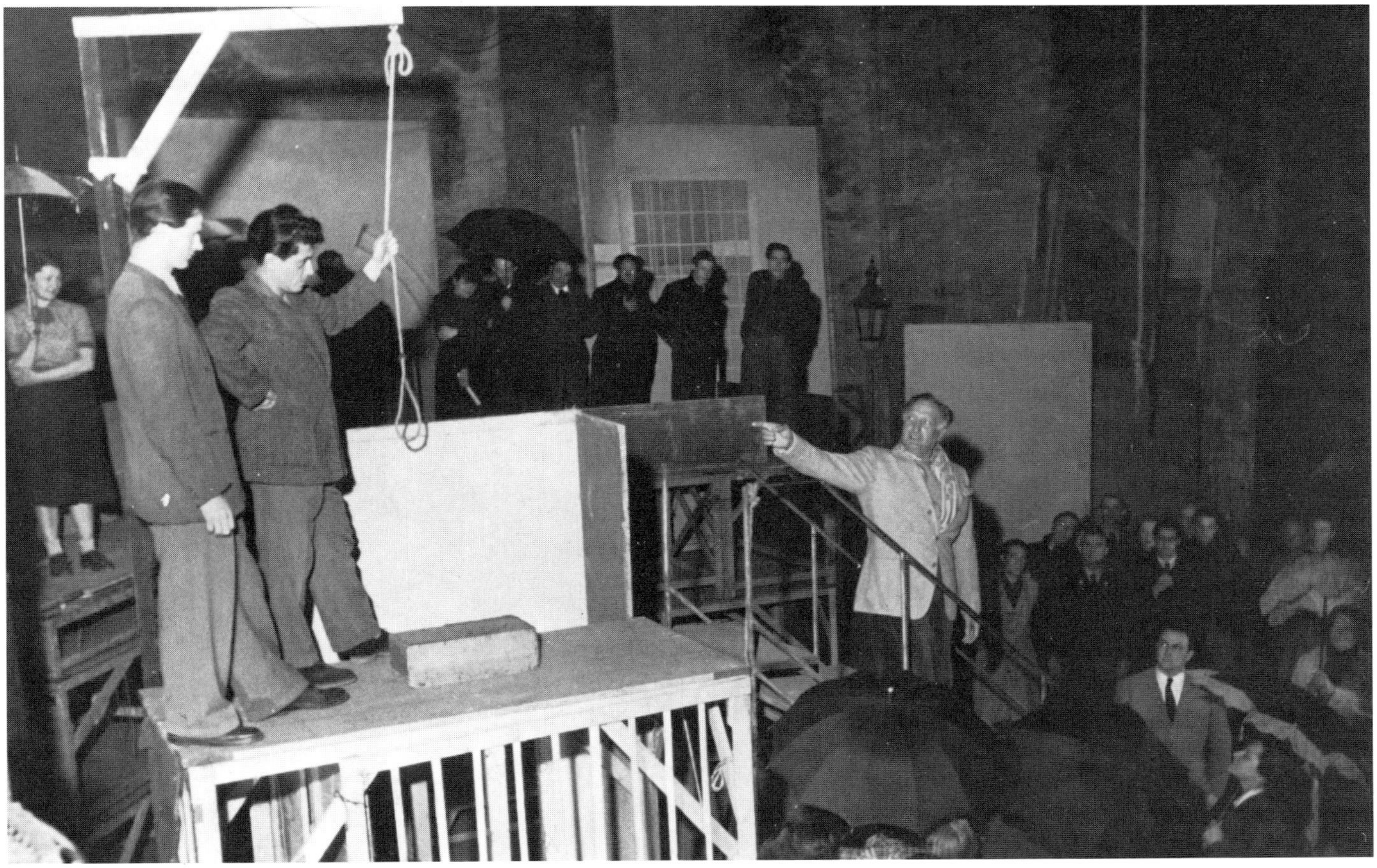

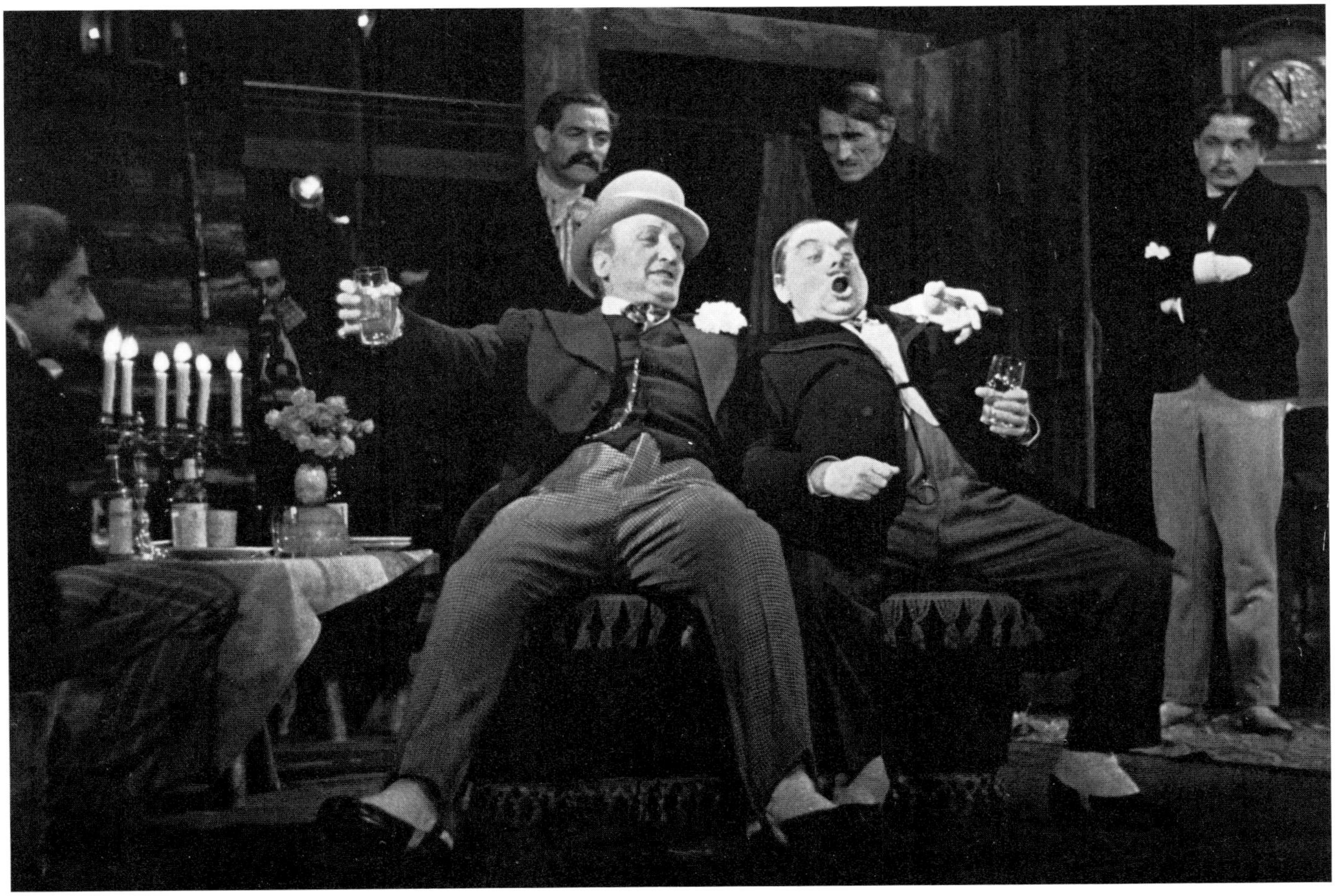

Der Filmschauspieler Hans Albers, wie ihn ein Zeichner um 1930 porträtierte: Charmeur und Bonvivant.

gen des sprechenden Films wohl einer der ganz wenigen – »keine Zwischentexte sprach, sondern – eben, wie ihm der Schnabel gewachsen war«.

Es folgte nun Film auf Film, Hans Albers wurde immer bekannter und beliebter, die Schlager aus seinen Filmen wurden Gassenhauer, das künstlerische Berlin schien ohne den blonden Hamburger gar nicht mehr denkbar. Unter anderen drehte er damals auch den Streifen *Drei Tage Liebe* unter der Regie von Heinz Hilpert, dem er seinen ersten ganz großen Bühnenerfolg verdankte. Auf diesen Streifen mit Käthe Dorsch und dem jungen Rudolf Platte war Albers besonders stolz: »Als ich in *Drei Tage Liebe* einen Möbelpacker spielte, einen Berliner Typ, bekam ich Briefe von richtigen Möbelpackern, die mich fragten, ob ich aus ihrer Zunft stamme, denn ich hätte das alles so lebensecht gespielt. Das war für mich wohl das schönste Lob. Denn ebenso wie beim Theater gehen auch beim Film die tiefen Wirkungen vom Natürlichen aus, von der menschlichen Wahrhaftigkeit, von der ehrlichen Empfindung. Das Publikum muß nicht in erster Linie eine darstellerische Leistung fühlen, sondern die Ausstrahlung eines Menschen. Die Linse ist unbestechlich, sie überträgt mit erbarmungsloser Klarheit das Wesen des Menschen, und so ist es selbstverständlich, daß Bewegung, Ausdruck, Ton verbürgt echt sein müssen.«

Nach dieser persönlichen Maxime hat der Schauspieler Hans Albers offenbar ein Leben lang gehandelt. Er bemühte sich stets, der zu *sein*, den er zu verkörpern hatte, nicht, ihn zu *spielen*. Darum wurde auch sein klassisches Filmdebüt mit Ibsens *Peer Gynt* in künstlerischer Hinsicht ein Flop. Am Drehbuch zu diesem anspruchsvollen Werk hatten sich 1934 einige Autoren mehr schlecht als recht versucht und dabei von Henrik Ibsen und seinem »nordischen Faust« relativ wenig übriggelassen. Es wurde nicht mehr als ein unterhaltender Abenteuerfilm, der mit der literarischen Vorlage gerade noch den Titel gemein hatte. Trotzdem, für Albers war auch *Peer Gynt* ein Erfolg, und seine Popularität im Filmgeschäft ließ sich kaum noch überbieten. Und diese Popularität, diese Liebe seines Publikums, hat ihn auch relativ glimpflich die zwölf Jahre des »Tausendjährigen Reiches« überstehen lassen.

Die Machtübernahme der Nationalsozialisten bedeutete für die meisten deutschen Künstler einen tiefen Einschnitt. Nur wenige hatten sich schon vor 1933 zu Hitler bekannt, die Mehrzahl der durchweg unpolitischen Schauspieler hielt ihn, wie andere auch, für eine vorübergehende Erscheinung. Alle aber bekamen bald die NS-Geißel zu spüren, denn der Werbechef des Regimes, Joseph Goebbels, zögerte keine Minute, das Medium Film und seine ungeheure propagandistische Wirkung für die Ziele seines Führers einzuspannen. Die betroffenen Künstler verhielten sich unterschiedlich. Die einen wanderten aus, andere tauchten unter, viele arrangierten sich und ließen sich vor den braunen Wagen spannen. Albers allerdings nicht. Er hätte gleich 1933 nach Hollywood gehen und dort wie viele andere noch einmal von vorn anfangen können – Angebote lagen vor –, aber das lehnte er ebenso ab wie eine Verbrüderung mit den Nazis. Damit lebte er zwar gefährlich, eine solche Haltung verlangte Mut und Stehvermögen, aber beides ging ja diesem »Germanen wie aus einem Bilderbuch« nicht ab. »Sollen sie doch kommen, wenn sie was von mir wollen.« Sie kamen auch, direkt und auf Umwegen, aber sie bekamen den blonden Hans, das Idol von Millionen Filmfreunden, einfach nicht in den Griff.

In dem Film *Flüchtlinge* spielte er zwar einen deutschen Soldaten in fremden Militärdiensten, der als Held wieder in die Heimat zurückkehrt, nicht ohne den Sowjets manches Schnippchen geschlagen zu haben, aber die Dreharbeiten hatten schon 1932 begonnen. Der Streifen war allerdings ein vorweggenommenes Zeichen der Zeit, die kommen sollte, und wurde von der NS-Prominenz begeistert aufgenommen, als er Ende 1933 in die Kinos kam.

Fortan buhlte Goebbels um Hans Albers – vergeblich. Der Schauspieler lehnte alle gefährlichen politischen Rollen ab, lediglich in *Henker, Frauen und Solda-*

ten begab er sich noch einmal auf antisowjetisches Terrain, aber da reizte ihn wohl vor allem die attraktive Doppelrolle. Außerdem mag ihm, dem Unpolitischen, eine antikommunistische Tendenz nicht gleich als pronazistische Propaganda erschienen sein. Eher schon zählt *Carl Peters* zu den Streifen, die zwar von der Historie zu leben vorgaben (Peters war der Gründer Deutsch-Ostafrikas), von Goebbels jedoch mit ganz bestimmter politischer Absicht gefordert worden sind, just zu der Zeit, 1941, als das deutsche Volk gegen die Sowjetunion marschieren mußte, um sich »Lebensraum im Osten« zu sichern.

Carl Peters ist auch der einzige Film, der Hans Albers nach dem Krieg vorgehalten wurde. Vor der Spruchkammer, die auch ihn zwecks Entnazifizierung vorlud, zeigte er sich jedoch forsch wie eh und je. Er wisse zwar, daß da im Sinne der braunen Machthaber einiges verfälscht worden sei, im übrigen aber habe ihn auch immer geärgert, daß die Herren Engländer mit ihren kolonialen Untertanen gar nicht zimperlich umgesprungen seien. Zu derartigen Äußerungen gehörte ebensolche Unerschrockenheit wie zu manchem der lockeren Sätze, die Hans Albers während der Nazizeit von sich gegeben hat. »Der Film ›Jud Süß‹ ist eine antisemitische Fehlkonstruktion und ein Machwerk des Propagandaministeriums«, resümierte er nach einigem Alkoholgenuß in kleinem Kreis, und NS-Staatsrat Hinkel meinte, man müsse da doch etwas unternehmen, der Mann sei gefährlich und schade dem Staat. Man unternahm jedoch nichts, Freunde allerdings baten Albers, künftig vorsichtiger zu sein, da er sich sonst in akute Gefahr bringe.

Vielleicht ist er in den letzten Jahren des Krieges dann etwas vorsichtiger geworden, vor 1939 jedenfalls hat er kaum ein Blatt vor den Mund genommen. So lehnte er auch die Einladung zu einer Goebbels-Party, die ihm von einem hohen SS-Menschen in seiner Garderobe überbracht wurde — »Der Führer

Hans Albers (rechts im Bild) in seinem ersten Nachkriegsfilm *Und über uns der Himmel.* Das berühmte Café Kranzler am Berliner Kurfürstendamm, das total zerstört war, wurde im Studio original nachgebaut.

Hans Albers geizte nicht mit Autogrammen, auch nicht während der Dreharbeiten (oben links). Und auf den obligatorischen Verbeugungstourneen (hier *Nachts auf den Straßen* mit von links Rudolf Ingert, Lucie Mannheim und Marius Goring) spielte er seinen ganzen Charme aus.

wird auch für eine halbe Stunde vorbeikommen« –, schlicht mit der Bemerkung ab, er sei müde und müsse jetzt schlafen.

Joseph Goebbels war dem Hamburger ohnehin ein Dorn im Auge, seit er sich in seine Privatangelegenheiten eingemischt hatte. Man erzählt sich heute noch in Kollegenkreisen, daß der kleine Minister Albers dringend habe nahelegen lassen, er solle endlich »die Sache mit seiner jüdischen Freundin Hansi Burg bereinigen«. Wie es heißt, hat Albers Frau Burg daraufhin dazu gebracht, über die Schweiz nach England ins Exil zu gehen, und dann dem Minister mitgeteilt, er habe die Sache bereinigt, er habe die Dame geheiratet.

Eine verbindliche Bestätigung dieser Albers-Reaktion ist heute schwerlich zu bekommen, aber ... zuzutrauen ist sie dem blonden Draufgänger allemal; dabei war er nie mit seiner Lebensgefährtin verheiratet. Albers baute auf seine Popularität, und er machte kein Hehl daraus, daß er die Nazis nicht mochte. Und die mußten wohl oder übel damit leben. Sie observierten ihn zwar, wiesen ihn auch mal zurecht, aber sie konnten ihm nichts anhaben. Ein deutsches Denkmal wie Hans Albers war eben nicht zu stürzen.

Also drehte Hans Albers munter und fröhlich Film um Film, die meisten wohl nach seinem Motto »Hoppla, jetzt komm' ich«, was beim Publikum und mehr oder weniger auch bei den staatlichen Stellen am besten ankam. Zwei deutsch-französische Gemeinschaftsproduktionen waren 1935 und 1938 auch noch möglich, einmal war die wunderschöne Annabella seine Partnerin, einmal die grandiose französische Schauspielerin Françoise Rosay. Und möglich war in jenen Jahren auch *Wasser für Canitoga*. Es ging in diesem Ersatz-Western deutscher Herkunft um den Bau einer Wasserleitung in Kanada. Albers starb in diesem dramatischen Streifen zum erstenmal den Filmtod. Als Ingenieur, der unter Einsatz seines eigenen Lebens den Bau eben dieser Wasserleitung nach Canitoga rettet.

Der Film kam im Frühjahr 1939 in die Kinos und wurde trotz des »Albers-Todes« ein Albers-Erfolg. Was allerdings den meisten Filmfreunden entgangen ist: Der Schluß des Streifens wurde kurz nach der Uraufführung geändert. In der Urfassung sinkt Albers an einem Fahnenmast tot zusammen, reißt im Fallen die Fahnenschnur herunter, so daß die britische Fahne den Leichnam bedeckt – ein kitschig-eindrucksvolles Bild. Nachdem aber der Krieg mit England drohte, mußte die Fahne herausgeschnitten werden. Und noch etwas konnte nicht so bleiben: der berühmte Song »Good bye, Jonny«. In einer Vorstrophe hieß es »Englands Fahne haben wir getragen ...«, davon existieren

noch Aufnahmen. Später wurde dann daraus »Unsere Fahne haben wir getragen...«. Auch das ist auf Schallplatte erhalten.
Nach dem Ton eroberte, wie gesagt, im Jahr 1941 die Farbe die deutsche Leinwand. »Frauen sind doch bessere Diplomaten«, ein Musikfilm mit Marika Rökk, war das erste farbige Opus, das in die deutschen Kinos kam. Die Produzenten hatten sich mit der Herstellung sehr viel Zeit gelassen. Schneller folgte dann der zweite Farbfilm: die Erlebnisse des Lügenbarons Freiherr von *Münchhausen*. Es wurde ein wunderschöner Streifen zum Silberjubiläum der Ufa, produziert nach einem exzellenten Drehbuch von Berthold Bürger. Hinter diesem Pseudonym verbarg sich kein Geringerer als Erich Kästner, dessen Bücher 1933 auf dem Scheiterhaufen gelandet waren. Aber er schrieb den Film mit Wissen der Reichsfilmkammer und des Propagandaministeriums, weil er eben einer der besten war. Auch bei den braunen Diktatoren heiligte oft genug der Zweck die Mittel. Den Lügenbaron spielte natürlich Hans Albers. Auf dem Regiestuhl saß Josef von Baky, ein Ungar, und die Besetzungsliste verzeichnete so ziemlich das gesamte Spitzenensemble der Ufa. Brigitte Horney, Ilse Werner, Käthe Haack, Hermann Speelmanns, Wilhelm Bendow, Ferdinand Marian, Hubert v. Meyerinck und viele andere hatten ihre Freude an den Dreharbeiten, und der Riesenerfolg lohnte die harte Arbeit in harter Zeit.
Als Joseph Goebbels den totalen Krieg ausrief, war es in Deutschland mit der Kunst weitestgehend vorbei. Theater wurden geschlossen, viele Schauspieler an die Front geschickt. Nur mit dem Film ging's weiter, er war Opium fürs Volk. Damals sollte Helmut Käutner mit Albers einen U-Boot-Streifen produzieren, nach dem schon mehrfach praktizierten Durchhalteschema. Schlitzohr Käutner aber vertrödelte diesen Film und schaffte es tatsächlich, dafür mit dem blonden Hamburger dessen wohl berühmtesten Film zu machen: *Große Freiheit Nr. 7*. Eigentlich sollte er schlicht »Große Freiheit« heißen, aber das war

Mit Hansi Burg (oben) verband Hans Albers bis zu seinem Tode eine große Liebe, sie war sein guter Geist. Auch seine Mutter (unten) hat der Schauspieler sein Leben lang sehr verehrt.

den braunen Filmgewaltigen in Berlin doch zu gefährlich — Assoziationen lagen nahe.

Mit »Nr. 7« war das Werk lokalisiert, Fehlschlüsse waren damit ausgeschlossen. Und Hans Albers mußte man wohl oder übel als Star akzeptieren. Das paßte den Herren im Propagandaministerium eigentlich nicht, denn Hans hatte sich erneut unbeliebt gemacht. Nach *Münchhausen* hatte er überall erzählt, daß der Name des Drehbuchautors ein Pseudonym sei, hinter dem sich Erich Kästner habe verstecken müssen; außerdem sickerte durch, daß er seinem Freund Kästner einen Teil seiner ansehnlichen Gage überlassen hatte. So etwas wurde in Berlin im »Promi« ganz übel vermerkt, aber das störte Albers wenig. Er war sich seiner »Immunität« als Volksschauspieler Nummer eins ziemlich sicher.

Große Freiheit Nr. 7 sollte natürlich in Hamburg gedreht werden, auf der Reeperbahn, wo sonst. Aber der Bombenkrieg machte einen Strich durch diese Rechnung, das Team mit Hans Albers, Ilse Werner, Hans Söhnker, Gustav Knuth, Günther Lüders, Hilde Hildebrand und vielen anderen mußte ausweichen — nach Prag. Dort wurde St. Paulis sündige Meile originalgetreu nachgebaut, dort wurde der Film fertiggestellt — und von Herrn Dönitz abgenommen.

Goebbels war wohl verhindert, darum delegierte man den obersten Marinechef. Und der war entsetzt. Dieser Film mit den »dauernd besoffenen Seeleuten« sei wehrkraftzersetzend, befand er am 12. Dezember 1944 in Prag. Die Folge: *Große Freiheit Nr. 7* wurde für das Reich verboten und erlebte die richtige Premiere erst im Herbst 1945, als der braune Spuk endlich vorüber war. In Prag aber drehte Hans Albers auch seinen letzten Film in Kriegszeiten: *Shiva und die Galgenblume* unter der Regie des regimefreundlichen Hans Steinhoff, mit dem er sich des öfteren anlegte. Aber das Ende kam vor dem Ende der Dreharbeiten. Der Film wurde später nicht fertiggestellt.

Hans Albers machte sich auf den Weg in die Freiheit – in sein Haus nach Garatshausen am Starnberger See.

Garatshausen, das war schon seit mehr als einem Jahrzehnt Hans Albers' Domizil, wenn er sich nicht gerade wegen Dreharbeiten in Berlin, Hamburg oder anderen Orten des damaligen Großdeutschen Reiches aufhielt. Hier hatte er schon früh in den dreißiger Jahren ein schönes Grundstück erworben, mit großem, parkartigem Gelände um ein bayrisches Landhaus; mit eigenem Anleger am See und einem komfortablen Bootshaus, in dem so manche alkoholgetränkte »Männerschlacht« geschlagen worden ist.

Der Tierfreund. In seinem Park in Garatshausen am Starnberger See erfreute sich der Schauspieler – wenn ihm die Filmarbeit Zeit ließ – an seinen Hunden und auch am Enten-Nachwuchs.

Hans Albers blieb, trotz unterschiedlichster Filmaufgaben, immer der große deutsche Volksschauspieler. Hier ein Szenenfoto aus dem Jahre 1958.

Der Hamburger verlebte seine Jugend an der Alster, machte Karriere an der Spree und suchte Ruhe am See. Dort erholte er sich wohl am besten, wenn die Arbeit ihm Zeit ließ, dort konnte er schwimmen, segeln, auf Wasserskiern über den See jagen. Die große Liebe zum Wassersport hat sich der Schauspieler bis zu seinem Tode erhalten, im Wasser erholte er sich, hielt er sich fit, denn er hatte zeitlebens etwas dagegen, sich im Film doubeln zu lassen. Er brauchte keinen Stuntman, er sprang selbst aus dem Fenster, wenn das Drehbuch es verlangte. Schon in Berlin Ende der zwanziger Jahre war sein Bühnensprung vom Kronleuchter in ein versenktes Wasserbassin Tagesgespräch, »1000 süße Beinchen« nannte sich die Revue.

Nach dem Zusammenbruch des Nazireiches an allen Fronten wartete Albers in Garatshausen also erst einmal ab. Seine Ruhe aber fand er dort nur bedingt, denn die Sieger herrschten im geschlagenen Deutschland. Eine Reihe von Zahltagen für den angezettelten und verlorenen Krieg begann. Zuerst kamen die Franzosen zu Albers, besetzten das Haus und ließen dem Eigentümer ein Zimmer. Dann folgten die Amerikaner, die nicht anders verfuhren. Und dann kam eines schönen Tages — Marlene Dietrich.

»Die Dietrich« — so hieß sie in Berlin übrigens schon vor dem »Blauen Engel« — hatte mit Hans Albers bereits in Stummfilmen vor der Kamera gestanden und auch in Revuen gespielt, unter anderen in Georg Kaisers »Zwei Krawatten«. In diesem Stück wurde sie von Josef von Sternberg entdeckt: *Der blaue Engel,* gedreht nach Heinrich Manns Roman »Professor Unrat«, sollte eigentlich ein Jannings-Film werden, wurde aber ein Marlene-Film, er führte zum Weltruhm einer Frau, die gleich nach der Premiere Berlin den Rücken kehrte und ihrem Regisseur nach Hollywood folgte. Das war 1930, und einige Jahre später war Marlene auch in Hollywood »die Dietrich«.

Albers aber, der im *Blauen Engel* mehr im Hintergrund blieb und erst mit anderen Filmen endgültig zur Spitze vorstieß, hatte sich mit Marlene immer sehr gut verstanden. Auch nach ihrer Abreise in die USA war die Verbindung nie völlig abgerissen. In der Endphase des Zweiten Weltkriegs stand Marlene Dietrich im Dienst der amerikanischen Armee, zum Zwecke der Wehrbetreuung. Und sie hörte von ihrem Freund Hans. Also fuhr sie in amerikanischer Uniform in Garatshausen vor und feierte mit dem alten Freund ein feuchtfröhliches Wiedersehen. Kurz darauf gehörte dem Hamburger sein Haus in Bayern wieder allein, Marlene hatte ihren Einfluß geltend gemacht. Aber lange Zeit blieb Albers nicht, um sich von den »tausend Jahren« zu erholen. Zunächst rief die Bühne, Karlheinz Martin wollte ihn erneut als »Liliom«. Und Hans folgte dem Ruf. Er hatte in den letzten Jahren der NS-Zeit kaum noch Theater gespielt, zum einen hatte der Film seine ganze Kraft und Zeit beansprucht, zum anderen waren die Autoren, die er spielen wollte und auch konnte, von den deutschen Bühnen verbannt gewesen.

Verlernt allerdings hatte der Hamburger beim Film nichts von dem, was auf der Bühne von ihm verlangt wurde. Er spielte den Liliom, fünfzehn Jahre älter, doch so erfolgreich wie 1931, in Berlin und überall in den drei westlichen Besatzungszonen. Jahrelang währte der Bühnenerfolg des immer noch populärsten deutschen Filmschauspielers, und in seiner Heimatstadt Hamburg — er war dort in seiner Traumrolle im heute zum Kaufhaus verfremdeten Flora-Theater am Schulterblatt zu sehen — jubelte ihm sein Publikum ebenso zu wie anderswo.

Hans Albers hat Hamburg immer geliebt, hat immer wieder nur mit Tränen Abschied genommen von der Alster. Und er wollte sich wohl auch endgültig hier niederlassen. Ihm »etwas in Alsternähe zu besorgen«, lautete sein Auftrag an Freunde. Leider ist es dazu nicht mehr gekommen. In einem Funkinterview gegen Ende der vierziger Jahre hat Albers noch einmal besonders eindrucksvoll deutlich gemacht, was Hamburg ihm bedeutete: »Sehen Sie sich die Alster

an, die Lohmühlenstraße, den Steg. Ich weiß nicht, ob Sie wissen, daß ich ein St.-Georg-Junge bin, daß ich hier Stegjunge war ... und dann können Sie mir wohl nachfühlen, daß ich sehr schweren Herzens von Hamburg weggehe.«
Aber damals rief ihn die Pflicht wieder einmal nach München, er spielte dort neben Maria Nicklisch in Brechts »Dreigroschenoper« den Mackie Messer. Brecht soll von dieser Besetzung nicht sonderlich erbaut gewesen sein, sein Kommentar: »Na, versucht's man, das bringt euch wenigstens volle Kassen.«
So war es denn auch, aber der Mackie Messer des Hans Albers war wohl doch ganz anders als der eines Harald Paulsen bei der Uraufführung und der eines Rudolf Forster im Film, vermutlich war es ein Mackie Albers.
Der Film meldete sich bei Albers natürlich, sobald die Besatzungsmächte deutsche Aktivitäten erlaubten. Erich Pommer, der legendäre Ufa-Produzent, war aus der Emigration zurück und drehte 1947 mit dem immer noch blonden Hans *Und über uns der Himmel*. Ein Melodram um Schieber und Schwarzmarkt mit einem versöhnlichen Schluß. Der Film war kein sensationeller Erfolg, die Kritik ging ziemlich unsanft mit ihm um. Man wünschte sich eher ein Comeback nach dem Hoppla-jetzt-komm'-ich-Muster. Eine Tageszeitung forderte sogar in einer Schlagzeile »Wir wollen unseren alten Hanne Albers wiederhaben«. Aber der »alte Hanne« ließ noch eine Weile auf sich warten.
In zwei weiteren Filmen stieg Albers nämlich total ins Charakterfach um; *Föhn* und *Vom Teufel gejagt* waren zwar von überdurchschnittlicher Qualität, und seine komödiantischen Leistungen beeindruckten sogar manchen Kritiker, aber – der Publikumserfolg blieb aus. Er stellte sich zaghaft wieder ein bei *Nachts auf den Straßen*, aber die Massen mobilisierte Hans erst mit seinen weiteren Abenteuer- oder St.-Pauli-Filmen, von denen er etliche abdrehte.
Mittlerweile lebte Hans Albers nicht mehr allein, Hansi Burg war nach Deutschland zurückgekehrt. »Sie hat es ohne mich nicht mehr ausgehalten«, war der liebevolle Kommentar des Überglücklichen. Und die beiden blieben unzertrennlich, bis der Tod sie schied.
Trotz manchen Mißerfolgs häuften sich die Filmangebote. Der Schauspieler war für viele Filmfreunde ein großer Star, und die Produzenten schlossen dem Publikum zuliebe manchen Kompromiß, dem sich auch Hans nicht verweigerte. So wurde zum Beispiel das Remake des berühmten Jannings-Stummfilms *Der letzte Mann* zum guten Schluß regelrecht umgedreht: Emil Jannings stieg vom Oberkellner zum Toilettenmann ab und blieb dort, Albers machte denselben Abstieg, wurde aber letzten Endes Hoteldirektor. Das Publikum wollte eben einen »Sieger«, und es bekam ihn. Der Film sollte ja auch ein Geschäft werden, Kunst allein tut's selten.
Mit *Herz von St. Pauli* (1957) – Hansjörg Felmy, Camilla Spira, Karin Baal, Ludwig Linkmann an seiner Seite und den großartigen Gert Fröbe als Gegenspieler – war der »alte Hanne« endgültig wieder da. Auch als *Greifer* war er ganz der alte, wieder mit Felmy und dazu mit Siegfried Lowitz, dessen bedeutende kriminalistische Fernsehkarriere noch längst nicht begonnen hatte. Aber an den ersten *Greifer* von Richard Eichberg aus den dreißiger Jahren reichte er nicht heran.
Albers hat sich in seinem ureigenen, so publikumswirksamen Genre immer wieder versucht, mit wechselndem Erfolg. Und er ist immer wieder ausgeschert ins dramatische Charakterfach, was ebenfalls nicht immer glücklich ausging. Nur einmal stand er in einem solchen Film ganz oben, vor allem bei der Kritik: in *Vor Sonnenuntergang* von Gerhart Hauptmann. Auch diese Rolle hatte ihm Jannings vorgespielt, allerdings im »Dritten Reich« mit entsprechender Tendenz unter dem Titel »Der Herrscher«. Und Werner Krauß reiste in jenen Tagen mit der Paraderolle des Geheimrats Clausen von Bühne zu Bühne und ließ sich feiern.
Es zeugt einmal mehr von der realistischen Selbsteinschätzung des Künstlers

Albers ganz privat: In Garatshausen warf er sich manchmal in die »bayrische Uniform«.

Eines der letzten Fotos von Hans Albers (1960): Er verläßt die Klinik in Wien, wo er am Raimundtheater seine letzte Rolle gespielt hatte, um an den Starnberger See zurückzukehren – und dort zu sterben.

Albers, daß er vor der Rolle regelrecht Angst hatte. Ebenso wie vor der Besetzung mit Martin Held, Erich Schellow, Maria Becker und Annemarie Düringer, die bis heute zur allerersten Garde des deutschsprachigen Theaters zählen. Die Kritik wartete dann auch mit entsprechender Skepsis auf das Ergebnis der Dreharbeiten unter der Regie von Max Reinhardts Sohn Gottfried.

Dann aber saßen alle staunend im Parkett. Freilich spielte Albers den Clausen, der von seiner Familie entmündigt werden soll, weil er in hohem Alter noch ein junges Mädchen heiraten will, anders als seine berühmten Kollegen, aber er gab ihm ein so starkes eigenes Profil, daß er bei den Berliner Filmfestspielen 1956 den »Goldenen Bären« und von der internationalen Filmkritik den »Golden Globe« in Empfang nehmen durfte. Damit stand auch der Charakterschauspieler Hans Albers im Zenit seines Filmruhms.

Aber er blieb nicht dabei, er schaltete erneut um auf »Hoppla!«. Sein letzter Film wurde in Berlin gedreht, eine dünnbrüstige Kriminalkomödie mit dem Teenager Sabine Sinjen als Partnerin unter dem Titel *Kein Engel ist so rein*. Das war 1959, und der gute Hans fühlte sich in dieser Zeit gesundheitlich schon nicht mehr auf der Höhe. Doch als der Film im Februar 1960 uraufgeführt wurde, stand er bereits auf der Bühne des Wiener Raimundtheaters. Er spielte den alten Vater Knie in Carl Zuckmayers »Katharina Knie«, in der Musical-Fassung. Albers begeisterte sein Publikum trotz der mäßigen Aufführung und wurde von der Kritik mit Hymnen überschüttet. Zwanzig Vorstellungen lang ging das gut, dann mußte er ins Krankenhaus. Vorher hatte er eine Lungenentzündung überstanden, jetzt warf ihn eine Grippe um.

Aber es war wohl nicht allein die Grippe, die dem Athleten Albers zu schaffen machte. Von solidem Leben hielt er nie etwas, in der Arbeit nicht und nicht privat. Leben und Cognac, beides hatte er in fast siebzig Jahren in vollen Zügen genossen. Carl Froelich hatte schon beim ersten Tonfilm auch aus diesem Grund seine liebe Last mit Hanne: »Er bekam die Rolle langsam in den Griff, dazu gehörten natürlich einige Flaschen Lötwasser. Ohne Sprit ging überhaupt nichts bei Albers.«

Hansi Burg konnte das zwar ein wenig mildern, sein Alkoholverbrauch ging zurück, als sie ihn Ende der zwanziger Jahre kennenlernte, aber — sie ging ja in die Emigration, und das war für ihren Freund ein Grund mehr, die ganze Nazimisere in Cognac zu ertränken. Er verfügte über ein ungemeines Fassungsvermögen, und seine Kollegen bestätigen immer wieder, daß er nie einen betrunkenen Eindruck gemacht habe. Aber irgendwann ist für jeden Zahltag, und für den, der über seine Verhältnisse gelebt hat, meist etwas früher.

Im Wiener Krankenhaus erholte sich Hans Albers von seiner Grippe so weit, daß er nach Garatshausen in sein Haus gebracht werden konnte. Zur Rekonvaleszenz, wie man sagte. Inzwischen aber hatten auch Magen und Darm etwas abbekommen, und die Leber begann wohl nach und nach, ihre Arbeit einzustellen. Am 24. Juli 1960 starb Hans Albers in einer Klinik am Starnberger See in den Armen seiner Lebensgefährtin Hansi Burg.

Er starb, ohne ein Testament zu hinterlassen, und beinahe wäre seine treue Freundin leer ausgegangen, denn da war ja noch die Familie des Toten. Aber es existierte auch ein Brief, in dem Hans seiner Hansi einmal geschrieben hatte, sie möge sich doch um Himmels willen keine Sorgen machen, es wisse doch jeder, daß sie dreißig Jahre lang an seiner Seite gelebt habe ... Mit Hilfe dieses Dokuments erbte Frau Burg ein Millionenvermögen — und der Staat erbte via Vermögenssteuer mit, denn sie war ja nicht seine ordnungsgemäß angetraute Ehefrau. Hansi Burg hat Hans Albers um 15 Jahre überlebt, mit seinen Freunden hielt sie Kontakt bis zu ihrem Tode.

Das Haus aber, ihr Erbe, hatte sie schon lange vor ihrem Tod an den Freistaat Bayern verkauft, der es in ein Erholungsheim für Kinder umwandeln wollte. Aber das gehört ebenfalls, wie so vieles, inzwischen zur Legende. Heute befindet sich dort, wo Albers einen großen Teil seines Lebens verbrachte, eine Fischerei-Versuchsanstalt. Doch die Straße, die vom Hauptverkehrsweg zum See und direkt zu seinem Grundstück führt, trägt seinen Namen. Und in der Gemeinde ist er immer noch so lebendig wie in den Herzen von Millionen Filmfreunden.

Der Volksschauspieler Hans Albers wurde seinem Wunsch gemäß auf dem Ohlsdorfer Friedhof in Hamburg in der Familiengruft beigesetzt. Viel Prominenz begleitete den Toten auf seinem letzten Weg, viele schöne Reden wurden gehalten. Sie mußten sogar über Lautsprecher übertragen werden, denn auf den Straßen des riesigen Friedhofs drängten sich Tausende von Albers-Freunden; das Publikum nahm Abschied von seinem strahlenden Helden, über den der Berliner Theaterkritiker Friedrich Luft schrieb: »Man wird seinesgleichen nicht wieder in einem Menschenalter erleben.«

Helmut Käutner, der mit ihm *Große Freiheit Nr. 7* gedreht hatte, fand für einen großen Schauspieler und guten Freund ergreifende Worte: »Hör mal, Hanne, die Hansi sagte mir, du hast dich schlafen gelegt. Na bitte, das ist doch ganz natürlich. Wer soviel gearbeitet hat wie du, der wird doch auch mal müde sein dürfen. Außerdem, man muß sich doch ausruhen, wenn man eine so weite Reise vorhat wie du, eine Reise in die große Freiheit, die einzige Freiheit vielleicht, die es wirklich gibt ...

Good bye, Jonny! Mal wedder een gode Fahrt!«

Folgende Seiten: 1929 fand zum Gedenken an den berühmten Schauspieler Albert Steinrück unter der Regie von Leopold Jessner eine Festaufführung von Frank Wedekinds »Der Marquis von Keith« statt, deren Besetzung grandios war. Und Hans Albers spielte neben Ernst Deutsch und Curt Goetz einen Kellner. Die Titelrolle verkörperte Heinrich George. In diesem einmaligen Ensemble war die gesamte Bühnenprominenz des damaligen Deutschen Reiches versammelt.

STAATS- THEATER
SCHAUSPIELHAUS AM GENDARMENMARKT

Donnerstag, den 28. März 1929, abends 23 (11) Uhr

Albert Steinrück
Gedächtnisfeier
Gedenkworte gesprochen von HEINRICH MANN

Einmalige Aufführung
„DER MARQUIS VON KEITH"
Schauspiel in 5 Akten von FRANK WEDEKIND
Unter Leitung von LEOPOLD JESSNER

Konsul Casimir	Werner Krauss	Ein Dienstmädchen	Fritzi Massary
Hermann, sein Sohn	Carola Neher	Simba	Käthe Dorsch
Der Marquis von Keith	Heinrich George	Metzgerknechte	Alexander Granach / Fritz Kortner / Victor Schwannecke / Paul Wegener
Ernst Scholz	Lothar Müthel		
Molly Griesinger	Eleonore v. Mendelssohn		
Anna, verw. Gräfin Werdenfels	Tilla Durieux		
Saranieff, Kunstmaler	Jakob Tiedtke	Packträger	Rudolf Forster / Kurt Gerron / Veit Harlan
Zamrjaki, Komponist	Conrad Veidt		
Sommersberg, Literat	Max Pallenberg		
Raspe, Kriminalkommissar	Max Hansen	Dienstmänner	Paul Bildt / Hans Brausewetter / Walter Janssen / Eduard v. Winterstein
Ostermeier, Bierbrauereibes.	Hermann Vallentin		
Krenzl, Baumeister	Otto Wallburg		
Grandauer, Restaurateur	Albert Florath		
Frau Ostermeier	Gisela Werbezirk	Bäckerweiber	Trude Hesterberg / Tilly Wedekind
Frau Krenzl	Rosa Valleti		
Freifrau v. Rosenkron	Mady Christians	Kellner	Hans Albers / Ernst Deutsch / Kurt Goetz
Freifrau v. Totleben	Maria Bard		
Sascha	Elisabeth Bergner		

Gäste des Marquis v. Keith:
Roma Bahn, Sibylle Binder, Marlene Dietrich, Gertrud Eysoldt, Käthe Haak, Else Heims, Leopoldine Konstantin, Maria Koppenhöfer, Hilde Körber, Till Klokow, Lina Lossen, Lucie Mannheim, Renate Müller, Martha Maria Newes, Asta Nielsen, Maria Paudler, Henny Porten, Hannah Ralph, Frieda Richard, Dagny Servaes, Agnes Straub, Erika von Thellmann, Irene Triesch, Elsa Wagner, Ida Wüst, Alfred Abel, Ferdinand von Alten, Alfred Braun, Julius Falkenstein, Walter Franck, Max Gülstorff, Paul Grätz, Fritz Kampers, Arthur Kraußneck, Otto Laubinger, Hans Leibelt, Theodor Loos, H. C. Müller, Paul Otto, Johannes Riemann, Albert Patry, Dr. Max Pohl, Emil Rameau, Heinrich Schnitzler, Heinrich Schroth, Ernst Stahl-Nachbaur, Herrmann Thimig, Hans Wassmann, Mathias Wiemann, Wolfgang Zilzer.

Hilfsinspizient: Karlheinz Martin   Bühnenbild: Emil Pirchan   Bühnenmusik: Weintraubs Synkopaters
Bühneninspektor: Karl Rupprecht   Souffleuse: Marg. Krüger   Bühnenmeister: Franz Kaiser

Nach dem dritten Akt findet eine Gesellschaftspause von 45 Minuten statt.
Die Gemälde Albert Steinrücks sind im Ifflandsaal ausgestellt.

EHRENAUSSCHUSS:
Dr. h. c. Georg Graf von Arco, Kultusminister Professor Dr. Becker, Landtagspräsident Bartels, Victor Barnowsky, Professor Georg Bernhard, Oberbürgermeister Böß, Professor Albert Einstein, Jakob Goldschmidt, Direktor Herbert Gutmann, Victor Hahn, Intendant Gustav Hartung, Generalintendant Professor Leopold Jeßner, Generaldirektor Ludwig Katzenellenbogen, Dr. Paul Kempner, Dr. Robert Klein, Generaldirektor Ludwig Klitzsch, Hans Lachmann-Mosse, Generalkonsul Eugen Landau, Professor Max Liebermann, Reichstagspräsident Paul Löbe, Präsident Franz von Mendelssohn, Direktor Heinrich Neft, Professor Max Reinhardt, Professor Dr. Eugen Robert, Professor Edwin Scharff, Werner F. von Siemens, Generaldirektor Dr. Walter Sobernheim, Direktor Emil Georg von Stauß, Dr. Franz Ullstein, Generalmusikdirektor Professor Bruno Walter, Präsident Karl Wallauer, Dr. Erich Wiens, Theodor Wolff, Arthur Wolff.

ARBEITSAUSSCHUSS:
Erich Burger, August Dörschel, Norbert Falk, Alfred Fischer, Albert Florath, Heinrich George, Prof. Leopold Jeßner, Werner Krauss, Dr. Kurt Pinthus, Dr. Günther Stark, Hermann Vallentin, Richard Wilde, Dr. Fritz Wendhausen.

Preise der Plätze: Parkett u. I. Rang 60 Mk., II. Rang 40 Mk., III. Rang 20 Mk., Galerie 10 Mk.

»Hanne«, wie ihn seine Anhänger liebten: bei einer Ehrenrunde beim Münchner Sechstagerennen, bei einer Mercedes-Runde mit Freunden, bei einer Bootsfahrt mit seinem Nachbarn, dem früheren Motorradweltmeister Ernst Henne, auf dem geliebten Starnberger See und mit Hansi Burg bei den Filmfestspielen in Cannes mit Cadillac Nr. 2.

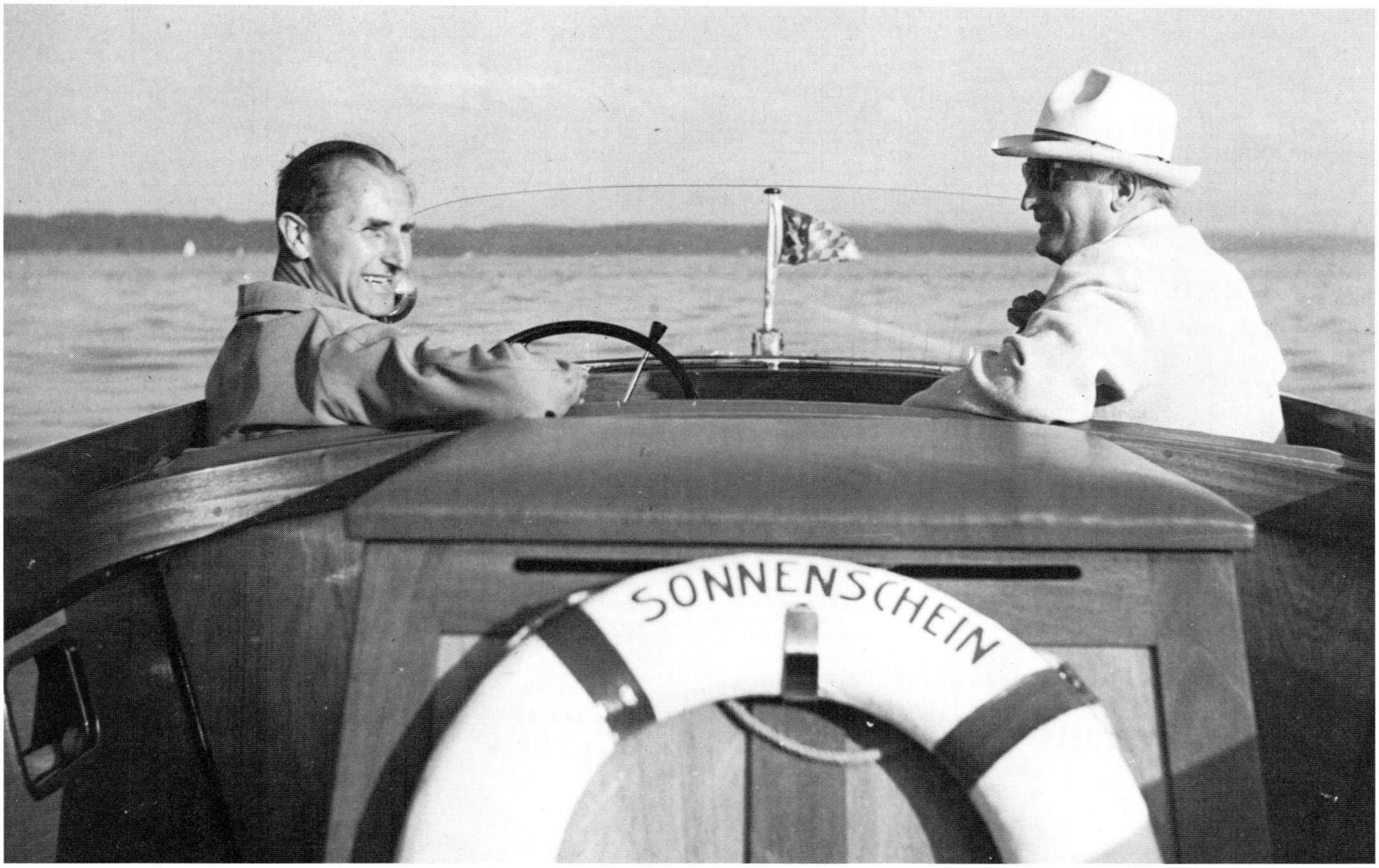
SONNENSCHEIN

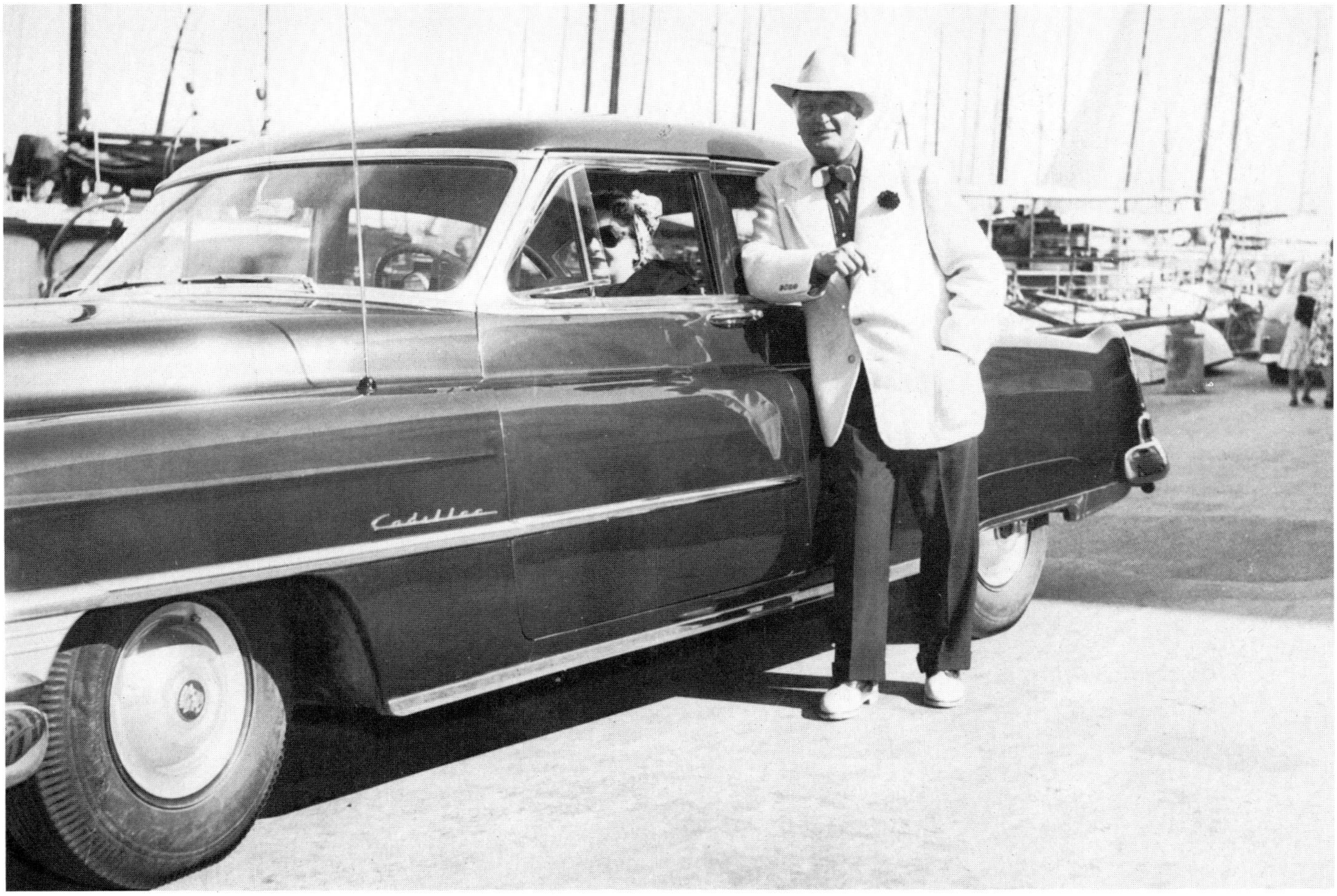
Cadillac

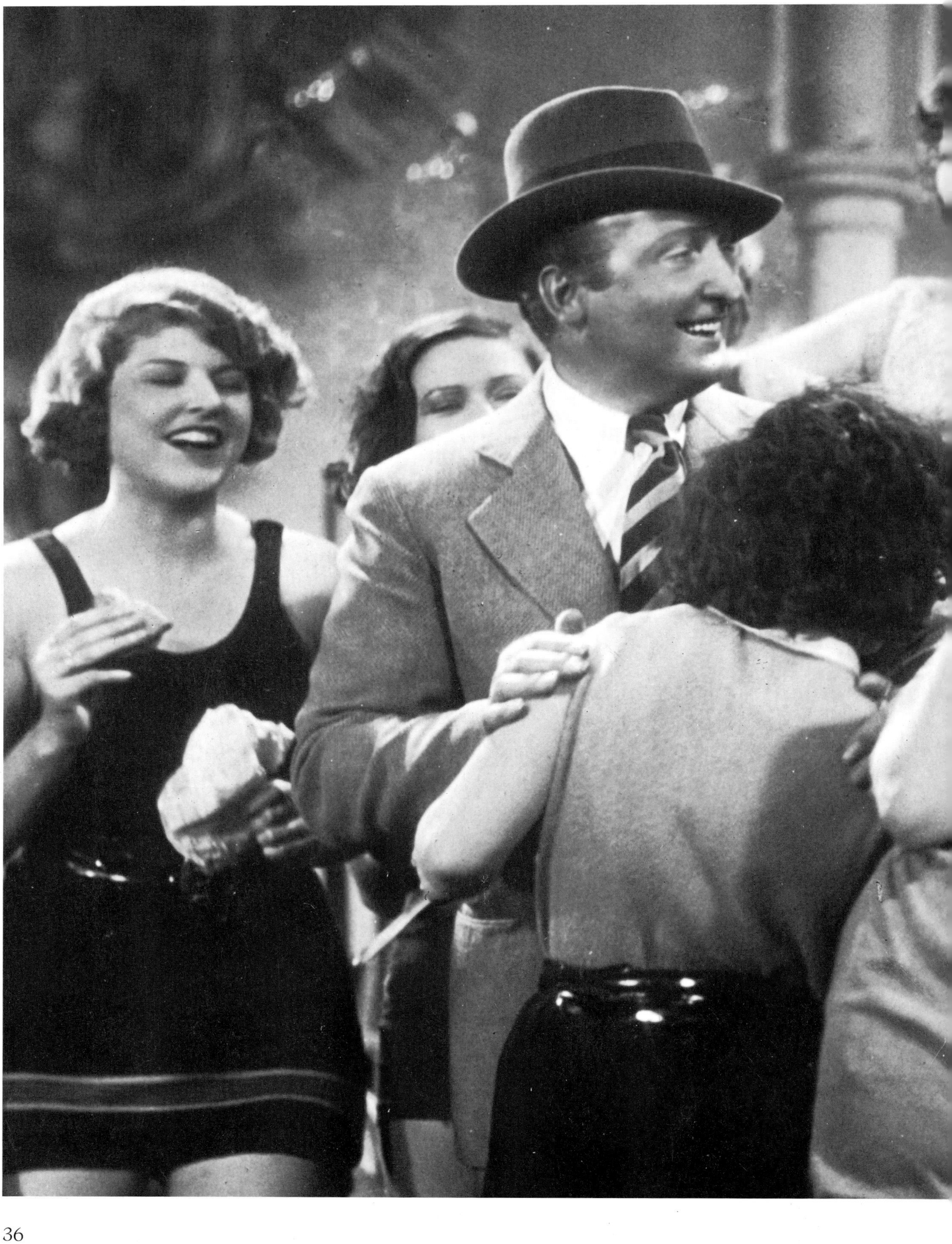

Partnerinnen

Die blutjunge Romy Schneider war Hans Albers' Partnerin in dem Film Der letzte Mann.

Hans Albers mochte die Frauen. Sein Hang zum schönen Geschlecht ließ ihn auch in festeren Bindungen, etwa an die Opernsängerin Claire Dux in seiner Berliner Frühzeit oder an seine spätere Lebensgefährtin Hansi Burg, immer wieder nach »anderen« schauen, so heißt es. Wenn man Zeitgenossen des Hamburgers glauben darf, ging es in seiner Wohnung in der Lennéstraße am Berliner Tiergarten oft recht munter zu. Sein Freund Ernst Udet, berühmter Flieger im Ersten Weltkrieg, hatte wohl in der Albers-Wohnung ein Zimmer, und die zwei sollen manch turbulentes Fest in charmanter Gesellschaft gefeiert haben. Diese Freundschaft hielt übrigens bis zu Udets Tod im Zweiten Weltkrieg – der populäre Kunstflieger bezahlte sein Engagement für Hitler mit dem freiwilligen Abschied aus dem Leben und wurde später das Vorbild für die Titelfigur in Carl Zuckmayers Stück »Des Teufels General«.

Auch auf seine Partnerinnen warf Hans Albers, vornehmlich in seiner frühen Bühnen- und Filmkarriere, sehr oft ein Auge. Berlins berühmte Staatsschauspielerin Berta Drews, heute noch Mitglied des Schillertheaters, spielte 1931 neben Hanne eine Hauptrolle in »Liliom«:

»Hans Albers war es gewohnt, daß die Frauen auf ihn flogen. Sein umwerfender Charme, sein forsches Auftreten, seine attraktive Männlichkeit machten ihn zum Liebling der Damen. Um so mehr war er verblüfft, wenn jemand dem Beispiel der anderen nicht folgte. So wie ich. Das traf wohl seine Eitelkeit an einer empfindlichen Stelle. Erst als er nach einigen Wochen Probenarbeit erfuhr, daß ich mit Heinrich George befreundet war und ein Kind von ihm erwartete, betrachtete er mich offenbar mit anderen Augen. Von da an war er eigentlich ein echter Freund. Er kümmerte sich sehr fürsorglich um mich, und immer wieder fragte er nach George: ›Was macht denn der Kollege von der Sommerbühne‹, brachte er auch hier eine seiner stehenden Redensarten an – er hatte ja mit George in Neustrelitz zusammen gespielt.«

Als Partner sei Albers, so Berta Drews, obwohl der absolute Star der Aufführung, sehr verträglich gewesen. »Erika Helmke und ich hatten in ›Liliom‹ ein kleines Lied zu singen. Drei Strophen, es war sehr hübsch und kam im Parkett gut an. Anschließend hatte Albers seinen Auftritt. Leider erschien er mit dem geschulterten Fahrrad manchmal schon nach der zweiten Strophe und stahl uns damit die Schau. Damit mußte man bei ihm schon hin und wieder rechnen, und wir jungen Dinger konnten uns nur schlecht dagegen wehren. Aber der Regisseur Karlheinz Martin hat dem Hans diese Unart schließlich abgewöhnt. Sonst war die Zusammenarbeit in jedem Belang ausgezeichnet.«

Albers hat in seinem Schauspielerleben ja nicht oft auf der Bühne gestanden. Sein Metier war der Film. Trotzdem ist die Erinnerung an seine wenigen Bühnenrollen in vielen noch sehr lebendig. Als er nach dem Zweiten Weltkrieg in München Mackie Messer in der »Dreigroschenoper« spielte, war seine Polly Maria Nicklisch, eine Komödiantin von hohen Graden, die ihre Tätigkeit bis heute ausschließlich auf die Bühne beschränkt – leider. Sie spielt nach wie vor an den Münchner Kammerspielen, denen sie ein Leben lang die Treue gehalten hat. Sie erzählt:

»Hans Albers war ein Mann mit einem unbeschreiblichen Charme und ein Schauspieler mit einer horrenden Begabung, der nie vom Intellekt her, sondern immer sozusagen aus dem Bauch spielte. Von literarischer Bildung hielt er nicht viel, aber – seine Ausstrahlung war gewaltig. Natürlich mochten wir uns zunächst gar nicht vorstellen, daß dieser Draufgängertyp ein Mackie Messer sein könnte. Er war aber einer, wenn auch von anderem Zuschnitt, als wir und Brecht uns die Figur dachten. Er hatte einen Riesenerfolg, und er nahm ihn strahlend entgegen. Ich bin sicher, daß der geistig-politische Hintergrund auch dieses Stückes ihn wenig interessiert hat. Er spielte den Mackie halt so, wie er ihn sah. Und war nach Ansicht vieler Fachleute natürlich fehlbesetzt. Aber das Theater war ausverkauft.«

Seine geringe Neigung, unendlich lange Texte zu lernen und Abend für Abend auf der Bühne wiederzugeben – den Souffleusen hat er nach eigenen Worten immer eifrig zugehört –, mag dazu beigetragen haben, daß der Film zu seinem künstlerischen Lebensinhalt geworden ist. Und dennoch – er hat auch auf der Bühne bestanden. »Die Stichworte in den wenigen Szenen, die Polly und Makkie miteinander haben, sind durchweg präzise gekommen«, erinnert sich Maria Nicklisch. »Auch die ›Hänger‹ hielten sich in Grenzen. Freilich war der Text nicht immer exakt Brechtsche Diktion. Es war manchmal schon ein wenig Albers dabei. Das Publikum hat das jedoch nie gemerkt, dazu war Albers auch handwerklich perfekt genug. Er konnte vieles überspielen. Und er war ein großartiger Kollege, immer zu einem Scherz bereit, auch wenn die Arbeit mal schwierig wurde.«

In seiner ersten bedeutenden Bühnenrolle unter der Regie von Heinz Hilpert ist Albers zum Ensemblespieler geworden, und es hat ihm Spaß gemacht. Als jedoch der Tonfilm kam, wußte er, wohin er gehörte. Und hier war er auch bald der Star, Albers-Filme kamen beim Publikum glänzend an. Und vom rein technischen Ablauf her war die Arbeit im Atelier eben mehr nach seinem Geschmack. Zwar mußte man auch hier Rollen lernen – man sollte es zumindest –, aber es gab bessere Hilfen als das Flüstern aus dem Souffleurkasten, das man manchmal sogar im Parkett hörte: die »Neger«, die schwarzen Tafeln, von denen der Schauspieler seinen Text ablesen kann. Hilde Weissner, Staatsschauspielerin bei Gustaf Gründgens am Berliner Gendarmenmarkt und Filmstar der dreißiger und vierziger Jahre, hat drei Filme mit Albers gemacht: »Der erste war diese Sherlock-Holmes-Geschichte. Ein recht gutes Buch, Albers und Rühmann zählten wie ich schon zur Star-Kolonne der Ufa. Und der blonde Hans war nicht nur im Film ein Draufgänger, er mochte uns Frauen nicht nur, weil es oder wenn es das Drehbuch vorschrieb. Trotzdem ist unser Verhältnis außerhalb des Studios immer freundschaftlich-kühl geblieben. Das lag an mir, denn ich konnte dem Mannsbild Albers im Gegensatz zu mancher Kollegin nichts abgewinnen. Außerdem war ich glücklich gebunden, mit Lothar Müthel. Aber Albers ließ nicht locker. ›Wissen Sie, Frau Staatsschauspielerin‹ – so nannte er mich immer mit einem leise ironischen Unterton –, ›wissen Sie, Sie sind eine seltsame Frau. In den Liebesszenen strahlen Sie eine Erotik aus, daß einem fast die Luft wegbleibt, aber sobald die Lampen ausgehen, ist bei Ihnen der Strom weg.‹«

Vor der Kamera allerdings verstanden sich die beiden Ufa-Stars sehr gut. Und daß Hanne immer wieder Schwierigkeiten mit seinem Text hatte, wurde auch der Weissner zur Gewohnheit: »Wenn die Neger im Studio nicht ausreichen, mußten alle möglichen und unmöglichen Stellen zur Anbringung von Gedächtnisstützen herhalten. Stand er zum Beispiel hinter mir und mußte mit mir reden, wurden die entsprechenden Textstellen auf einem Zettel an mein Kleid gesteckt. Aber das Ablesen machte er perfekt.

Probleme gab es manchmal wegen meiner Körpergröße. Hans Albers war ja nicht der Hüne, als der er in die Filmgeschichte eingegangen ist, er war breit, gut gewachsen, aber gerade mittelgroß. Und da ich ziemlich lang bin, mußte mit Tricks gearbeitet werden. Weder das Drehbuch noch Albers' Image vertrugen es, daß ich auf ihn herabschaute. Und manchmal reichten nicht einmal die hohen Einlagen, die er in den Schuhen trug. Wenn wir also eine Treppe hinunterschritten, ging ich eine oder zwei Stufen vor ihm, was von der Etikette her auch zu vertreten war, bei direkten Liebesszenen stand ich dann barfuß oder in ganz flachen Schuhen vor ihm, während er auf einer dicken Bohle plaziert wurde. Dann stimmten die körperlichen Proportionen. Aber Albers hat das immer mit Humor genommen. Ihn konnte ohnehin nichts in Verlegenheit bringen.«

Hilde Weissner hat zwar eine große Filmkarriere gemacht, ihre Welt war und

---

Für Hans Albers war alles »Otto-Otto«, was in Ordnung war. Man hat lange gerätselt, wo er diesen Spruch aufgelesen hatte. Es gibt mehrere Versionen. Am plausibelsten scheint die folgende: Deutschlands bester und schnellster Jockey zu Albers' großen Zeiten hieß Otto Schmidt. Und wenn er im Sattel saß und sich wieder mal anschickte, das Feld hinter sich zu lassen, sprangen die Menschen auf der Tribüne auf und schrien wie aus einem Mund im Rhythmus: »Otto-Otto!« Fritz Kortner, vor dessen bissigen Sprüchen ja kein Kollege sicher war, ließ sich dann zu Albers folgendes einfallen: »Hans Albers hat es leicht. Er kommt mit zwanzig Wörtern aus. Zwei davon sind ›Otto-Otto‹.«

Rechte Seite: vier prominente Partnerinnen des Hamburgers: Hilde Weissner (oben links) stand dreimal mit ihm vor der Kamera, Brigitte Horney (unten links) war in *Münchhausen* und *Savoy-Hotel 217* dabei, Annemarie Düringer (oben rechts) spielte die Inken Peters in *Vor Sonnenuntergang*, und Sabine Sinjen (unten rechts) war Albers' Partnerin in seinem letzten Film *Kein Engel ist so rein*.

blieb jedoch die Bühne. Sie filmte nur aus finanziellen und aus Popularitätsgründen, dabei war sie eine der schönsten Frauen, die damals mit kühler Überlegenheit von der Leinwand herablächelten. »Mit Albers habe ich immer gern gespielt, auch wenn es dann eben Albers-Filme wurden.«

Auch Marianne Hoppe, die ihre Karriere ebenfalls auf der Bühne suchte und fand, hat eine gute Erinnerung an Hans Albers. Sie arbeitete mit ihm allerdings erst nach dem Krieg zusammen, und da zählten ihre eigenen großen Filme wie »Der Schritt vom Wege« (eine frühe »Effie Briest«-Adaption) oder »Romanze in Moll« schon zu den Klassikern der deutschen Kinogeschichte.

»Mit Albers habe ich nur einmal gedreht, und den Film sollte man am besten dort lassen, wo er sich schon lange befindet: in der Versenkung. Es war ein typischer, leichter Albers-Film der fünfziger Jahre: ›Dreizehn alte Esel‹. Die Arbeit war recht erfreulich, denn Albers war ein guter, anständiger Kollege. Gerade deshalb erinnere ich mich auch gern einer Begebenheit aus meinen Anfängerjahren am Theater. Ich spielte in Berlin, und wir jungen Schauspieler verdienten uns nebenbei ein Taschengeld als Edelkomparsen beim Film. Eines Tages geriet ich in Babelsberg in Panik. Die Dreharbeiten hatten sich so sehr verzögert, daß ich befürchten mußte, nicht rechtzeitig zur Vorstellung ins Theater zu kommen. Als ich das einer Kollegin zuflüsterte, hörte mich Hans Albers, der Star des Films. ›Na, Meechen, haste Kummer? Wo mußte denn hin?‹ Ich nannte ihm das Theater, und er meinte zu meiner Verblüffung: ›Na, dann wer' ick dich mal dahin fahren.‹ Das hat mich damals sehr für den großen Albers eingenommen. Er war ein netter Kerl, und er ist es wohl auch immer geblieben.«

Manchmal soll Hans Albers im Atelier allerdings seine Mucken gehabt haben. Die zierliche Lilian Harvey, einer der strahlendsten weiblichen Sterne am Filmhimmel der dreißiger Jahre, hatte so ihre Probleme mit ihm, wie Joachim Cadenbach in seiner Albers-Biographie schreibt: Die Harvey drehte mit Albers den Varieté-Film *Quick*, und der blonde Hans versuchte bei Liebesszenen in Großaufnahme wohl immer wieder, sie so zu schwenken, daß *er* voll, *sie* aber mit dem Rücken zur Kamera stand. Die sehr energische Lilian fand Abhilfe: »Gestatten Sie, lieber Hans, ich soll hier auch mit aufs Bild.« Als die Einwände nicht fruchteten, brach sie die Aufnahme kurzerhand ab und stellte den Regisseur Robert Siodmak zur Rede. Von da an lief die Zusammenarbeit reibungslos.

Eigentlich hängt Hans Albers jedoch nicht der Ruf an, er habe versucht, sich auf Kosten seiner Partnerinnen ins rechte Licht zu rücken. Vielleicht war Lilian Harvey die berühmte Ausnahme; schließlich genoß sie selbst schon so viel Popularität wie Hanne. Liselotte Pulver weiß nämlich Gegenteiliges zu berichten. Sie hat mit Albers dessen zweiten Nachkriegsfilm gedreht: *Föhn*, ein von Richard Angst hervorragend fotografiertes Leinwanddrama aus den Schweizer Bergen:

»Es war mein erster Film. Albers und ich trafen uns im Münchner Hotel ›Regina‹. Dort haben wir geredet — und gealbert, denn ich war total frei von Hemmungen. Er mochte mich sehr, und ich bekam die Rolle. Er war ganz reizend und hat mir bei den Dreharbeiten sehr geholfen. Immer wieder hat er mit Adrian Hoven und mir die einzelnen Szenen durchgesprochen, und wir haben beide von seiner großen Filmerfahrung profitiert. Vor allem sorgte er mit dafür, daß wir jungen Leute neben ihm richtig gut ins Bild kamen. Außerdem haben wir sehr über ihn gelacht, denn er steckte voller Schnurren. Vor allem, wenn wir in künstlichem Eis und Schnee ernste Szenen zu drehen hatten. Und bei den Außenaufnahmen habe ich ganz große Augen bekommen. Selbst für die schwierigsten Szenen — zum Beispiel beim Abseilen in eine Gletscherspalte — wollte und brauchte er kein Double. Und das, obwohl er doch nicht mehr der Jüngste war.«

41

Der Jüngste war Hanne in jener Zeit wirklich nicht mehr. Er ging hart auf die Sechzig zu, wie man so sagt. Aber seine Vitalität hat der Schauspieler offensichtlich bis kurz vor seinem Tode nicht verloren. Und von seinem Faible für Frauen hat er sich ebenfalls nie getrennt, denn die reizende, unbekümmerte und sehr hübsche Lilo Pulver, die später selbst Karriere gemacht hat und einem breiten Kino- und Fernsehpublikum heute noch in sehr guter Erinnerung ist, hatte es dem blonden Hans mit den grauen Schläfen wohl wieder mal angetan. Lilo erzählt das heute lachend — und sie lacht ja so wundervoll —, aber sie hat die Annäherungsversuche von der heiteren Seite genommen. »Vor allem, wenn er getrunken hatte, und er trank ja nicht wenig, wollte er wohl mit mir anbändeln. Ich habe das nie ernst genommen, er war ja auch vierzig Jahre älter als ich.«

Erich Pommer, der legendäre Ufa-Produzent der zwanziger Jahre, produzierte 1951 einen Albers-Film, der wohl zu den besten seines Genres zählt: *Nachts auf den Straßen*. Partnerinnen waren die unvergessene Lucie Mannheim, eine der vielen, die Deutschland 1933 verlassen mußten, und Hildegard Knef. Schon »die Knef«, nach ihren Erfolgsfilmen »Die Mörder sind unter uns«, »Film ohne Titel« und »Sünderin«. In ihrem Bestseller »Der geschenkte Gaul« erzählt sie eine Geschichte, die »typisch Albers« ist:

»›Herr Albers, kann ich Sie einen Augenblick sprechen?‹
›Komm rin, Kleene.‹ Er stand im Unterhemd, bügelfaltenloser Hose, Pantoffeln und Lastwagenfahrermütze, rührte mit einem Finger im Sektglas. ›Wat kann Hänschen für dich tun?‹ Seit zehn Tagen drehten wir an Erich Pommers *Nachts auf den Straßen*, er spielte den ehrbar-gutmütigen Lastwagenfahrer, ich die Kanaille, der er auf den Leim gegangen.
›Herr Pommer sagt, die Entscheidung liegt bei Ihnen.‹

Liselotte Pulver lernte Hans Albers bei ihrem ersten Film kennen: *Föhn* mit Adrian Hoven.

Er ging zur Tür, rief in den Garderobengang: ›Sucrow, mach 'ne Flasche auf.‹ Sucrow, der Garderobier, schoß mit geöffneter Flasche um die Ecke, als hätte er seit Tagen auf den Ruf gewartet.
›Was für 'ne Entscheidung?‹
›Unser Film hat vier Wochen zu spät angefangen. Wir haben noch sechs Wochen zu drehen, aber ich muß in drei Wochen in Hollywood sein, hab' einen Vertrag für einen Tyrone-Power-Film unterschrieben – wenn ich nicht komme, muß ich eine Konventionalstraße zahlen, die ich nie bezahlen kann.‹
›Und nun willste, daß wir Tag und Nacht drehen? Was sagt der Regisseur?‹
›Jugert sagt ja.‹
›Weißte, da war mal ein Schauspieler, mit dem hab' ich angefangen, auf der Bühne in der Provinz – da warste noch nich mal ein Zwinkern in Vaters Auge –, und der Schauspieler, der war besser als ich. Aber den haben se nich in der Wiege geküßt, bei dem kam nischt rüber, und deshalb bin ich'n Star geworden und der nich.‹
Er leerte sein Glas, stocherte mit der Nagelschere in einer Zigarre. ›Du hast es vor dir, ich hab's bald hinter mir.‹
Nach zwei Wochen hatten unsere Augen die Farbe bindehautkranker Kaninchen, rutschte die Schminke wie Schmierseife von brennender Haut, hatte Rudolf Jugert sein Kriegsgewicht zurückgewonnen, war der böhmische Kameramann Vaclav Vich der deutschen Sprache nicht mehr mächtig, war ich mit einer Magengrippe behaftet – nur Albers schien bis auf das leicht lädierte Äußere vom Schlaf unabhängig. Während letzter Nacht und drei Stunden vor dem Abflug fiel ich von fahrendem Lastwagen, drehte vier Saltos, hatte Hans Albers mich drehbuchgerecht zu ohrfeigen, fürchtete, mir weh zu tun, trank noch einen Cognac, vergaß, Siegelring abzusetzen. Ich erreichte das Flugzeug und später Hollywood, betrat kurz darauf mit dicker Backe und kürbisgroßem Knie das Fox-Studio und schlief unter den befremdeten Blicken des Regisseurs Hathaway und meines Partners Tyrone Power ein.«
In dieser erfrischenden Schilderung der Knef drückt sich aus, was sie und die meisten Partnerinnen für den Kollegen Albers empfunden haben: Hochachtung, Verehrung, Dankbarkeit.
Camilla Spira war eine berühmte Schauspielerin, deren Liebe der Bühne galt. Auch sie mußte aus Deutschland fliehen und kehrte erst an die Spree zurück, als der Nazi-Spuk vorbei war. In den fünfziger Jahren spielte sie in drei Filmen neben Albers:

Ilse Werner spielte neben Albers in *Münchhausen* und in *Große Freiheit Nr. 7*. Marianne Hoppe (unten) war seine Partnerin in *Dreizehn alte Esel*.

Folgende Seiten: Zu Weltstars avancierten zwei deutsche Filmschauspielerinnen, die ebenfalls mit Hans Albers vor der Kamera gestanden haben. Hildegard Knef (links) war das »leichte Mädchen« in *Nachts auf den Straßen* und Marlene Dietrich die »fesche Lola« in *Der blaue Engel*.

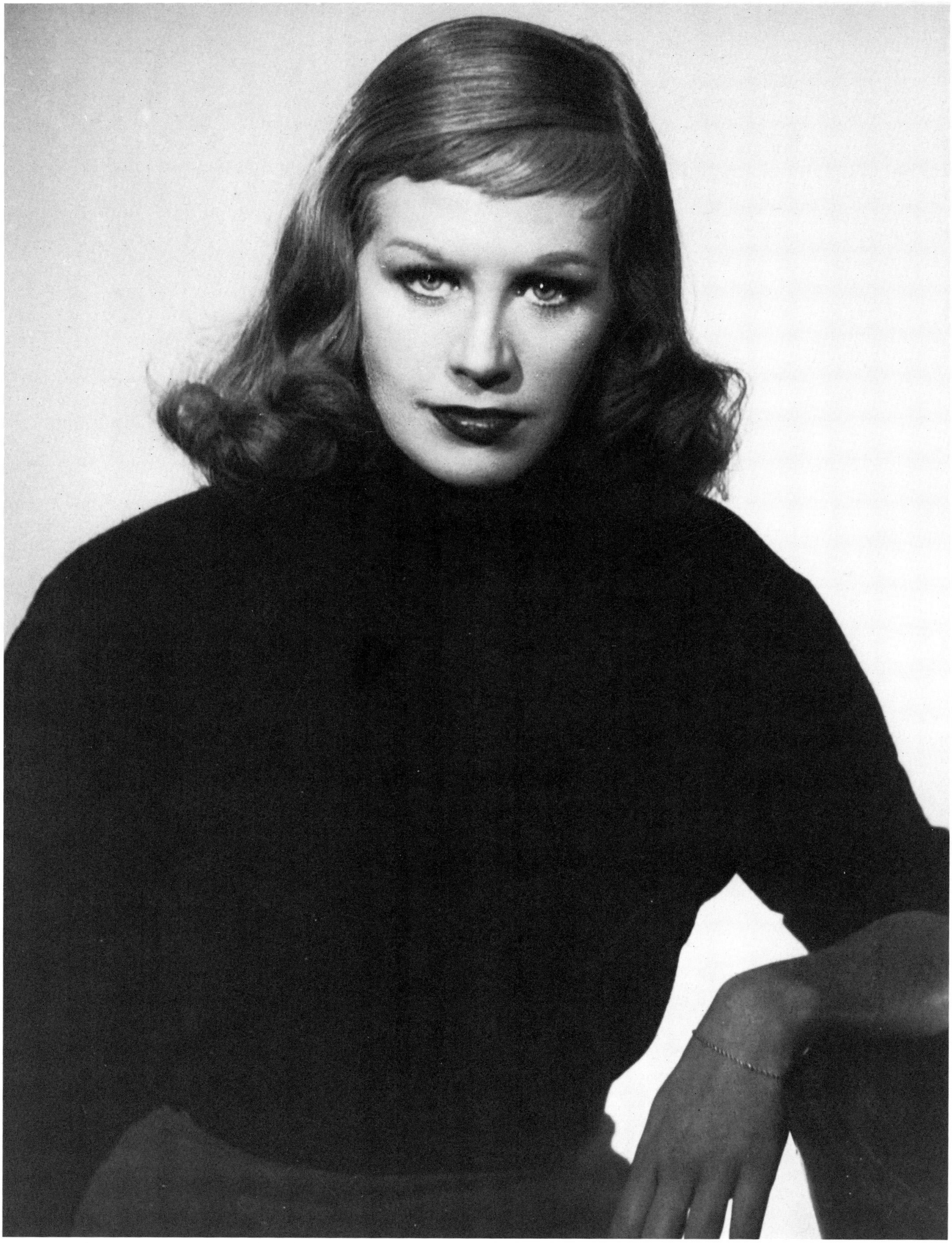

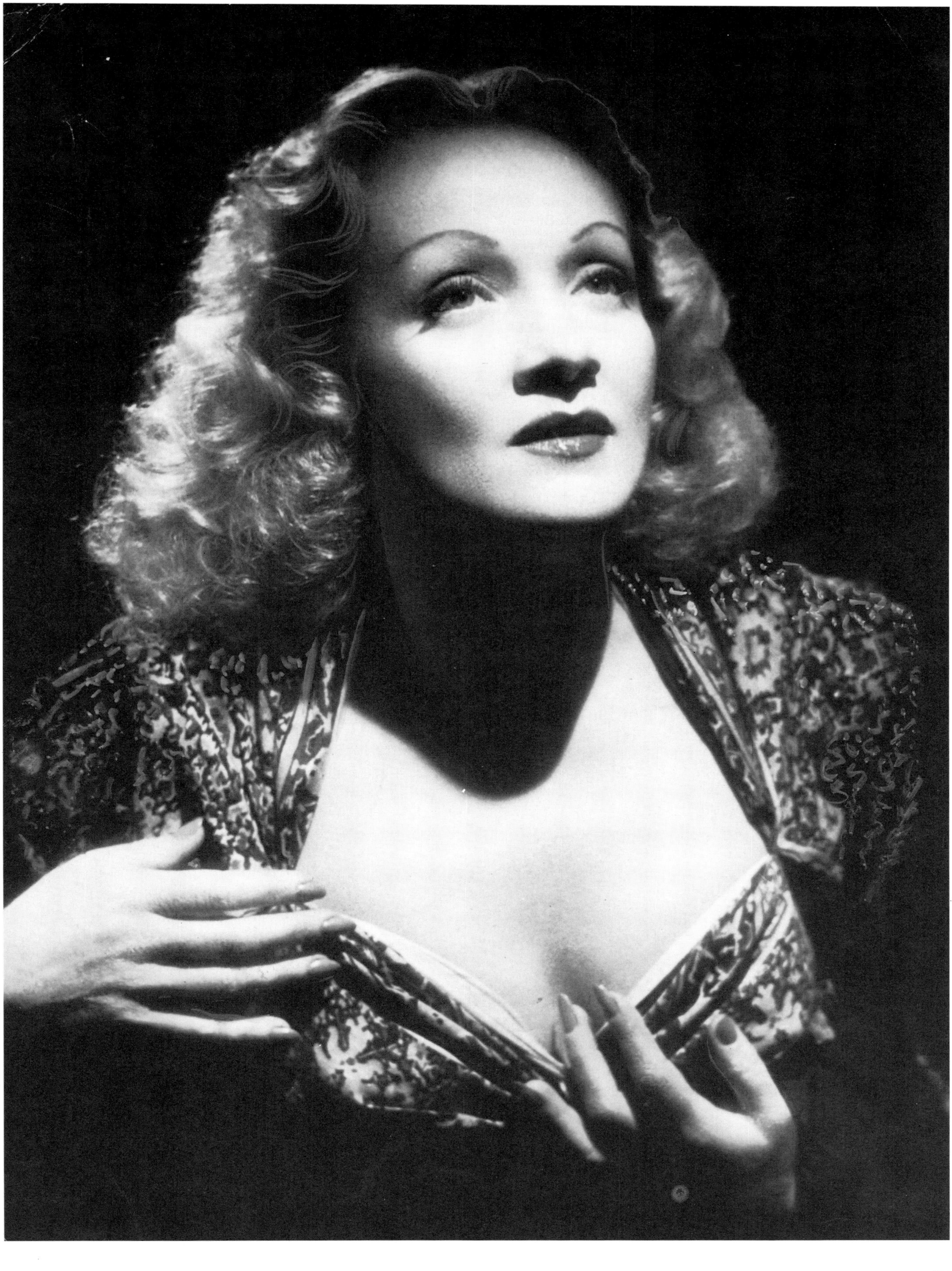

> Géza von Cziffra erinnert sich in »Kauf dir einen bunten Luftballon«:
> »Eichberg drehte mit Albers in London. Eines Tages wurde ich telegraphisch dorthin gerufen. Ich hatte zwar am Drehbuch vom Greifer auf Eichbergs Wunsch mitgearbeitet, traute dem Frieden aber trotzdem nicht und rief in Eichbergs Berliner Büro an. Dort erfuhr ich, daß Albers am ersten Drehtag die Regieassistentin Eichbergs in eine mit Wasser gefüllte Regentonne gesteckt hatte, worauf die Dame verschnupft – symbolisch, aber auch im wörtlichen Sinne – abgereist war.«

»Albers war mir aus meiner Jugend ein Begriff. Er kam von der Operette, von der Revue, und dann sah ich ihn auf der Bühne des Deutschen Theaters als Kellner Tunichtgut – er war hinreißend und ich hingerissen. Ich habe ihn bewundert, auch in ›Rivalen‹ als Partner von Kortner. Und erst recht als Liliom. Albers war ein umwerfendes Naturtalent.
Er hätte auch ohne Film Karriere gemacht, aber – er war für die Leinwand wie geschaffen.«

Vor Beginn der ersten gemeinsamen Arbeit wurde Camilla Spira nach Garatshausen eingeladen, gemeinsam mit dem Regisseur. »Es war fabelhaft dort, Albers und Hansi Burg waren vorzügliche Gastgeber. Aber es waren Arbeitsgespräche, alles wurde bis ins kleinste Detail durchgesprochen – und getrunken wurde auch. Das gehörte ja bei Hanne dazu. Aber es störte die Arbeit nicht, es lockerte nur die Atmosphäre, in der man sich einfach wohl fühlen mußte.

Vor der Kamera war die Zusammenarbeit ähnlich ideal, ob drinnen oder draußen. Nur im letzten Film, den wir zusammen gemacht haben – ich glaube, es war *Das Herz von St. Pauli* –, in diesem Film wurde es mit ihm ein wenig schwieriger. Er hatte Textprobleme, auch mit Negern, und schaute in den Szenen, die wir gemeinsam zu spielen hatten, oft an mir vorbei. Und wenn man sich beim Dialog nicht ansieht, obwohl man sich eigentlich ansehen müßte, dann wird die Atmosphäre doch empfindlich gestört. Trotzdem blieben Albers' schauspielerische Leistungen imponierend bis zum Schluß. Ich denke gern an die Arbeit zurück.«

Ähnlich gute Erinnerungen hat die Burgschauspielerin Annemarie Düringer. Sie stand nur einmal mit Albers vor der Kamera, als Inken Peters in Gerhart Hauptmanns *Vor Sonnenuntergang*:

»Ich hatte die Rolle auf der Bühne schon sehr oft gespielt, mit Werner Krauß als Partner. Nun sollte es also Albers sein. Die Arbeit wurde exzellent. Hans Albers war ein phänomenaler Schauspieler, und gerade seine große Erfahrung im Film war auch für mich sehr nützlich. Er trank zwar, aber er war immer sehr diszipliniert und immer sehr gut vorbereitet. Ich habe ihn nie als Bremse empfunden. So etwas hat man ja manchmal bei Partnern, mit denen man nie auf einen gemeinsamen Ton kommt, aber bei Albers war das kein Problem. Wir verstanden uns auf Anhieb, und ich meine schon, daß er ein Star im allerbesten Sinne war.«

Es war fünf Jahre vor Albers' Tod, als der Hauptmann-Film ins Atelier ging. »Ohne Maske und ohne Toupet war er schon ein alter Mann«, sagt Annemarie Düringer. »Aber wenn er für die Aufnahme zurechtgemacht war, sah er zwanzig Jahre jünger aus. Das jedoch machte nicht allein die Schminke, das machte vor allem die innere Strahlkraft, über die er verfügte. Bei Aufnahmen gingen bei ihm eben auch innen die Lampen an, und das war phänomenal.«

Albers' letzte Partnerin in den Scheinwerfern eines Filmateliers war zugleich seine jüngste: Sabine Sinjen. Mit der bis heute außerordentlich beliebten Schauspielerin – sie war damals siebzehn – drehte Hanne den Film, der sein letzter werden sollte: *Kein Engel ist so rein*. Er mochte die Sabine, und er prophezeite: »Aus der Kleenen wird noch mal was.« Er hatte recht, schon in den beiden Filmen »Es« und »Alle Jahre wieder« von Ulrich Schamoni hat »die Kleene« ihr Publikum beeindruckt.

An die Zusammenarbeit mit Albers denkt die attraktive Schauspielerin gern zurück: »Er war wirklich rührend zu mir, er hat mich wohl sehr gern gehabt. Und ich empfand wirkliche Freundschaft für ihn. Er hat mir auch immer sehr geholfen, wenn es mal schwierig wurde, ich war ja noch sehr jung im Filmgeschäft.«

Albers schien die hübsche Sabine sehr in sein großes Herz geschlossen zu haben. Lächelnd blättert sie in ihren Tagebuchaufzeichnungen: »Als wir gemeinsam zurückfuhren, nahm er meine Hand, und ich ließ sie ihm.«

War es Sentimentalität eines alten Mannes? Oder bereits Erinnerung an ein intensives, bald zu Ende gelebtes Künstlerleben — Jahre zuvor hatte Hanne schon gesagt: ». . . ich hab's bald hinter mir.«
Und kaum ein Jahr nach der Arbeit an dem Film mit Sabine Sinjen schloß er die Augen für immer. Die strahlend blauen Augen, die wie das ganze imposante Mannsbild Hans Albers in der Erinnerung seiner Partnerinnen weiterleben.

In dem Film *Varieté* war die französische Schauspielerin Annabella die Partnerin von Albers.

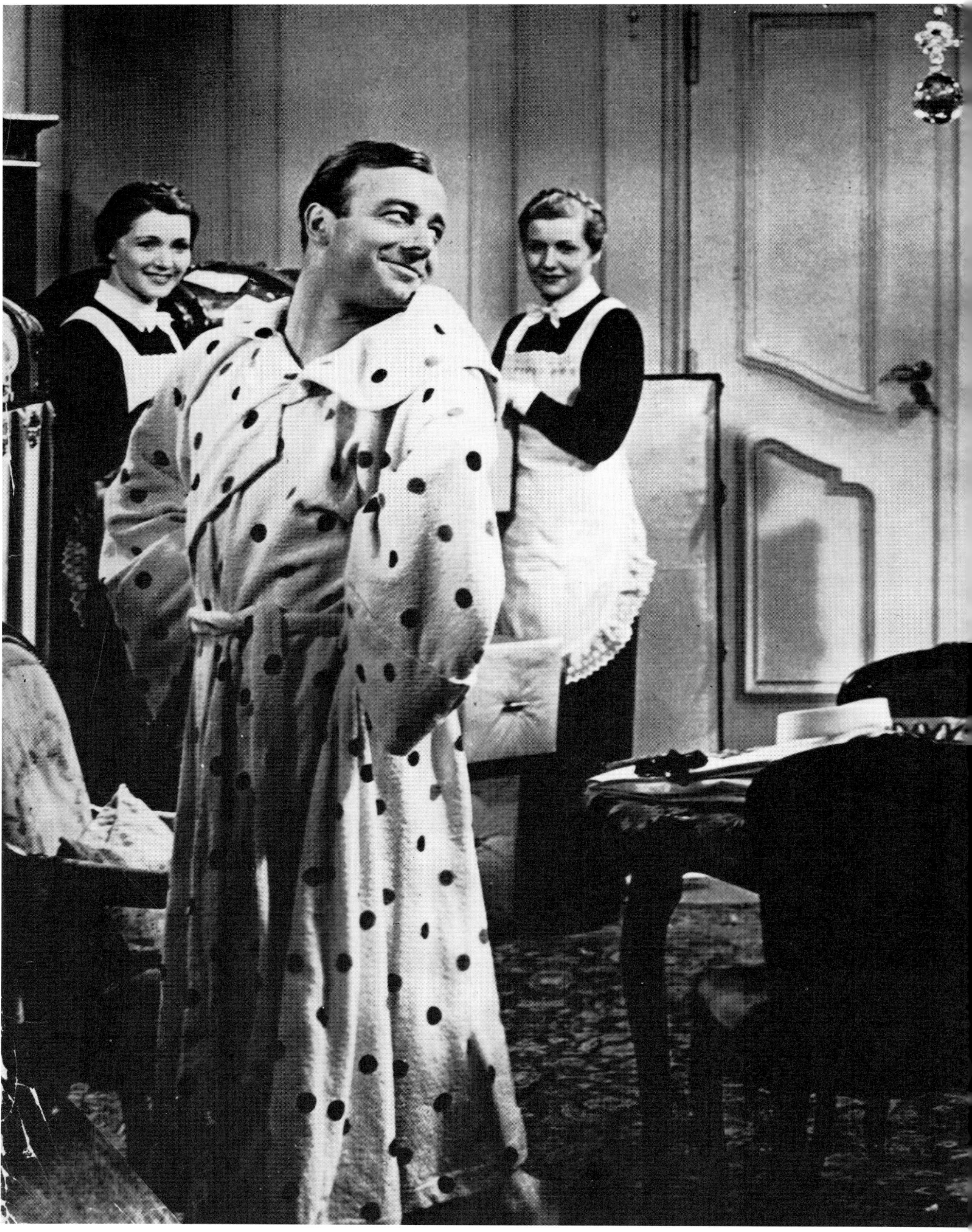

Kollegen

Hubert v. Meyerinck war ein erstklassiger Schauspieler, der in vielen Albers-Filmen mitgewirkt hat. Die beiden gleichermaßen humorvollen Komödianten haben sich sehr gut verstanden.

»Hans Albers war der einzige in unserer Zeit, der in seiner Filmarbeit internationales Format erreicht hat und am ehesten den Vergleich mit Hollywoodstars wie Gary Cooper, Clark Gable, Robert Taylor oder John Wayne aushält. Wir anderen waren alle zu glatt, zu deutsch-typisch, er aber hatte den großen Zuschnitt, den man gerade im deutschen Film jener Jahrzehnte so oft vermißte.«
Dieses Kompliment wiegt um so schwerer, als es von einem Albers-Kollegen stammt, der jahrzehntelang selbst ein berühmter Filmstar gewesen ist und heute noch zu den Protagonisten des Berliner Schillertheaters zählt: Carl Raddatz.
Albers und Raddatz haben nie miteinander gearbeitet. Außer einigen Zufallsbegegnungen auf dem Filmgelände in Babelsberg ist nichts gewesen. Aber Raddatz hat nicht unrecht mit seinem Lob, in der Tat kann sich Albers in seinen frühen Filmen auch international sehen lassen. Das mag weniger an einer überwältigenden künstlerischen Leistung liegen, die brachten andere ebenso wie er, wenn nicht besser – dazu gehörte auch Carl Raddatz. Es lag wohl eher an der Wirkung des blonden Hamburgers, an seiner unmittelbaren, starken Ausstrahlung, an seiner Persönlichkeit eben. Und natürlich auch an der Thematik vieler seiner Filme. Bei seinen Rollen in so abenteuerlichen Streifen wie *Flüchtlinge*, *Sergeant Berry* oder *Wasser für Canitoga* liegt der Vergleich mit amerikanischen Stars und Filmen gleichen Genres wirklich schon sehr nahe.
Hans Albers hatte zeitlebens ein recht gutes Verhältnis zu seinen Partnern und zu anderen Kollegen aus der Branche, auch als er schon einsamer Star war und sich die Filme ausschließlich durch ihn verkauften. Viele Augen- und Ohrenzeugen bestätigten das. Freilich gab es Schauspieler, denen er gar nicht »grün« war – und dann konnte er unangenehm werden. Doch unter seiner rauhen Schale war er sensibel wie die meisten Künstler. Er verbarg sich hinter dem Schutzschild der Burschikosität.
Selbst Fritz Kortner, der Schwierige, einer seiner ersten großen Bühnenpartner, stellt Albers kein schlechtes Zeugnis aus, obwohl es in der Zusammenarbeit der beiden handfesten Ärger gegeben hat. In seinen Erinnerungen, hier an das Jahr 1929, schreibt Kortner: »Dann tauchte aus der Revue und Operette der Blondeste vom Blonden, der blonde Hans, auf. Mit ihm spielte ich – schwarz, wie ich war – in ›Die Rivalen‹, ein von Zuckmayer übersetztes amerikanisches Stück. Mit dem urwüchsigen, um seine saftigen Wirkungen ungestüm bemühten und nicht gerade partnerliebenden Mannsstück kam ich bald in ein Handgemenge, das über die vom Autor vorgeschriebenen Prügeleien weit hinausging, so weit, daß die ›BZ am Mittag‹ Boxberichte über die beiden Rivalen brachte. Als der Kampf weiter auszuarten drohte, schied ich aus. Darauf stürzten die hohen Einnahmen in mich beglückende Tiefe. Die Berliner wollten uns beide sehen, blond und schwarz. Wäre Albers ausgeschieden, das Publikum hätte genauso reagiert. Mein Kumpan Kunz sah in den alkoholbedingten Exzessen des im Grunde harmlos erfolgsübermütigen Albers Antisemitismus.«
Nun weiß jeder, der sich in der Theaterszene auskennt, daß Fritz Kortner nach seiner Rückkehr aus der Emigration antisemitische Tendenzen der Bundesdeutschen geradezu seismographisch registriert hat. Um so mehr Bedeutung bekommen seine Zeilen über Hans Albers, die dessen Verhältnis zu den Nazis knapp umreißen: »Die Kunde vom widerstandskräftigen Verhalten meines Todfreundes Albers, den ich in Tutzing besuchte, war bis nach Hollywood gedrungen. Aus Gesprächen mit ihm erkannte ich, daß sich seine Abneigung gegen den Diktator Hitler auch auf den Publikumsliebling Hitler bezog. Er fand sich von ihm auch auf diesem Gebiet in den Schatten gestellt. Den Kampf Hitler–Albers um das Dienstmädchen gewann Hitler. Sieger blieb Albers.« Kortner hat dann noch einmal mit Albers gefilmt: *Blaubart*. Es soll da nicht mehr zu Streitigkeiten gekommen sein.
Skeptiker aus dem Filmgeschäft erwarteten ja bei Albers durchaus Streitigkei-

ten so hie und da, und das auch bei seinem ersten Zusammentreffen mit Heinz Rühmann 1932 in *Bomben auf Monte Carlo*. Rühmann, selbst schon ein Ufa-Star mit festem Vertrag nach seinem Erfolg in »Die drei von der Tankstelle«, sollte ja praktisch den »Buffo« in einer Art Filmoperette neben dem »Heldentenor« Albers spielen. Es ging aber besser als erwartet. Dazu Rühmann: »Eigentlich sollte der liebenswerte Paul Kemp die Rolle neben Albers spielen, aber da machte die Ufa nicht mit. Immerhin hatte ich schon einen Jahresvertrag bei der Gesellschaft, obwohl ich nicht Liebhaber war wie zum Beispiel Willy Fritsch, sondern Komiker. Albers und ich gingen dann die Zusammenarbeit sehr vorsichtig an, doch als er spürte, daß ich ihm nichts von seinem möglichen Erfolg wegnehmen wollte, lief alles reibungslos. Wir hatten sogar viel Spaß an der Arbeit. Später kamen wir ja auch noch öfter zusammen, und das hat eigentlich prima geklappt.«

Rühmann konnte sich in jener Zeit seine Rollen auch schon aussuchen, und als ihm das Drehbuch von *Der Mann, der Sherlock Holmes war* in die Hände fiel, griff er schnell zu. Wieder hatte man zunächst an Paul Kemp gedacht, aber mit Hilfe von Karl Hartl, dem Regisseur, schaffte Heinz Rühmann den Sprung und hatte gemeinsam mit Albers einen Riesenerfolg. Leider kamen die beiden dann erst 1954 wieder zusammen, jeder verfolgte seine eigene Karriere.

Sehr angenehme Erinnerungen an Hans Albers als Partner hat Gustav Knuth, der in *Große Freiheit Nr. 7* zum erstenmal mit dem Hamburger vor der Kamera stand. Er zählte zwar damals auch schon zu den Topleuten der Bühne und des Films, aber gerade an die »Große Freiheit« denkt er lieber zurück als an andere Streifen, ausgenommen »Unter den Brücken« mit Carl Raddatz und Hannelore Schroth, wohl einer seiner besten Filme.

Wer Gustav Knuth kennt und Gelegenheit hatte, sich stundenlang mit ihm zu unterhalten – ich hatte das Vergnügen 1968 in seinem Haus in Küsnacht bei Zürich –, der vermag sich vorzustellen, wie ersprießlich die Arbeit dieser beiden Vollblutkomödianten unter der Regie von Helmut Käutner gewesen sein muß. Knuth erzählte damals – und tut das auch ausführlich in seinem Buch »Mit einem Lächeln im Knopfloch« – folgende wunderbare Geschichte:

»Im Drehbuch stand für mich der Satz ›Haare müßte man haben‹, wobei ich die Mütze abnehmen und mir über die spiegelblanke Glatze streichen sollte. Da ich jede Rolle sehr ernst nehme, ließ ich mir also – sehr zum Ärger meiner Frau – den Schädel rasieren und polieren. Helmut Käutner war begeistert und ließ das sofort den Hans wissen. Der bat mich unverzüglich in seine Garderobe und schüttelte staunend den Kopf: ›Det machst du für 'ne Rolle? Würde ich nicht fertigbringen.‹ Da entfuhr mir der Satz: ›Hast du ja auch nicht nötig. Du hast ja schon 'ne Glatze.‹ Das muß Hänschen wohl sehr gewurmt haben. Jedenfalls lästerte er dauernd herum und meinte zu Käutner, man solle mir doch 'ne Perücke verpassen. Und Günther Lüders, der das hörte, gab noch seinen Senf dazu: ›Und ein Ohr ab.‹ Es blieb aber bei der Kahlheit, und ich konnte drehbuchgerecht mein Haupt entblößen.«

Sie hatten also ihren Humor nicht verloren, die Komödianten, obwohl die politische Situation im Jahr 1944 beileibe nicht danach war. Die Arbeit zwischen Knuth und Albers entwickelte sich damals so gut, daß die beiden nach dem Krieg noch manchen Film miteinander machten. Im Gegensatz zu Albers hat Knuth jedoch immer wieder zur Bühne zurückgefunden, und als das Fernsehen en vogue war, feierte er auch auf dem Bildschirm große Erfolge.

In fast jedem Gespräch, das man mit Schauspielern über Hans Albers führt, sind die »Neger« ein Thema. Viele brauchen sie nicht, andere wiederum können oder wollen nicht auf sie verzichten. Albers gehörte zu letzteren. Dazu Heinz Rühmann in seinen Erinnerungen:

»Mein großer Kollege lernte damals nicht gern... Die Tafeln standen außerhalb der Dekoration, von kleinen Scheinwerfern angestrahlt, damit sie bei sei-

Carl Raddatz, hier als Mackie Messer in einer Berliner Aufführung der »Dreigroschenoper« mit Johanna von Koczian und Wolfgang Gruner, hat seinem Kollegen Hans Albers ein hervorragendes Zeugnis ausgestellt, indem er ihn neben anderen mit Gary Cooper verglich.

> Gustav Knuth hörte von Albers' erstem Chauffeur:
> »Der alte Fritz Imhoff ist mal in Hamburg zum Vater von Hans Albers in die Fleischerei gegangen und hat Wurst gekauft.
> ›Wieviel wollen Sie denn?‹ fragte der Vater.
> ›Soundsoviel...‹
> Vater Albers setzte das Messer an. Da sagte Imhoff: ›Ich bin ein Freund Ihres Sohnes.‹
> Vaters Messer rutschte ein paar Zentimeter weiter.
> ›Auf Ihren Sohn können Sie stolz sein.‹
> Das Messer rutschte noch ein paar Zentimeter weiter.
> ›Ich hab' ihn gerade in einer Revue gesehen. Ein einmaliger Abend. Ich bin stolz, daß ich mit Ihrem Sohn bekannt bin. Der macht seinen Weg.‹
> Da gab Vater Albers ihm die ganze Wurst und sagte: ›Schönen Gruß an meinen Sohn.‹«

nen Bewegungen und Gängen immer in seinem Blickfeld waren. Er hatte das Ablesen zu einer Perfektion entwickelt. Wenn zum Beispiel eine Stelle kam, an der er gern seine blauen Augen blitzen lassen wollte, war die Text-Tafel oberhalb eines Fensters angebracht.

In einer Szene dieses Films [gemeint ist *Der Mann, der Sherlock Holmes war*, OT] verblüffte er uns alle: Er hatte eine längere Rede an die Gangsterbraut, dargestellt von Hilde Weissner, zu richten, vor der er im Frack, den Zylinder in der Hand, stand.

Die Rede legte er perfekt hin. Kein verstohlener Blick auf einen Neger, gelegentlich nachdenkliche Blicke nach unten. Am Ende der Rede warf er seine weißen Handschuhe elegant in den Chapeau claque.

Beifall im Atelier. Hannes genoß ihn, dann zog er lächelnd einen Spickzettel mit seinem Text aus dem Zylinder und zeigte ihn uns voller Stolz.«

Nun war Albers nicht der einzige berühmte Filmschauspieler, der sich der »Neger« bediente. Jean Gabin gehörte dazu, von Marlon Brando sagt man es ebenfalls. Und Gert Fröbe, der vor seiner Weltkarriere zwei Filme mit Hans Albers gedreht hat, findet das auch in Ordnung: »Was soll immer das Gerede von den Negern. Leute wie Gabin und Albers sahen das schon richtig. Neger benutzen hieß ja nicht, keinen Text gelernt zu haben. Sie sollten ja nur der Auffrischung des Gedächtnisses dienen. Und wieviel Ausdrucksmöglichkeiten hat ein Schauspieler im Film — zum Beispiel bei einer Großaufnahme, wenn er in seinem Gehirn nicht erst nach dem Text suchen muß.«

Fröbe, der nach seinem künstlerischen Riesenerfolg als Otto Normalverbraucher in der »Berliner Ballade« nicht so recht reüssierte, verdankt Hans Albers sehr viel. Er spielte mit ihm in *Das Herz von St. Pauli*: »Albers war der Rechtschaffene, ich war der Lümmel. Ein Zuhälter, dem fast jedes Mittel recht war, um zu Geld zu kommen. Es war eine hervorragende Zusammenarbeit, die Begegnung mit Albers zählt zu meinen beglückendsten Erlebnissen. Er ist mein Vorbild geworden, als Künstler wie als Mensch. Nie verzagt, nie humorlos. Er war der Star des Films, sicherlich, aber das ließ er niemanden fühlen, auch nicht die jungen Kollegen, die in seinem Schatten spielten.«

Im *Tollen Bomberg* waren Albers und Fröbe dann noch einmal Partner, aber diesen Film haben beide offenbar ganz schnell wieder vergessen. *Das Herz von St. Pauli* dagegen wirkt in Fröbe heute noch nach: »Als die Premiere kam, mußten wir uns wie üblich nach der Aufführung verbeugen. Erst kamen Albers und seine Getreuen, die guten Menschen im Film. Ich stand noch hinter der Bühne. Und Albers sagte: ›Ja, und jetzt kommt noch der Lump aus dem Film.‹ Ich trat auf — und bekam doppelten Applaus. Die Menschen trampelten sogar mit den Füßen. Da riß Hans die Initiative wieder an sich: ›Ja, meine Damen und Herren, im Film spielt er zwar den Lumpen. Aber menschlich und künstlerisch können wir uns von ihm 'ne Scheibe abschneiden.‹ Der Applaus war wieder bei Albers, aber ich habe mich trotzdem über diese Worte vor versammeltem Publikum sehr gefreut, weil ich sicher bin, daß sie ernst gemeint waren. Ich bin sogar heute noch stolz darauf.«

Daß Albers nicht nur ein Herz für St. Pauli, sondern auch für seine jungen Kollegen hatte, bestätigt gern und detailliert Hansjörg Felmy, der zweimal als Albers-Sohn auf der Leinwand erschienen ist (*Das Herz von St. Pauli* und *Greifer*-Remake). Er sollte auch in einem dritten Film die Sohn-Rolle übernehmen, aber er mochte sich nicht zu sehr festlegen lassen. Mittlerweile zählt Felmy zu den Arrivierten und ist einer der sympathischsten Film- und Fernsehdarsteller — nicht allein wegen seines »Tatort«-Kommissars Haferkamp:

»Als ich im Studio erschien, brachte mich der Produktionsleiter sofort zu Hans Albers in die Garderobe. Zu meinem Unglück stellte mich der Herr jedoch mit den Worten vor: ›Herr Albers, darf ich Sie mit Ihrem Sohn bekannt machen?‹ Albers brummte: ›Was soll das, ich habe keinen Sohn.‹ So entstand zwischen

Rechte Seite: Man hätte ihn gern öfter gemeinsam mit Hans Albers auf der Leinwand gesehen, aber es hat nur dreimal geklappt: Heinz Rühmann.

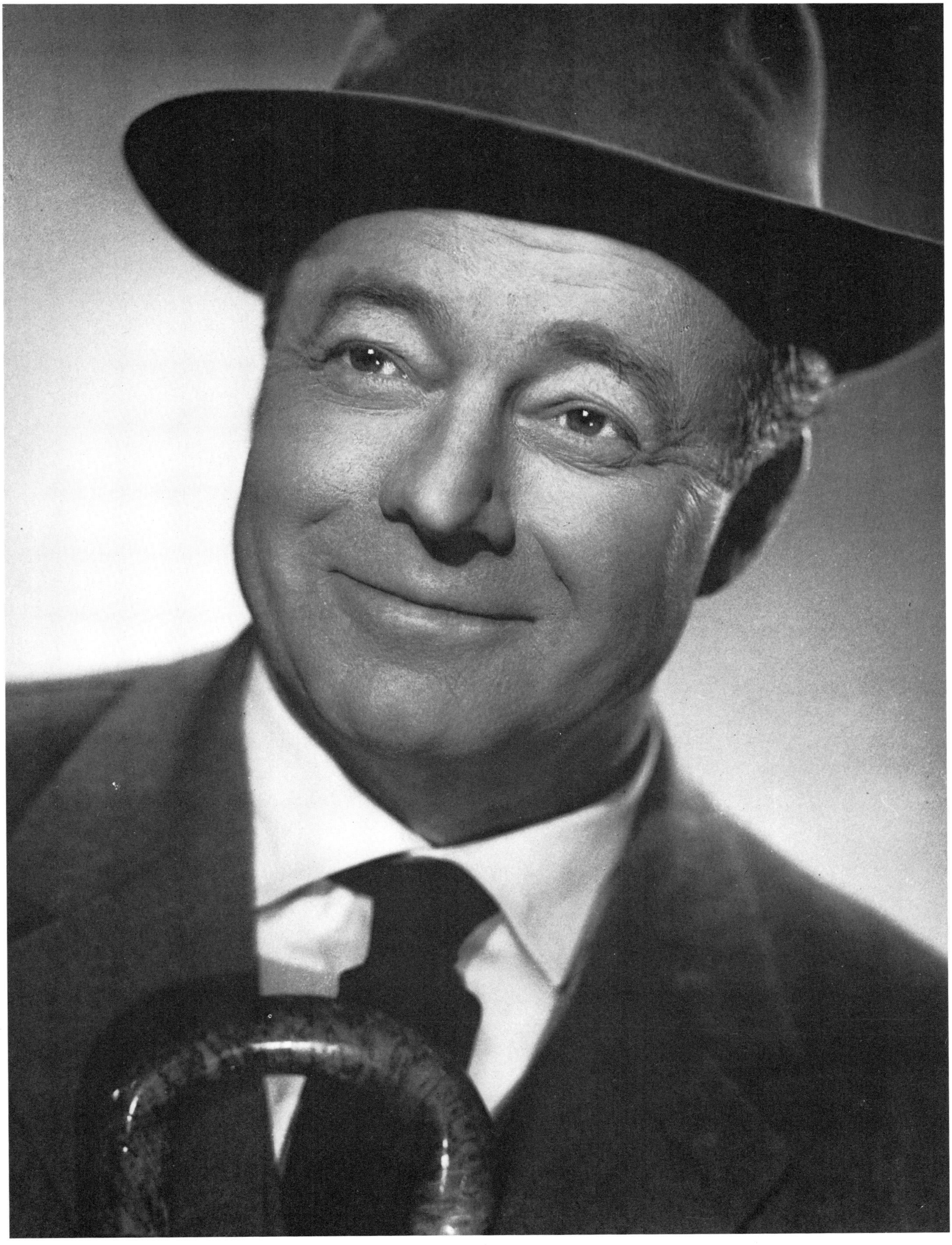

Schauspieler, die gern mit Hans Albers gedreht haben und viel Spaß mit ihm hatten; von links: Gustav Knuth, Gert Fröbe, Siegfried Lowitz, Hansjörg Felmy.

uns ein sogenannter Feindfrust, den wir beide nicht gewollt hatten. Das währte drei Wochen. Albers war höflich und korrekt, aber nicht mehr. Private Wortwechsel fanden nicht statt. Eines Tages aber wurde das anders: Der Fahrer, der uns morgens ins Studio brachte, pflegte erst mich und dann Albers abzuholen. Und an jenem Morgen überraschte uns der Portier vom ›Atlantic‹ mit der Bitte, doch zu Herrn Albers aufs Zimmer zu kommen. In seiner Suite empfing uns Hans mit den Worten: ›So, meine Herren, jetzt woll'n wir erst mal frühstücken.‹ Und damit meinte er einen ganz frühen Frühschoppen. Als ich die Situation erfaßt hatte, verlangte ich Whisky – Albers trank ein Gemisch aus Champagner und Cognac mit einer Zitronenscheibe –, und als der Frühschoppen beendet war, hatte ich so ein halbes Fläschchen Scotch intus. Albers sah das, schaute mich groß an und fragte: ›Junge, haste das alles allein getrunken?‹ Ich hatte, und damit war das Eis gebrochen.«

Von da an entwickelte sich zwischen Hans Albers und dem jungen Felmy eine Art Freundschaft: »Ich war ja auch kein Freund von Traurigkeit, und St. Pauli lag sehr nahe. Also machten wir – auch mit anderen Kollegen – so manchen Zug über die Reeperbahn. Manchmal sind wir gerade noch unter die Dusche gekommen, bevor der Fahrer uns zum Drehen abholte.

In Drehpausen habe ich dann oft Albers den Text abhören müssen. Manche Stunde ging dabei drauf. Er wollte ganz textsicher sein und war es dann auch. Denn mit den Negern klappte es damals nicht mehr so recht, die strahlenden blauen Augen waren wohl schlechter geworden. Aber er konnte noch lernen und behalten. Vermutlich war die frühere gründliche Negerhilfe eher Bequemlichkeit als Gedächtnisschwäche.«

Peer Schmidt ist ein Schauspieler, der das Bühnenhandwerk schon in jungen Jahren und mit viel Erfolg bei Gustaf Gründgens gelernt hat. Erst auf der Schauspielschule des Preußischen Staatstheaters im Kriegs-Berlin, dann im Düsseldorfer Gründgens-Ensemble, wo er große Rollen spielte. In den fünfziger Jahren hat ihn dann auch der Film für sich entdeckt und eines Tages mit Hans Albers zusammengeführt:

»Hans Albers war ein großartiger Kollege, der uns jungen Filmschauspielern manchen Weg ebnete und der uns mit seiner großen Filmerfahrung viel geholfen hat. Zudem habe ich Grund, ihm besonders dankbar zu sein. Während der Dreharbeiten zu *Das Herz von St. Pauli* – leider der einzige Film, in dem ich mit Albers zusammengearbeitet habe – kam durch eine Illustrierte eine für mich unangenehme Sache auf den Tisch. Angeblich sollte ich einer angeblich Minderjährigen zu nahe getreten sein. Die Geschichte erledigte sich später von selbst, das Verfahren wurde eingestellt. Trotzdem, allein die Nachricht machte mir erhebliche Schwierigkeiten, und fast alle in der Branche sahen mich schief an. Der einzige, der mir in dieser unschönen Situation Mut machte, war Albers: ›Junge, mach dir doch nischt daraus. Die Geschichte geht doch vorbei. Bald denkt keiner mehr daran. Und wer glaubt schon alles, was so geschrieben wird. Komm, laß uns lieber einen nehmen.‹ Das hat mir damals über den ersten Schock prächtig hinweggeholfen, und dafür bin ich Hanne heute noch dankbar.«

Was Schmidt erlebt hat, ist typisch für Hans Albers. Er hatte immer ein weites Herz, er tolerierte menschliche Schwächen und wußte sie einzuordnen, das hat ihn zeit seines Lebens ausgezeichnet. Im übrigen sind Albers und Schmidt einander bei den Außenaufnahmen auf der »Wappen von Hamburg« nähergekommen: »Wir fuhren des öfteren raus nach Helgoland, um an Bord zu drehen, leider meist bei Windstärken, die weder Stab noch Schauspielern gut bekamen. Nur zwei von uns waren seefest, Hanne und ich. Und während sich die anderen an der Reeling oder in den Kabinen mit der Seekrankheit herumquälten, saßen wir lustig und fidel unter Deck und hoben den einen oder anderen.«

Gemeinsamkeit, und sei es nur im Widerstand gegen die Seekrankheit, schafft eben starke Bindungen.

Peer Schmidt verbindet mit seinem Kollegen eine gute persönliche Erinnerung.

In der Besetzungsliste eines Albers-Films taucht ein Name auf, den heute fast jeder Fernsehzuschauer in der Bundesrepublik und in halb Europa kennt: Siegfried Lowitz.

»Der Alte« war bis vor kurzem, bis zu seinem Fernseh-»Tod«, in deutschen Wohnzimmern zu Hause und wird auf der Straße sehr oft mit »Guten Tag, Herr Köster« angesprochen. »Das kann einem auch zuviel werden«, sagt Lowitz. »Ich werde jetzt wieder Theater spielen und meine Goethe-Abende intensivieren.« Seine Erinnerungen an Hans Albers sind zwar kurz, stehen aber noch lebendig vor ihm:

»Ich habe nur in einem Film mitgespielt, und das war ein Remake. An den alten Eichberg-Film mit Hanne mit dem gleichen Titel, *Der Greifer*, konnte der nicht tippen. Aber die Arbeit hat viel Spaß gemacht. Albers war ein netter, hilfsbereiter Kollege, immer guter Laune, immer bereit, ein Gläschen zu trinken. Ich habe ihn aber im Atelier nie betrunken gesehen, er war in der Arbeit präzise und exakt. Aber abends waren wir dann doch recht fröhlich. Und viele Albers-Geschichten, die ja seit Jahren in den Studios und an den Biertischen kursierten, habe ich mir aus erster Hand von ihm bestätigen lassen.«

Martin Held, der in *Vor Sonnenuntergang* den ältesten Sohn des Geheimrats Clausen spielte, erzählt:

»Wir alle hatten einen fürchterlichen Bammel vor dem Film. Wir kannten Hauptmann und seine Schwierigkeiten, und wir glaubten auch Albers richtig einzuschätzen. Er mochte ein sehr guter Filmschauspieler sein, aber – Hauptmann? Und dann diese schwere Rolle. Außerdem war uns natürlich bekannt, daß Albers mit Negern arbeitete, und wir wußten, daß Reinhardt das gar nicht gern sah.

Aber wir wurden alle überrascht, und wie! Albers war erstens ein fabelhafter Partner, von Starallüren keine Spur, und außerdem arbeitete er sich mit einer bewundernswerten Energie in die Rolle hinein. Unsere Garderoben in den Studios lagen nicht weit auseinander, und wir kamen sehr gut miteinander aus, viel besser, als wir es vor der Kamera darstellen mußten. Albers bat mich nun des öfteren vor Drehbeginn und in Pausen, mit ihm die Rolle durchzugehen. Ja, er wollte keine Neger, er lernte eben, bis der Text bombensicher saß. Meist bat er mich zum ›Lernen‹ in seine Garderobe – ›Ick kann doch so schlecht mit 'ner Pulle über'n Flur laufen‹ –, dann probten wir sozusagen privat. Er war ganz bei der Sache, allerdings auch bei der Flasche. Ich erinnere mich, daß er vor der größten und schwierigsten Familienszene, die wir zu drehen hatten, fast eine Flasche Alkohol zu sich nahm. Wir alle glaubten ohnehin, daß wir gerade für diese Einstellung Tage brauchen würden. Aber, was soll ich Ihnen sagen?

Wir gingen gemeinsam ins Studio, probten einmal durch, drehten – und Gottfried Reinhardt sprach sein ›gestorben‹. Noch waren wir allerdings skeptisch, aber als wir dann die Muster sahen, nur noch sprachlos. Und natürlich hochzufrieden.«

Viele Leute aus der Branche wollen heute wissen, daß der »Goldene Bär« der Berliner Filmfestspiele 1956, den Albers für diesen Film bekommen hat, wohl reine Sentimentalität gegenüber einem verdienstvollen deutschen Filmschauspieler gewesen ist und nur wenig mit der künstlerischen Qualität zu tun gehabt hat. Martin Held räumt zwar ein, daß bei der Entscheidung der Jury durchaus ein wenig Sentiment mitgespielt haben könnte. Aber er stellt auch mit Überzeugung fest, daß die schauspielerische Leistung von Albers, die ja eine Krönung seines Filmschaffens gewesen ist, sehr wohl zur Verleihung des Preises berechtigt habe.

Außerdem gibt es Menschen in der Filmbranche, die wissen wollen, daß Hans Albers kein Kollege, sondern eine Art Ekel gewesen sei, eitel, arrogant und launenhaft.

Sie müssen falsch informiert sein, nach allem, was seine Partner über ihn gesagt haben. Freilich hatte Hanne Feinde, wie jeder Erfolgreiche. Und natürlich spürte er, wenn ihn jemand nicht mochte. Da er Streitigkeiten grundsätzlich nicht aus dem Weg zu gehen pflegte, gab es auch manchen Knall in den Studios, vor und hinter der Kamera. Sowenig er zum Beispiel die Nazis mochte, sowenig achtete er auch die Kollegen, die vor den braunen Herren vorbehaltlos ihren Kotau machten. Das pflegte er natürlich zu sagen, und nicht gerade leise. Und bei geringeren Anlässen hielt er erst recht nicht den Mund. Die vielen Gespräche, die für dieses Buch geführt wurden, beweisen aber eins: Hans Albers war ein exzellenter Filmschauspieler, ein grundanständiger Mensch und ein sehr guter Kollege. Er hielt sicher nichts von vollendeten Formen im Umgang mit Menschen, aber... Wie sagt doch Géza von Cziffra in seinen Erinnerungen:

»Ja, Hans Albers war kein feiner Mann, aber — er war ein feiner Kerl!«

Fritz Kortner stand mit Albers einmal und nie wieder auf der Bühne und vor der Kamera, hier in *Blaubart*. In seinen Erinnerungen nennt Kortner den Hamburger seinen »Todfreund«.

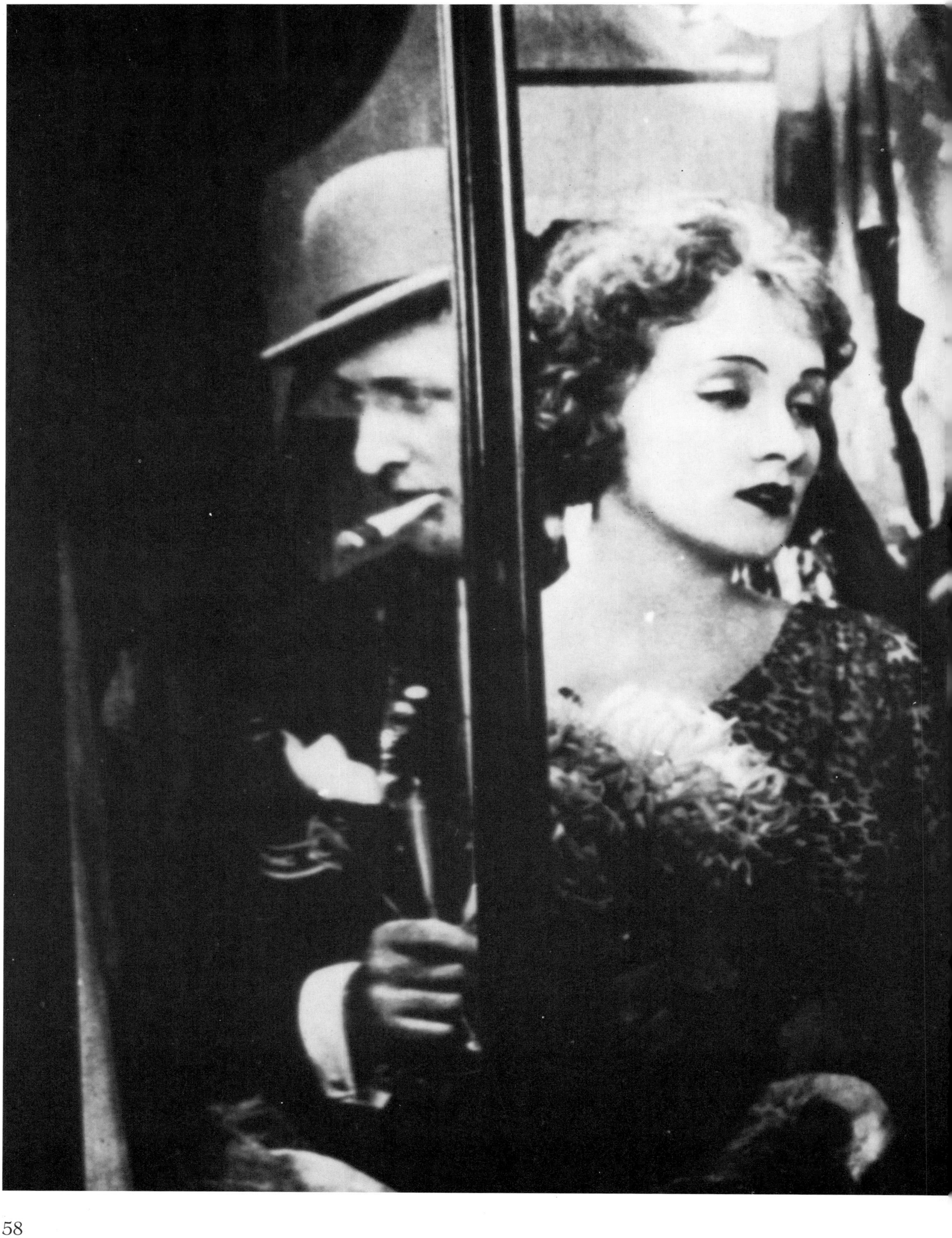

Der Leinwandheld

Hans Albers mit Charlotte Ander in seinem ersten Tonfilm Die Nacht gehört uns *(oben), unten streitet er in einem seiner vielen Stummfilme »um seine Ehre«.*

Hans im Glück
Hans Albers war ein Star im klassischen Sinn: Ganz gleich, in welche Rolle er auch schlüpfte, er blieb immer er selbst. Noch im Privaten, wenn er in Sektlaune seinen Cadillac über den Kudamm chauffierte, spielte er den unverwüstlichen Albers weiter, den Hans-in-allen Gassen.

Als 1929 in Deutschland der Tonfilm eingeführt wurde, ging der Stern von Albers am Atelierhimmel über Nacht hell und strahlend auf. »Keiner war so massenhaft beliebt wie er, der Jugendträume des Herrn Jedermann siegesbewußt, strahlend und rücksichtslos gegen alle Widrigkeit durchsetzte«, schreibt der Kritiker Karsten Witte über ihn!

Hundert Stummfilmrollen
Mehr als ein Jahrzehnt hatte er im Stummfilm alle Neben- und Hinterhoffiguren des frühen Kintopps durchgeprobt: Schieber und Athleten, untreue Ehemänner, Banker, Boxer und Offiziere und dazwischen Kuppler und Neureiche – ohne damit sonderlich aufzufallen. Albers scherte sich wenig darum, welchen Part er zu übernehmen hatte – ihm ging es um die tägliche Gage: Weil er schon früh auf großem Fuß lebte, war er immer in Geldnöten. So mußte er Kasse machen, egal, wie.

Die ganze Palette des Trivialfilms der frühen Jahre war ihm recht, um sein Spiel immer mehr zu verfeinern, auch mal leise Zwischentöne zu setzen, bis er am Ende der wurde, als den man ihn kennt: der Sieger. Die Kritik fand ihn in diesen stereotypen Rollen abwechselnd langweilig und gut. »Er spielte mit gewohnter Routine einen seiner berühmten Lebemänner«, schrieb ein Journal damals, »da sitzt jede Bewegung. Durch ein leichtes Herabziehen der Mundwinkel demonstriert er maßlose Verachtung.«

Wasserblaue Augen
Im Stummfilm war ihm jede Schmonzette recht, um mitzumimen. Mehr als hundert Rollen hat er heruntergespielt, ohne wirklich ein Star zu werden. Dafür gab es Gründe – einer davon war, so widersprüchlich es klingt, daß seine blauen Augen zu sehr leuchteten.

Da Albers' Augen wegen der geringen Lichtempfindlichkeit des Filmmaterials in den zwanziger Jahren zu »weißen Löchern« wurden, war er natürlich als Liebhaber in Hauptrollen nicht erste Wahl. Erst als der Kameramann Frederick Fuglsang den Farbschleier erfand und vor das Objektiv setzte, erlangten die blauen Augen des blonden Hans endlich ihre volle Strahlkraft, wie in Joachim Cadenbachs Albers-Biographie nachzulesen ist.

Entscheidend für den eigentlichen Durchbruch des Schauspielers wurde die Einführung des Tons, denn er brachte zur Geltung, was die Wirkung von Hans Albers ausmachte: seine forsche Diktion und die unverbrauchte Frische seines Spiels. Vorbei war es mit dem theatralischen Augenrollen, den pathetischen Posen des stummen Films, in dem alles durch übertriebene Körpersprache ausgedrückt werden mußte – jetzt war Natürlichkeit gefragt, jetzt konnte man endlich »Hannes« schnoddrige Sprüche hören. Er improvisierte frech drauflos und steuerte mit vollen Segeln in den Erfolg. Er brach jedes Mädchenherz und ging stets als Sieger durchs Ziel.

Das gefiel, so mochte ihn das Publikum. Albers' Terrain war der bunte Unterhaltungsfilm, ohne Langeweile oder gar Kunstanspruch. »Herz mit Schnauze« hieß sein Programm, garniert mit einer Prise Liebe, einem Schuß Edelkitsch und gewürzt mit Action, Exotik und wildem Draufgängertum.

Der Hoppla-Effekt
Einer der drei deutschen Tonfilme des Jahres 1929 hieß *Die Nacht gehört uns*, und mit ihm wurde Albers dann endgültig populär. Er spielte einen Elegant im

Frack, seine aparte Partnerin hieß Charlotte Ander. Ein sattes Melodram um Liebe, Autorennen, Intrigen und Verwechslungen führte dem staunenden Publikum die sensationelle Welt des Rennsports und zugleich der feinen Gesellschaft vor. Und einen strahlenden Hans Albers, der bis zum Happy-End die Fäden souverän in der Hand behielt. Es war der erste einer Reihe von Hoppla-jetzt-komm'-ich-Filmen, die Albers' legendären Ruf begründeten.

Für diese Art von Abenteuerkino war er der am besten geeignete Darsteller, vermittelte doch im deutschen Film keiner so wie er die Illusion, unschlagbar zu sein. Damit wurde er Anfang der dreißiger Jahre in einer Zeit der Wirtschaftskrise, Arbeitslosigkeit und Depression zum Idol und Mutmacher der Nation.

Der blonde Springinsfeld hatte schon von seinem Äußeren her alle Erfolgsattribute auf seiner Seite: Athletisch gebaut, mit kühn geschnittenen Zügen und federndem Gang, so bewegte er sich durch einen Dschungel der Gefahren. Das freche Grinsen und die Pfeife im Mundwinkel verstärkten diesen Hoppla-Effekt, der noch gesteigert wurde durch seine sprichwörtliche Unbekümmertheit und eine innere Kraft, die von ihm ausging.

Hans Albers schlug seine Gegner reihenweise k. o., er sprang vom Kronleuchter, steuerte Autos, Lokomotiven oder Pferdekutschen gleich sicher ans Ziel. Das hinreißende Strahlen seiner Augen half ihm dabei, drängte es doch seine Gegner von der ersten Aufnahme an in eine psychologisch schlechte Position.

Glücksritter und Gentleman

Vergessen waren die scheelen Schieberblicke vergangener Tage, mit *Die Nacht gehört uns* begann Albers' große Zeit, wurden ihm Hochglanzrollen auf den Leib geschneidert. Als Scotland-Yard-Detektiv geht er in der schummerigen

Folgende Doppelseite: Albers im ersten, dem berühmteren der beiden *Greifer*-Streifen. Links seine Partnerin Charlotte Susa.

Hans Albers in *Der Draufgänger*, eine Rolle so recht nach seinem Geschmack.

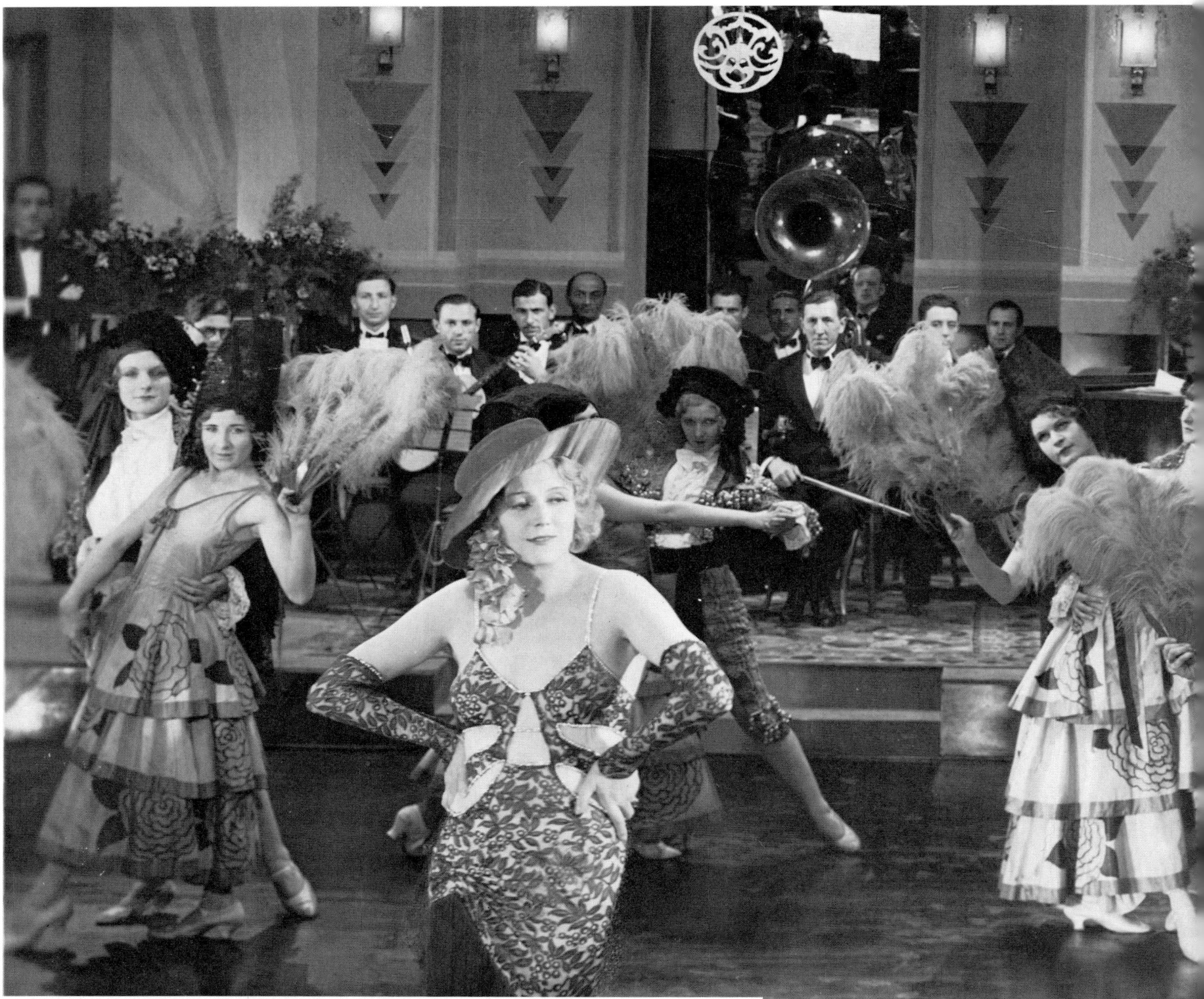

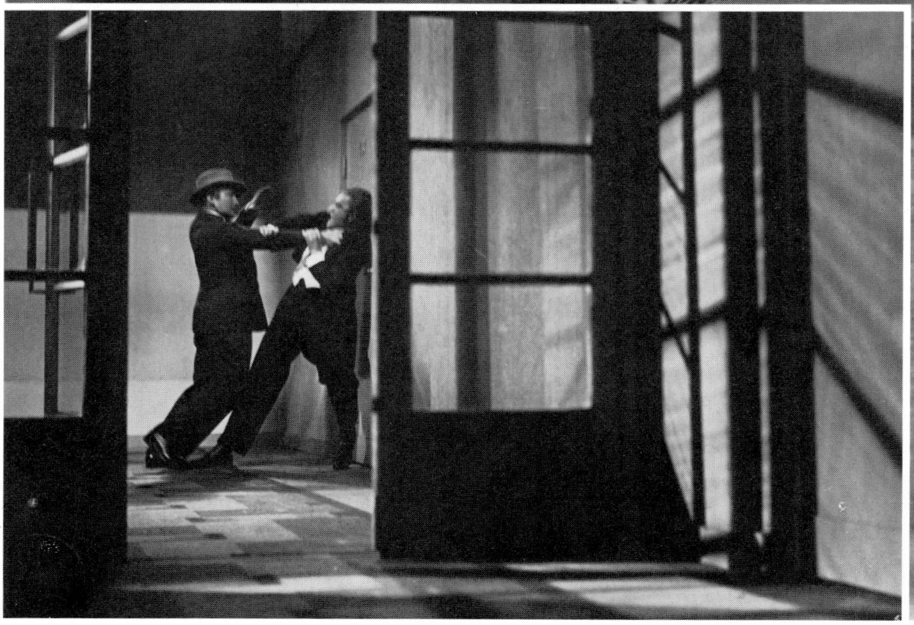

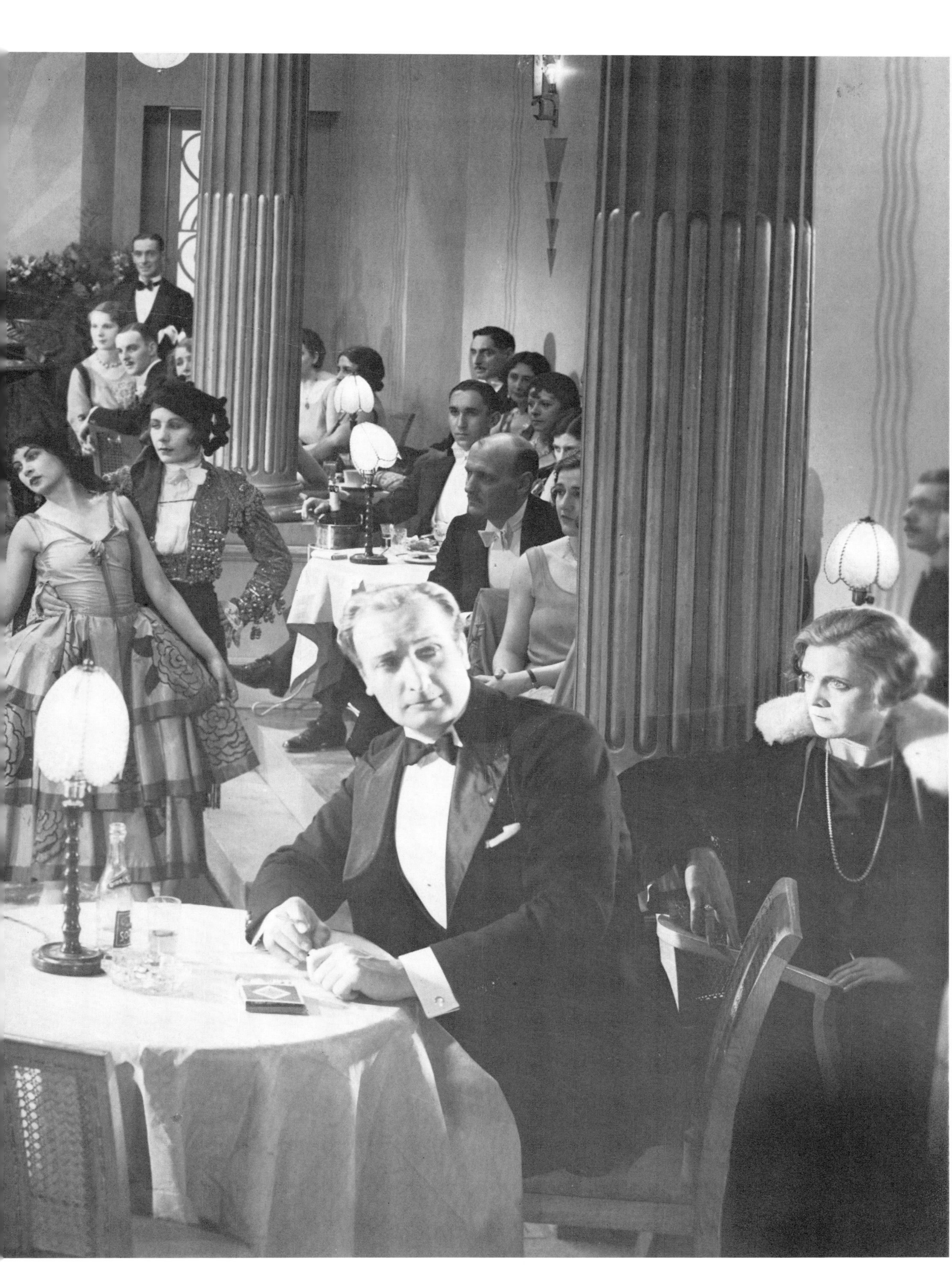

Halbwelt von London auf Verbrecherjagd (*Der Greifer*, 1930), als tollkühner Flieger Ellissen (*F.P.1 antwortet nicht*, 1932), rettet er eine von Sabotage bedrohte künstliche Insel im Atlantik, kurz zuvor war er als harter Hamburger Hafenpolizist berühmt geworden (*Der Draufgänger*, 1931), und als *Sergeant Berry* (1939) erledigt er eine mexikanische Schmugglerbande im Alleingang — in Wildwestmanier, mit Stoppelbart und Cowboyhut.

Hans Albers ist Glücksritter, Gentleman und ein ganzer Kerl, er feiert seine Triumphe zu Wasser, zu Lande und in der Luft: rauhe Schale, weicher Kern, ein Kraftmeier mit einem Fünkchen Schalk im Auge. Und als Lohn der Angst sinken ihm die schönsten Mädchen des deutschen Films an die Brust. »In meinem Herzen, Schatz, da ist für viele Platz«, singt er in *Savoy-Hotel 217* (1936), und die Damen danken es ihm.

Mit diesem Image steht er ganz in der klassischen Hollywoodtradition, verkörpert er einen Star, den es im deutschen Film bisher gar nicht gab — gleichsam eine Mischung aus Clark Gable und Gary Cooper.

Doch dies ist bei weitem nicht der ganze Albers. Sein Repertoire war breiter angelegt, vielschichtig, lebendig wie bei kaum einem Künstler der leichten Muse. Er bot eigentlich für jeden etwas, Herz-Schmerz-Stücke für Lieschen Müller, Abenteuer in fernen Ländern für die Jugend, seine Seemannslieder für die reiferen Semester und für das literarisch geschulte Publikum die zwielichtig-gebrochenen Charaktere wie den abgebrühten Artisten Mazeppa, der ohne viel Aufhebens im *Blauen Engel* (1930) dem Professor Rath sein Flittchen ausspannt: Marlene Dietrich, von Kopf bis Fuß auf Liebe eingestellt.

Hans Albers, der von der Schmiere und als »Liliom« vom Rummelplatz kam, hat natürlich auch einige Filme aus dem Zirkus- und Artistenmilieu in seinem Programm.

Artist und Clown

Quick (1932) hieß der Musikclown-Streifen, in dem er in glitzerndem Kostüm und mit weißgeschminktem Gesicht Harmonika spielt und mit seinen Späßen die kapriziöse Lilian Harvey zu bezaubern versucht. Es gelingt ihm auch, sie zu gewinnen, aber Lilian liebt nur den Clown — nicht den Mann hinter der Maske. Regie bei dieser anspruchsvolleren Arbeit führte Robert Siodmak, der später nach Hollywood ging. Sieht man von *Varieté* (1935) ab, einem Remake des gleichnamigen Stummfilms von 1925, hat Albers auch in seinem nächsten Zirkusfilm *Fahrendes Volk* (1938) unter einem Spitzenregisseur gearbeitet: Jacques Feyder. Er ließ Albers einen entsprungenen Häftling spielen, der auf der Flucht sterben muß. Ein Wohnwagen-Melodram mit rührseligen Verwicklungen und einem zwielichtigen Albers, bärtig und in schmuddeligem Hemd, der die Häftlingsnummer 857 trägt und seinem Sohn das Leben rettet. Seine Partnerin war die französische Schauspielerin Françoise Rosay als Raubtierdompteuse.

Beim Publikum war diese Zirkusnummer nicht gefragt, einen vom Schicksal gebeutelten Albers, der über den Dächern von Paris von der Polizei erschossen wird, mochte man nicht sehen. Zum Ausgleich dafür erhielt der Star Lob von der Kritik für seine gute Schauspielerleistung.

Spiel mit Masken

Besser und schneidiger präsentierte sich der blonde Recke von der Waterkant in Uniformen aller Art: Im historischen Kostüm als Lügenbaron, als aufrechter Käpt'n mit Prinz-Heinrich-Mütze und vor allem in schneeweißer Phantasieuniform (*Flüchtlinge*, 1933) wurde er zu einer bedrohlichen Konkurrenz für den Reichsfeldmarschall.

Besonders wirkungsvoll konnte sich Albers als *Trenck, der Pandur* (1940) in Szene setzen. Mit Pelzmütze und glitzernden Tressen, in weitem Umhang und

Rechte Seite: In *Savoy-Hotel 217* gerät der Kellner Hans Albers unter einen schweren Verdacht, aber er meistert sein Schicksal — wie immer.

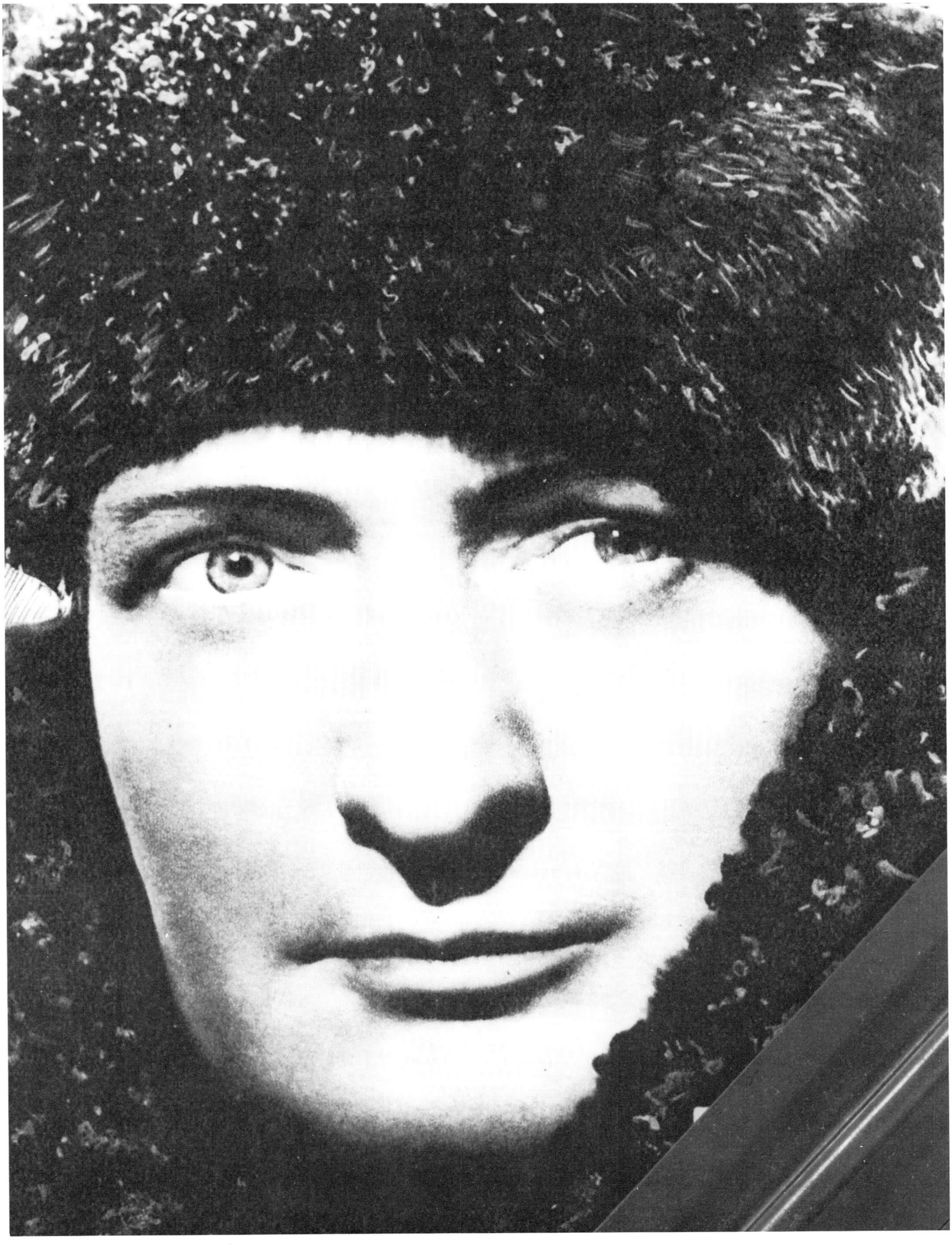

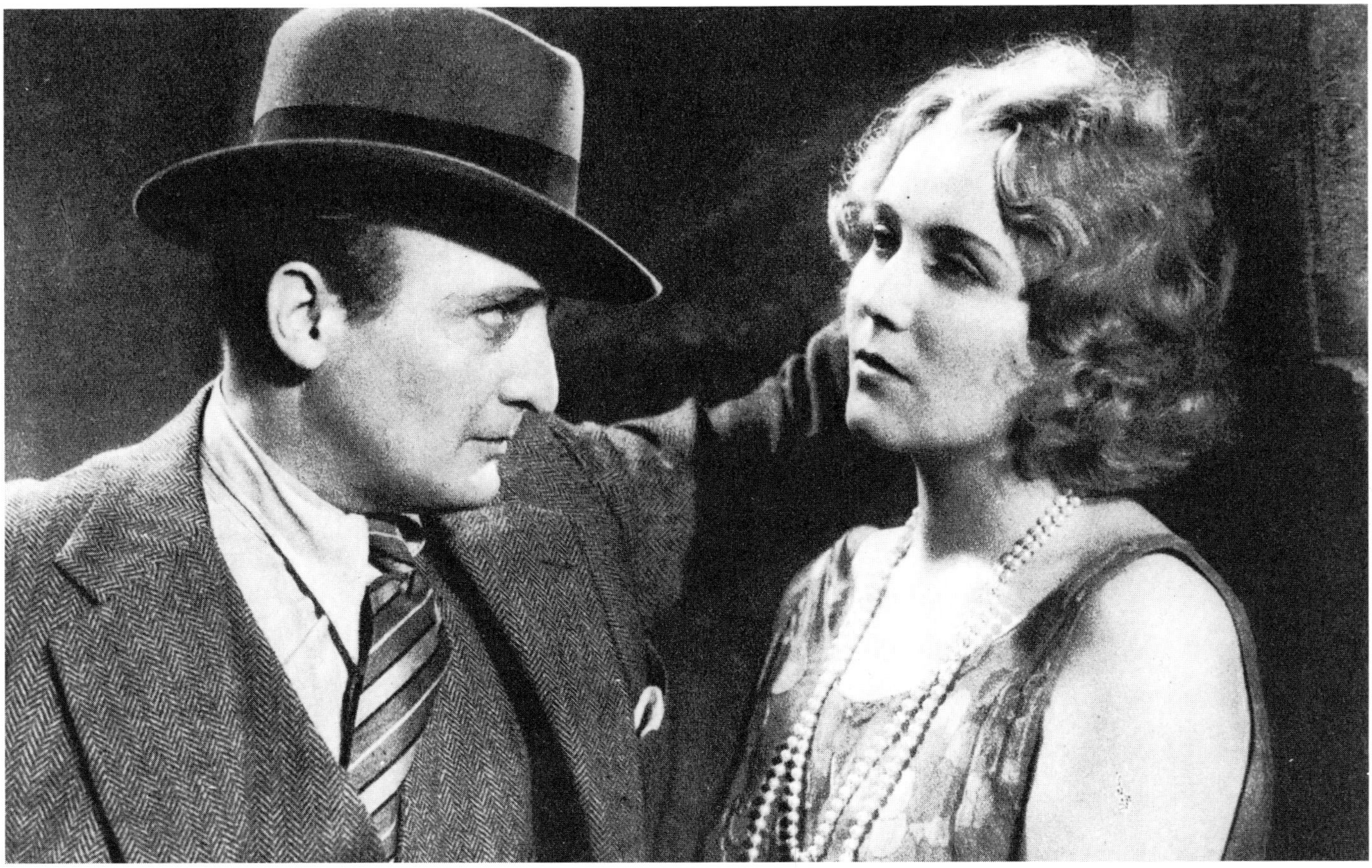

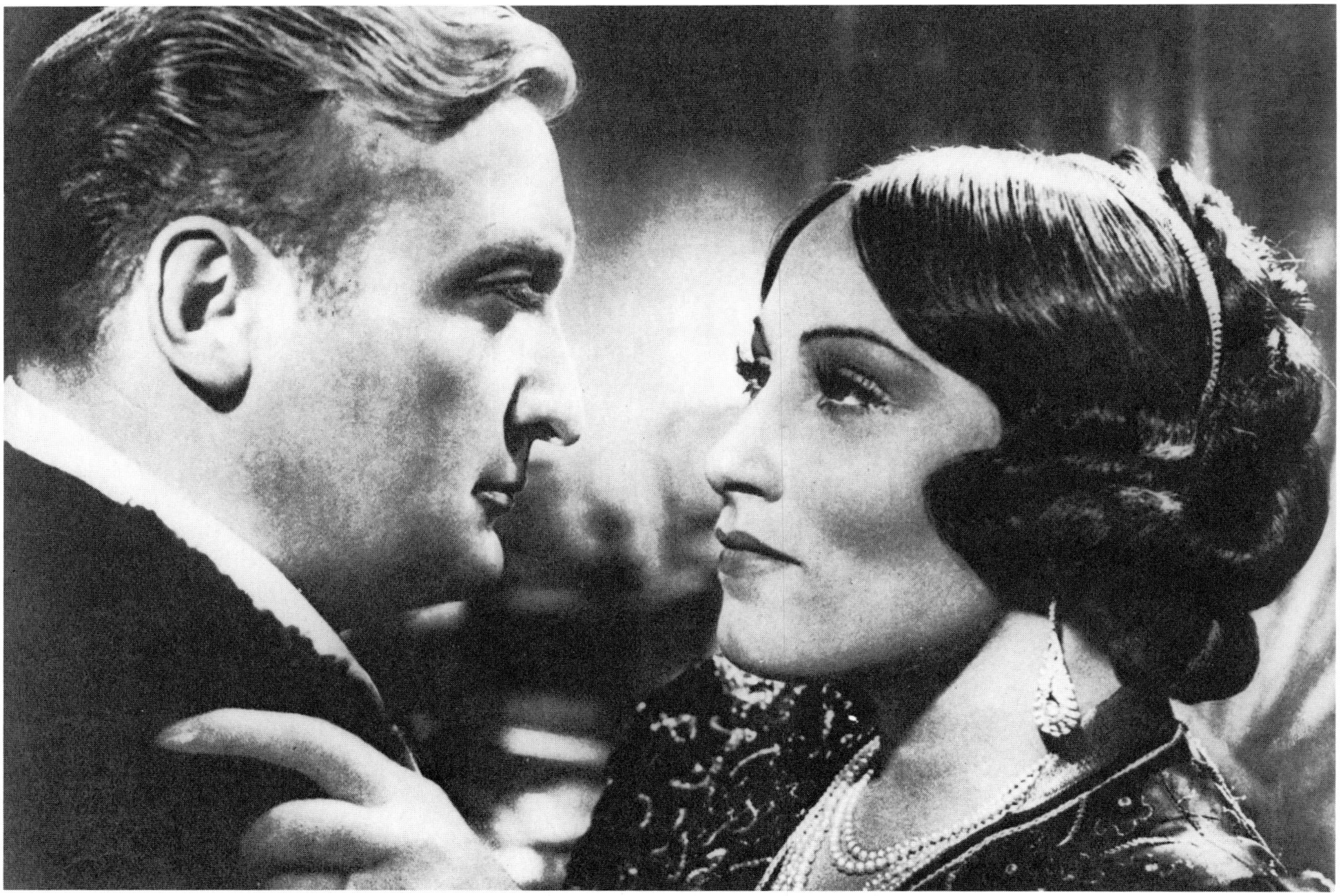

weißen Handschuhen focht er als wagemutiger Baron von der Trenck seine siegreichen Degenduelle aus und gewann mit seinem verwegenen Panduren-Regiment seiner Kaiserin (Maria Theresia) Kriege im Husarenstreich. Seine Kühnheit verband sich mit einer Portion Aufsässigkeit und Originalität, und nebenbei waren ein paar Liebeshändel zu bestehen und Verräter zu entlarven. Das Besondere an diesem rauschenden Kostümabenteuer in Schwarzweiß aber war, daß Albers gleich drei Rollen verkraftete: den jungen Trenck, dessen Vater und seinen preußischen Vetter. Albers' Showtalent, seine Freude an Masken und Verwandlungen brachen sich hier nicht zum ersten- und auch nicht zum letztenmal Bahn: Doppelrollen spielte er u. a. in *Henker, Frauen und Soldaten* (1935) und in *Jonny rettet Nebrador* (1953).

Hans Albers und das Hakenkreuz

Unter Trenck-Regisseur Herbert Selpin hat Albers insgesamt fünf Filme gedreht, und das scheint kein Zufall. Selpin stand wie Albers den Machthabern des »Dritten Reichs« kritisch gegenüber. Hans Albers konnte sich das dank seiner ungeheuren Popularität in allen deutschen Landstrichen erlauben, für Selpin wurde diese Haltung zum tödlichen Bumerang. (Siehe S. 93)
Albers' ablehnende Stellung den Nazis gegenüber ist eindeutig erwiesen und daß er es sich leisten konnte, bei bestimmten Propagandafilmen die Mitarbeit zu verweigern, ebenso. Albers machte sich kaum die Mühe, seine Haltung zu verbergen, er schlüpfte gern in die Rolle des Spaßvogels und Hofnarren, und die dürfen ja bekanntlich die Wahrheit sagen.
Die Frage stellt sich, ob deshalb die Filme von Hans Albers frei waren von »nationalsozialistischem Gedankengut«? Sicher nicht, auch wenn ein oberflächlicher Blick das Gegenteil zu beweisen scheint. Eindeutig werden in der Literatur drei Filme zu den tendenziösen Machwerken gerechnet: *Flüchtlinge* (1933), *Frauen, Henker und Soldaten* (1935) und *Carl Peters* (1941).
Flüchtlinge schildert die abenteuerliche und entbehrungsreiche Flucht einer Gruppe Wolgadeutscher aus der Mandschurei »heim ins Reich«. Ihr Retter ist der Tausendsassa Hans Albers, der die zerstrittene Gemeinschaft durch seine Führerqualitäten eint, Meuterer (Andersdenkende) erschießt, persönlich einen brennenden Waggon vom Zug abkoppelt und mit seiner kostbaren Fracht und der Geliebten auf der Lokomotive in die »Freiheit« entkommt. Sicher gehört dieser Film zu den Entgleisungen in Albers' Karriere, ebenso wie *Henker, Frauen und Soldaten*, in dem er einen bolschewistischen Landsknecht und dessen edlen Vetter, einen Freikorpskämpfer (!) im Baltikum, mimen mußte. Hier kämpft, liebt und stirbt Albers fürs Vaterland.
Ernst Bloch beobachtete *Flüchtlinge* aus dem Exil, für ihn ein »Film fürs heldensüchtige Herz«, in dem der »gestiefelte Albers ... jeder Zoll ein Naziführer« war. Doch man muß Hans Albers zugute halten, daß er allen weiteren Versuchen von Goebbels & Co., sich als Führerfigur in ihre Propagandamaschinerie einspannen zu lassen, widerstanden hat. Auch dies dürfte trotz all seiner Beliebtheit keine gefahrlose Angelegenheit gewesen sein. Ab 1933 arbeitete die Reichsfilmkammer unter der Kontrolle von Goebbels, der die Bedeutung des Films als Propagandamittel richtig erkannt hatte. Das bedeutete, daß alle Drehbücher und fertigen Filme kontrolliert und zensiert wurden und daß auch im harmlosesten Unterhaltungsfilm das »saubere« Menschenbild stimmen mußte. Die deutsche Frau hatte blond, treu und tapfer zu sein und war bemüht, schnell unter die Haube zu kommen — besonders gern bei einem Kerl wie Hans Albers —, der deutsche Mann präsentierte sich kämpferisch, patriotisch und voller Pathos, und die Feinde waren auch in Albers' Filmen Bolschewiken, Engländer und andere Untermenschen. Im Klartext: Auch die Albers-Abenteuer waren nicht unpolitisch, aber nur in wenigen Ausnahmefällen kann man sie zu den Ideologiefilmen rechnen.

Linke Seite: noch einmal der *Greifer* von 1930: der Draufgänger mit Charlotte Susa (oben). Und noch einmal *Savoy-Hotel 217*: der Charmeur mit Brigitte Horney (unten).

Nicht zuletzt bewahrte ihn auch das hohe Maß an Entertainment, Eskapismus und Fernweh, welches das Albers-Universum auszeichnet, davor, propagandistisch zu sehr ausgepowert zu werden.

Münchhausen

Daß Hans Albers 1942 zum 25jährigen Jubiläum der Ufa den »Münchhausen« spielen sollte, konnte ihn noch am allerwenigsten kompromittieren, ganz im Gegenteil. Der Film enthielt, unbemerkt von der Naziführung, einige subversive Untertöne. So darf Albers als Lügenbaron dem Gaukler Cagliostro vorwerfen, daß er in seinem maßlosen Herrschaftsanspruch die Macht mißbrauche, während er, Münchhausen, nur leben wolle: »Abenteuer, Krieg, fremde Länder und Frauen, ich brauche das alles. Aber Sie mißbrauchen es.« Albers in der Paraderolle eines Schalks, Aufschneiders und Narren, etwas Besseres konnte ihm gar nicht passieren – dabei präsentierte er knapp fünfzigjährig noch das Hochglanzbild eines Mantel- und Degenhelden, der eine venezianische Prinzessin entführt, sich prächtig duelliert, auf einer Kanonenkugel ins türkische Lager reitet und von Cagliostro das Geschenk der ewigen Jugend erhält. »Diese Rolle, die das physische Potential von Albers schon durch einen Überhang des Phantastischen verzehrt, war eine Reise durch die Zeit, ein Leporello-Faltblatt durch das eigene Repertoire, das mit halber Kraft und spielerisch aufgeblättert wird«, so Karsten Witte über diesen Unsterblichen des Kinos.

Musikfilme, Komödien – die leichte Muse

Während seiner gesamten Karriere hat der beliebteste aller blauäugigen, blonden Heldendarsteller deutscher Zunge Komödien und Musikrevuen gemacht.

Sybille Schmitz war Albers' Partnerin in *F.P.1 antwortet nicht.*

Sie entsprachen seinem Talent, seiner Statur – in ihnen konnte er sich nach Belieben austoben und -singen. Ein blendendes Beispiel aus der Zeit des frühen Tonfilms ist *Der Sieger* (1932), die Geschichte eines kleinen Telegrafisten, dem der Sprung in die große Welt gelingt. Als halbseidener Herzensbrecher gewinnt er Geld, verliert alles wieder, kommt als flotter Eintänzer ins Schwitzen und gewinnt zum Schluß das Herz einer steinreichen Amerikanerin. Er singt sein berühmtes »Hoppla, jetzt komm' ich«, und von nun an gehören Hans-Albers-Lieder zum festen Bestandteil seiner Filme. »Schöne Frau aus Santa Fé – wunderbare Orchidee«, erklingt sein Tenor in *Die gelbe Flagge* (1937), und die Filmfee, die er damit umwirbt, heißt Olga Tschechowa, die russische Schönheit aus der Glanzzeit des deutschen Tonfilms. Niemand bringt »La Paloma« hinreißender als er, und auch der Evergreen »Auf der Reeperbahn nachts um halb eins« geht ihm leicht von der Zunge, handelt es sich dabei für ihn doch um heimatliches Liedgut. Die unvergessenen Songs aber sind jene, die allein für ihn geschrieben und auf ihn zugeschnitten waren wie das melancholische »Good bye, Jonny«, schon fast ein Chanson, das wie viele andere Albers-Melodien auch unabhängig vom Film auf Schallplatte ein Welterfolg wurde.

Diese Lieder runden das Phänomen Albers ab, erheben ihn in den Rang eines einzigartigen Alleinunterhalters, der mehr war als ein bekannter Filmstar. Die feinen Zwischentöne und ironischen Brechungen in seinen Songs lassen Albers als bewußten Künstler erkennen, der durch Unterspielen oder Überzeichnen immer wieder Distanz herzustellen wußte zu seiner Person und auch zu seiner Legende.

Ungebrochen als der große Zampano im Spielcasino- und Gesellschaftsmilieu an der Riviera operierte Albers in der Operette *Bomben auf Monte Carlo*. Der Film hatte die zweithöchste Besucherzahl der Saison 1931/32. Es ist der erste

Als kühner Flieger mit Partnerin auf dem Weg zur künstlichen Atlantikinsel F.P.1.

> Bei Cadenbach liest man:
> »Als er [Hans Albers] in einem Münchner Hotel gebeten wurde, das Fürsten-Appartement zu räumen, weil sich der König von Bulgarien angesagt hatte, als deswegen sogar ein Beauftragter von Goebbels zu ihm geschickt wurde, antwortete er: ›Der König von Bulgarien? Ich bin auch ein König!‹ Und ergänzte später im Freundeskreise: ›Warum habe ich nur König gesagt? Schließlich bin ich der liebe Gott.‹
> So wird erzählt.«
> Und ein ungenannter Zeitzeuge fügt dieser Geschichte hinzu:
> »Albers wurde daraufhin zur Gestapo befohlen und drei Stunden verhört. Als man ihm dann bedeutete, er sei wieder entlassen, soll er ganz erstaunt gesagt haben: ›Wat, ick bin entlassen? Und ick hab' schon vorsorglich meine Zahnbürste mitgebracht!‹«

Rechte Seite: Das Artistenmilieu hat den Komödianten immer angezogen. Mit Lilian Harvey spielte er in *Quick* einen Clown (oben), in *Varieté* mit Annabella und Attila Hörbiger einen Artisten (unten).

Streifen, in dem Heinz Rühmann als Partner von Albers mitwirkte — ein Riesenspaß mit den beiden wurde dann *Der Mann, der Sherlock Holmes war* (1937). In dieser Krimikomödie, die in die Groteske umkippt, bewies das Gespann Albers/Rühmann Witz, Originalität und eine gewisse Souveränität im Zusammenspiel: Albers als der von Sir Arthur Conan Doyle kreierte Meisterdenker und Rühmann als sein Gehilfe Dr. Watson — sie sehen den beiden Londoner Privatdetektiven täuschend ähnlich — in einem Film, in dem ein Mythos ausgeschlachtet und parodiert wird. Bankraub, Falschgeld, die blaue Mauritius und blanke Mädchenherzen runden diesen heißen Reißer ab.

Die leichte Muse hat Hans Albers schon im Stummfilm geküßt, aber besonders im letzten Abschnitt seiner Laufbahn, als seine physischen Kräfte nachzulassen begannen, war er häufiger in Klamotten oder Komödien zu sehen — Paradebeispiel: *Der tolle Bomberg* (1957), ein Schelmenstück, das die wilden Streiche eines westfälischen Rittmeisters aus dem letzten Jahrhundert schildert — eine gesellschaftskritische Satire nicht ohne Gegenwartsbezug. Die schmissige Revolutionsgroteske *Jonny rettet Nebrador* (1953) spielt in einem südamerikanischen Phantasieland und zeigt einen Albers in Hochform, der auch gleich den Part seines eigenen Doppelgängers übernommen hat. *An jedem Finger zehn* (1954) gehörte zu den beliebten Musikrevuen der fünfziger Jahre, in der neben Albers auch Josephine Baker, Helmut Zacharias, um die berühmtesten zu nennen, als Showstars herausgestellt wurden.

Insgesamt überwiegen Schnulzen, Kitsch- und Unterhaltungsfilme in Albers' mehr als 150 Arbeiten, das begann im Stummfilm (*Irrwege der Liebe*, 1918) und endete erst mit seinem letzten Film *Kein Engel ist so rein* (1960) mit Sabine Sinjen — doch all dies konnte seinem Image des strahlenden Siegers der deutschen Leinwand nichts anhaben.

Wichtige Regisseure

Hans Albers arbeitete nur in seltenen Fällen unter überdurchschnittlichen Regisseuren. Im allgemeinen hatte er da wenig Glück — doch was tat's: Er war der große Star, der jeden Film allein transportierte, die Streifen leben von der Präsenz des forschen »Hanne«, ohne ihn wären sie uninteressant und längst vergessen. Es gibt, wie gesagt, wenige Ausnahmen von der Regel.

Zu den wichtigen Regisseuren, die mit Albers filmten, gehörte der schon erwähnte Herbert Selpin. Außer dem Kolonialepos *Carl Peters* (1941), das man als antidemokratische Entgleisung sehen muß, und einem erzählten Kino-Abenteuer wie *Sergeant Berry* entstand unter seiner Regie auch das Lustspiel *Ein Mann auf Abwegen* (1940), in dem Albers wieder mal seinem Spaß an Masken und Verkleidungen frönen konnte. Er entzieht sich seinem geschniegelten, öden Leben als Millionär, um inkognito die verwegensten Eskapaden zu bestehen. Wie entscheidend aber die Führung durch einen guten Regisseur sein kann, bewies Selpin in *Wasser für Canitoga* (1939). Er war kein glatter Action-Spezialist, sondern einer, der eine Figur oder Geschichte mit Widerhaken zu versehen wußte — und damit Albers hier erstmals zu einer gebrochenen Type à la Bogart machte. »Ich bin der Maharadscha von Whisky-Pur«, reflektiert Ingenieur Albers nicht ohne Sarkasmus über sein Leben; er ist einer, der nicht blind vorwärtsstürmt, sondern zögert, ehe er sich auf das tödliche Abenteuer einläßt. Einer, der die Flasche mehr liebt als Heldenposen. Daß ausgerechnet er sich »bis zu seinem letzten Schnapshauch für die Vollendung der Wasserleitung einsetzt, ist nicht ohne Ironie«, wie in einer französischen Publikation über den Film im Nazideutschland festgestellt wird.

Wenn, wie in Rollen dieser Art, Albers' Virilität plötzlich gebrochen scheint, der einst strahlende Sieger zum romantischen Zyniker mit illusionsloser Weltsicht wird, ist Hans Albers am überzeugendsten. Ist der Lack erst ab, kommt hinter der Heldenattrappe der ganze Kerl zum Vorschein — selbstbewußt, stark, aber

71

auch voller Ironie und nicht ohne Angst und Skrupel: Einen besseren Hans Albers sah man nie wieder.

Ein anderer Regisseur von besonderem Format war Helmut Käutner. Albers spielt in Käutners *Großer Freiheit Nr. 7* »Hannes«, einen nicht mehr ganz taufrischen Seemann, der eines Tages im Hamburger Hafenmilieu, der »Großen Freiheit«, hängengeblieben ist. Hier hat er seine Frauen und Freunde, hier ist er bekannt und beliebt als Stimmungskanone im »Hippodrom«. Ein leichter Film voller Tragik und Ironie, ein Kunstwerk des poetischen Realismus, in dem sich Albers sein Mädel von einem Jüngeren (Hans Söhnker) wegschnappen lassen muß. »La Paloma«, singt er mit wehmütiger Stimme, und sein Blick schweift in die Ferne, denn er muß Abschied nehmen von der Großen Freiheit, um noch einmal in See zu stechen und zu vergessen.

Goebbels mochte den Film nicht, seine Gestalten waren ihm zu wenig heldisch und nicht seetüchtig genug, also ließ er ihn wegen angeblicher Schädigung des Ansehens der großdeutschen Marine verbieten. Damit wurde aus dem schönsten Seemannsepos von Albers ein »Überläufer«, der erst nach dem Krieg seine Uraufführung erlebte.

Der zweite Film unter Käutner, *Käpt'n Bay-Bay* (1952), ist eine unbeschwerte Komödie, die ohne großen Tiefgang munter ihr Seemannsgarn spinnt.

Die übrigen Regisseure von Bedeutung in Albers' Laufbahn lassen sich an den Fingern einer Hand abzählen: Jacques Feyder, Robert Siodmak, Richard Eichberg und natürlich Josef von Sternberg, der Albers zusammen mit der Dietrich von der Bühne weg für den *Blauen Engel* engagierte. Unter Heinz Hilpert hat Albers seinen einzigen Film aus dem Alltag gedreht – er mimte in *Drei Tage Liebe* (1931) einen Möbelpacker so realistisch, daß er für »echt« gehalten wurde. Für die Zeit nach 1945 sind allenfalls Rudolf Jugert und Gottfried Reinhardt zu erwähnen. Letzterer steht für Literaturverfilmungen, deren es einige mehr oder weniger gelungene in Albers' Karriere gibt.

Der Star als Charakterdarsteller

War Albers ein Schauspieler? wird immer wieder gefragt. War er ein echter Mime oder nur ein Schmierenkomödiant? Karena Niehoff sieht in ihm ein »deutsches Phänomen, zusammengesetzt aus Sentimentalität und etwas Kitsch, aus Draufgängerei und Ahnungslosigkeit. Aber von großmütiger Art, von einem schönen Schwung echter Naivität, die das Rührselige anrührend und das Kleinbürgerliche märchenhaft macht.«

Fahrendes Volk war ein Zirkusfilm, in dem Albers eine sehr tragische Rolle spielt, einen ausgebrochenen Sträfling. Seine Partner waren die Französin Françoise Rosay und der junge Hannes Stelzer, der im Zweiten Weltkrieg verunglückt ist.

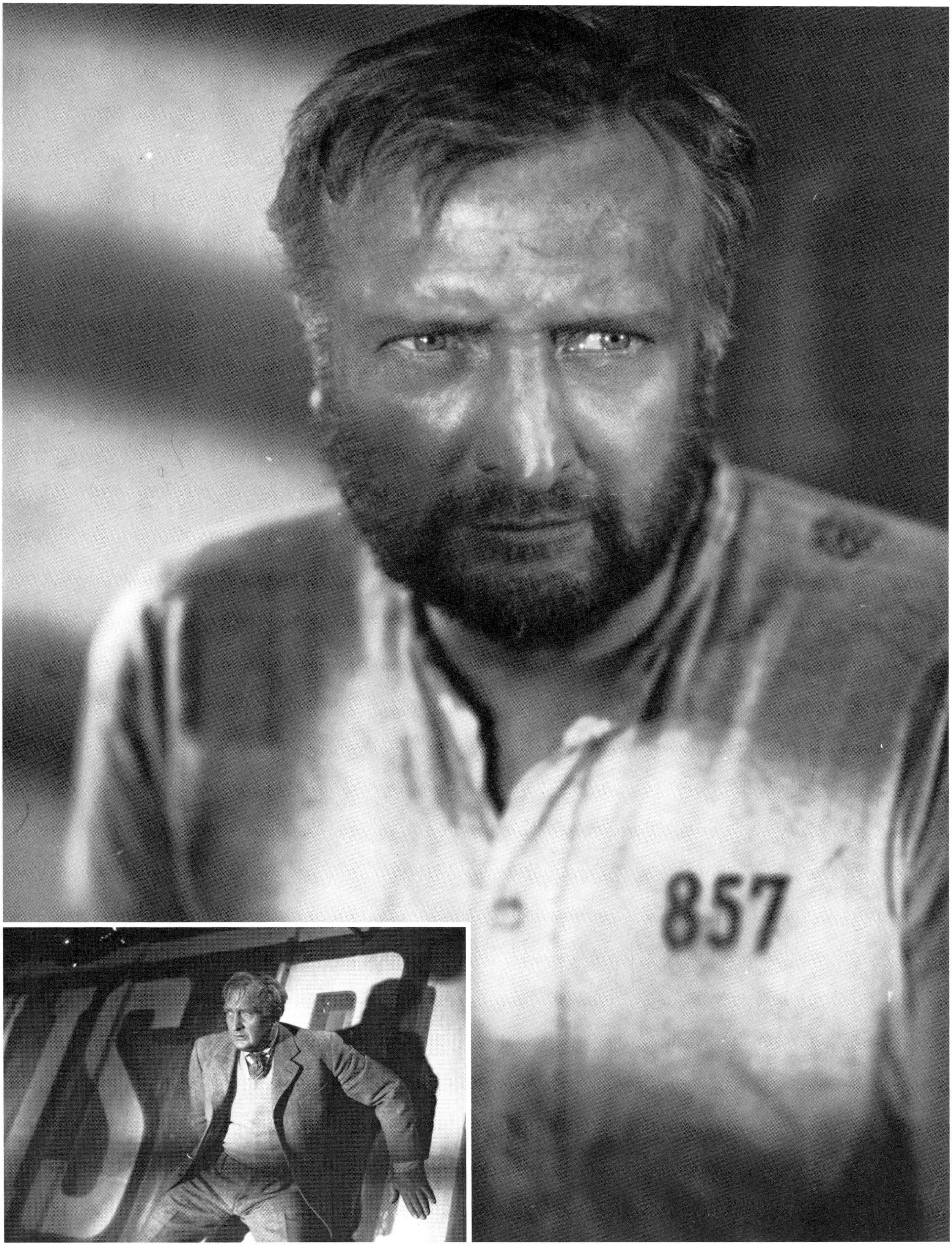
857

> Albers machte alles selbst. Er wollte weder Stuntman noch Double. Bei Außenaufnahmen zu *Bomben auf Monte Carlo* mußte er ins Wasser springen. Das wurde mehrmals wiederholt. Dann sagte der Regisseur endlich: »Das war sehr gut, aber wir müssen es doch noch mal drehen.«
> Albers rief zurück: »Warum denn das?!«
> »Ja, fassen Sie sich mal auf den Kopf.«
> Albers tat, wie ihm empfohlen – es fehlte das blonde Toupet. Es schwamm einsam auf dem Wannsee.

Der schon ergraute Herr Generaldirektor, Oberhaupt eines Familienclans, hat sich *Vor Sonnenuntergang* noch einmal in ein junges Mädchen verliebt. Doch damit beschwört er die Konfrontation mit dem Clan herauf – er soll »unter Kuratel gestellt werden«, wie es bei Hauptmann heißt.

Diesen »schweren Otto« stellt Albers so nuanciert und mit leisen Zwischentönen dar, daß Friedrich Luft schreibt, Albers sei nun »ganz weit weg von seiner populären Hoppla-jetzt-komm'-ich-Attitüde«, und dieselbe Karena Niehoff, die ihn früher für ein »Phänomen, aber keinen Komödianten« hielt, äußert sich nun im »Tagesspiegel«:

»... wenn ihm auch die gepreßte Sinnlichkeit seiner Stimme beim großen Ausbruch einige Schwierigkeiten macht: Er ist ein nobler Herr, weise, müde und traurig, und zwischendurch tupft er fast schüchtern die kleinen Oasen eines kaum geglaubten Liebesglücks. Man kann ihm nicht ausweichen, er überrundet die Regie ohne jede Aufdringlichkeit.«

Literarische Rollen waren Albers immer wieder mal untergekommen. Als nordische Titelblattfigur *Peer Gynt* (1934), frei nach Motiven von Ibsen, hatte er bereits einmal seine erstaunliche Wandlungsfähigkeit bewiesen, als er den Taugenichts quer durch alle Lebensalter gestaltete – ein ambivalenter Held und ganz und gar nicht der Typ des Siegers.

Nach der Katastrophe von Stalingrad durfte dieser Film dann nicht mehr gezeigt werden.

In seinem letzten Lebensjahrzehnt erlaubte sich der gefeierte Star den Luxus, sich doch noch das eine oder andere Mal im Charakterfach zu erproben. So sprang er 1951 in einer deutsch-französischen Co-Produktion in die Kulissen der Märchenwelt, um als *Blaubart* (1951) Schrecken zu verbreiten. Am liebsten hielt er sich aber im Hafenmilieu auf, dort, wo das Schiffshorn seine Fernwehmelodie tutet.

Eindrucksvoll war er als *Der Mann im Strom* (1958) – nach einem Roman von Siegfried Lenz –, der sein wahres Alter verheimlicht, um noch einmal seine Kühnheit als Taucher unter Beweis zu stellen.

Kellner-Rollen spielte Albers immer wieder, die unglücklichste als *Der letzte Mann* (1955) in einer modernen Adaption des berühmten Murnau-Opus – ein Remake, das seinen Ruhm wenig mehrte.

Trotzdem: Albers gehört zu den wenigen Schauspielern, die den gesamten deutschen Film repräsentieren – vom Stummfilm bis in die sechziger Jahre, als das alte Starsystem noch intakt war. Er kam als fröhlicher Schwarzhändler aus den Ruinen Berlins in dem Trümmerfilm *Und über uns der Himmel* (1947) und ließ sich von Hildegard Knef *Nachts auf den Straßen* (1951) zur Sünde verführen.

Albers überall; gegen Ende seines Lebens bekamen dann leider billige St.-Pauli-Streifen immer mehr Übergewicht, wurde Albers als lebende Legende leichtfertig vermarktet.

Der Held als Charge

Seine Kunstgriffe und Tricks hat Albers im Laufe seines langen Schauspielerlebens erlernt, nicht auf der Schauspielschule. Er war einer, der die leichten Dinge schwernahm, der sein Handwerk beherrschte. Rudolf Arnheim hat das Geheimnis seines Erfolges schon 1931 definiert. Für ihn war Albers ein Heldendarsteller, dessen Besonderheit darin lag, daß er die glatten Posen dieses Typus vermied.

Ihm gelang, so Arnheim, »der Einbruch der Chargenmethoden ins Heldenfach. Der große Erfolg von Hans Albers ist nicht zum geringsten daraus zu erklären, daß er in diesem Sinn arbeitet. Er spielt den Helden, den Liebhaber, aber er benimmt sich dabei wie ein gewöhnlicher Mensch, wie ein Chargenspieler.«

Eben dies, daß er bei allem Flitter und Glanz immer auch ein ganz normaler Mensch blieb, mit kleinen Macken und großen Sprüchen, Herz und Verstand, das machte ihn groß. Er war aus dem Zwielicht der Kaschemmen gekommen, dem Schattenreich der Vorstadtganoven, um ins glitzernde Licht der Varietés einzutauchen.

Nach einer langen Kinonacht stand er plötzlich im strahlenden Scheinwerferlicht der Popularität: mit Siegfriedlächeln und dicker Zigarre im Mundwinkel, »ein großer eleganter Kerl mit vulgärem Charme« — ein frech-charmantes Kompliment von Brecht —, der die Zuschauer für eineinhalb Stunden in ein Zauberland der Phantasie entführte, eine Traumwelt aus Glück und Reichtum, in der Hans Albers, stellvertretend, jedes Problem im Handumdrehen löste.

Einer der berühmtesten Vorkriegsfilme des Schauspielers war *Wasser für Canitoga*. Josef Sieber war in diesem abenteuerlichen Streifen einer seiner Partner.

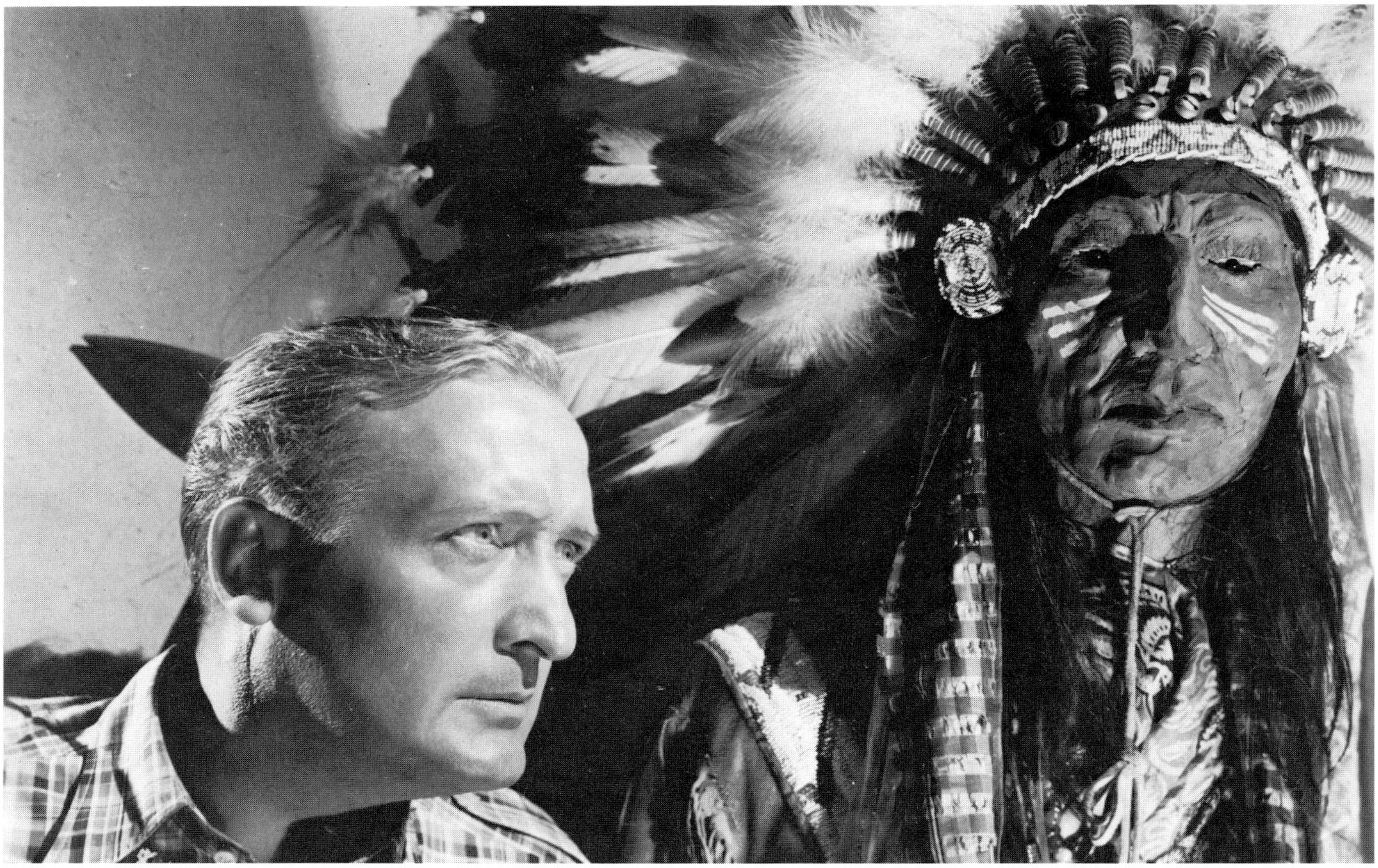

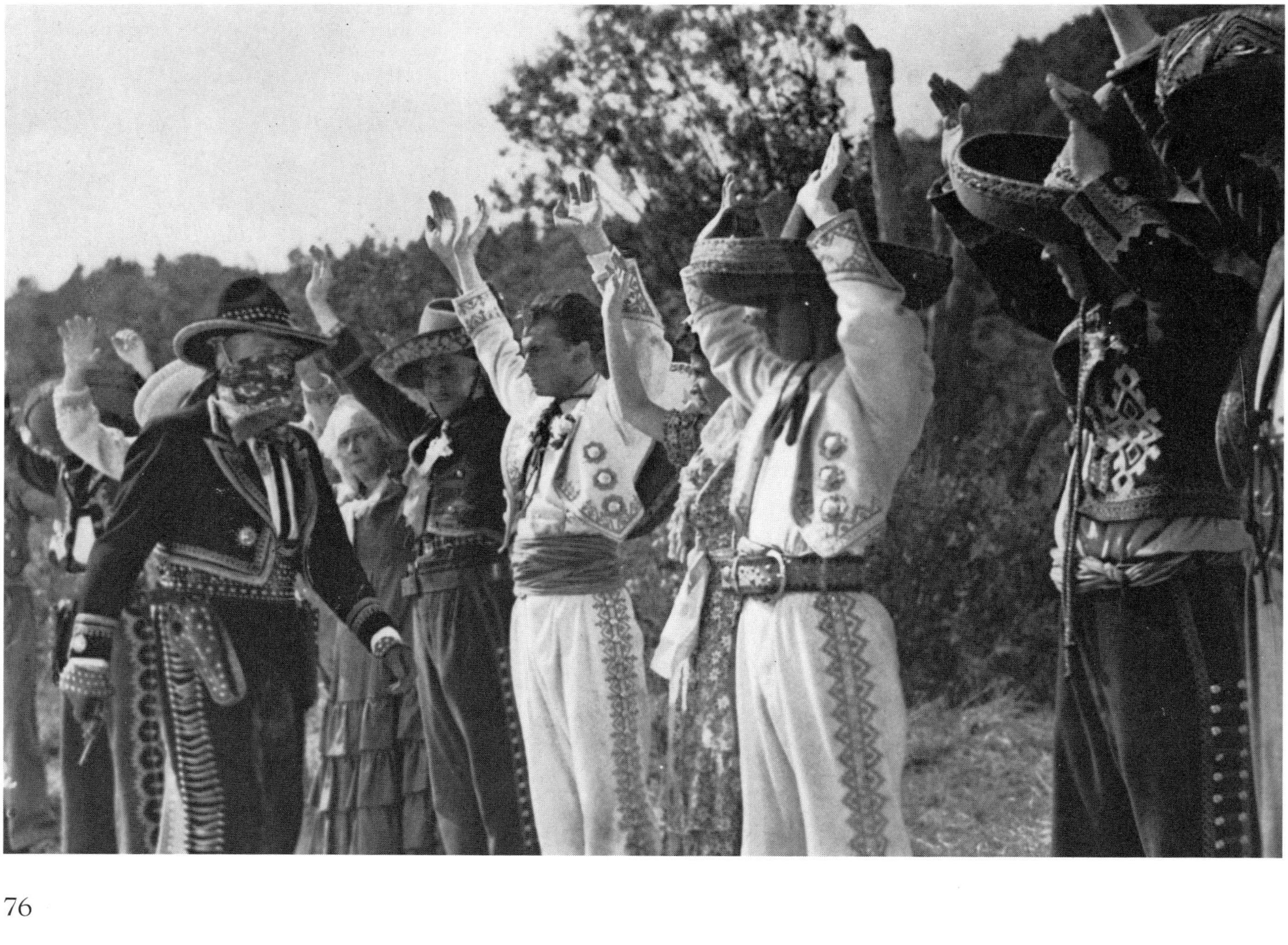

Eine Art deutscher Ersatz-Western war der Film *Sergeant Berry*, in dem der blonde Mime alle Register zog, die ihm zur Verfügung standen. Partner waren Toni v. Bukowicz, die seine Mutter spielte, und Peter Voß als sein Vorgesetzter (Foto links). Die Szenenbilder aus dem Film sprechen für sich.

Flüchtlinge; *Henker, Frauen und Soldaten* und *Carl Peters* – das sind die drei Filme, die Albers' Abstecher in den Nazifilm markieren. In *Flüchtlinge* spielte Eugen Klöpfer neben ihm (oben), in *Carl Peters* Fritz Odemar (unten). In *Henker, Frauen und Soldaten* (rechte Seite) waren unter anderen Bernhard Minetti und – wieder einmal – Charlotte Susa seine Partner.

Folgende Doppelseite: Hans Albers' größter Kinoerfolg im Krieg war das Superspektakel *Münchhausen* zum Silberjubiläum der Ufa 1943. Der Film bestach vor allem durch hervorragende Trickaufnahmen wie zum Beispiel der legendäre Ritt des Titelhelden auf der Kanonenkugel.

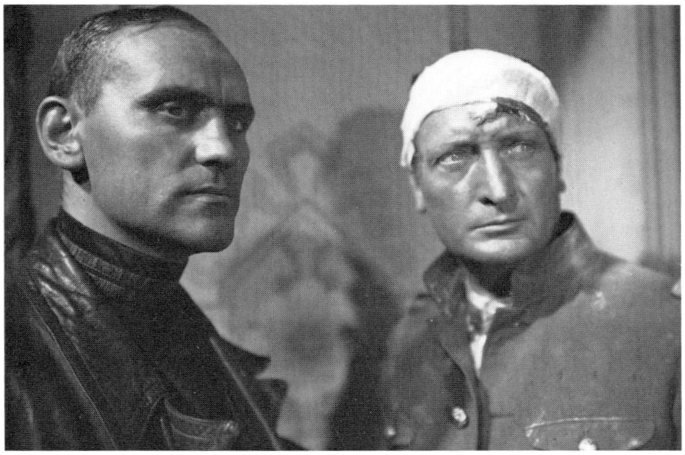

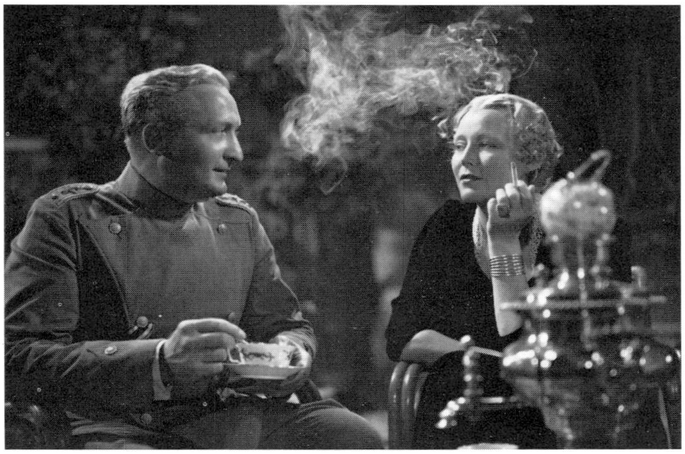

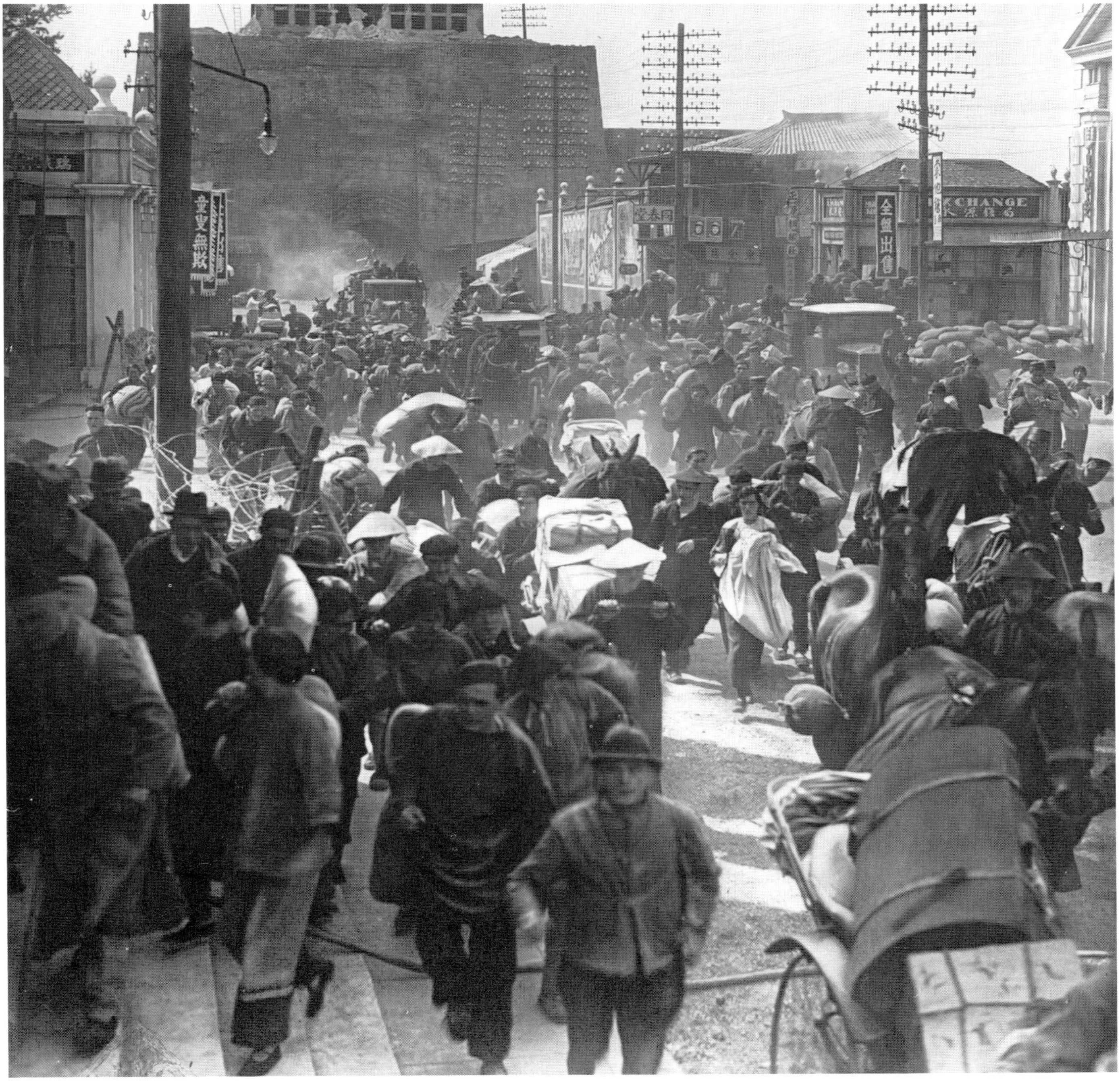
CHANGE

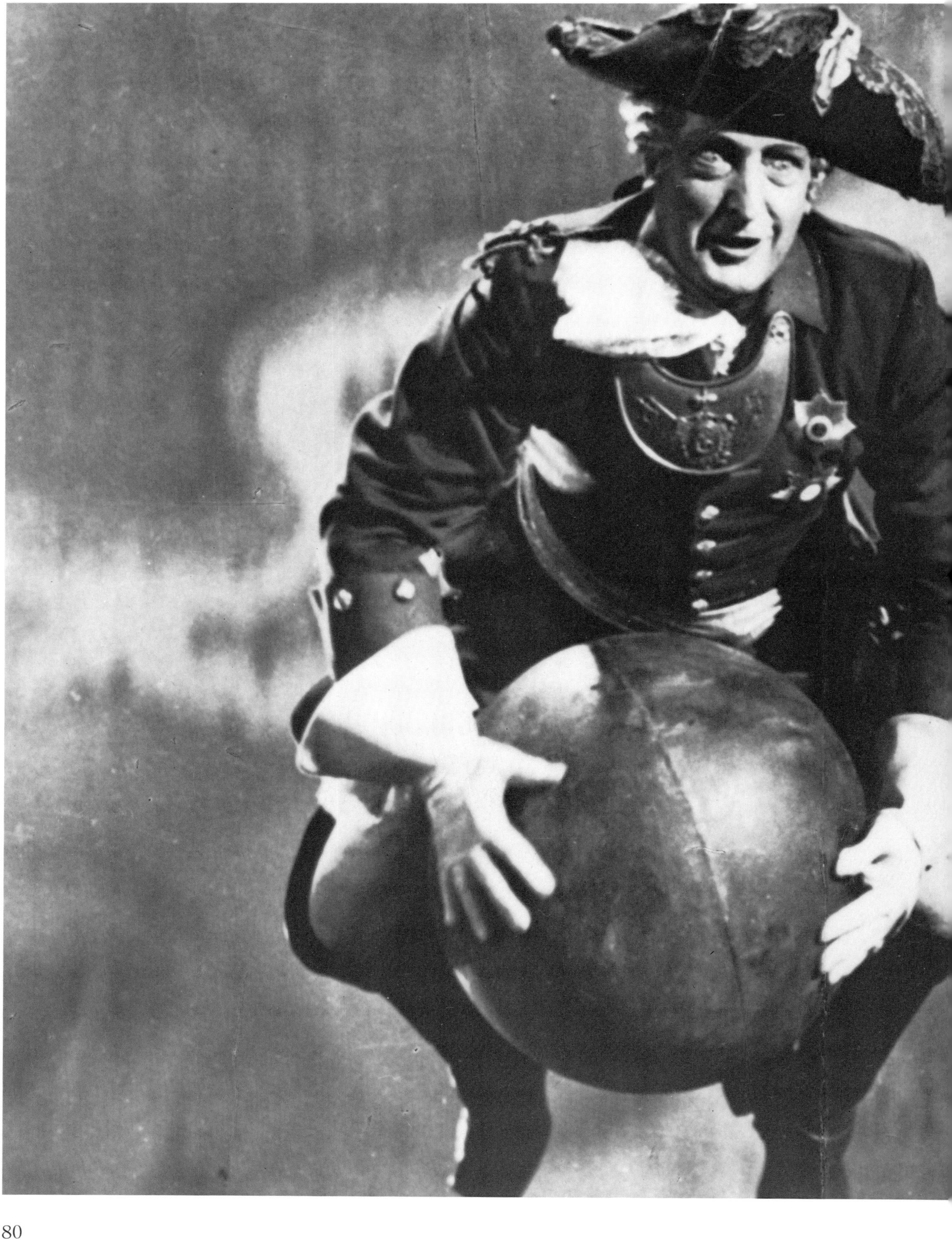

81

Hans Albers als *Trenck, der Pandur.* Er spielte gleich drei Trencks: Vater, Sohn und Vetter.

Folgende Seiten: Komödien und Filmoperetten waren dem Hamburger immer genehm. Mit Anna Sten spielte er in *Bomben auf Monte Carlo* (links oben), mit Käthe v. Nagy in *Der Sieger* (oben), mit Heinz Rühmann in *Der Mann, der Sherlock Holmes war.* Die Szenenfotos aus diesem Film zeigen die beiden Stars mit Marieluise Claudius, Hansi Knoteck (links unten), Hilde Weissner und Siegfried Schürenberg (rechts unten).

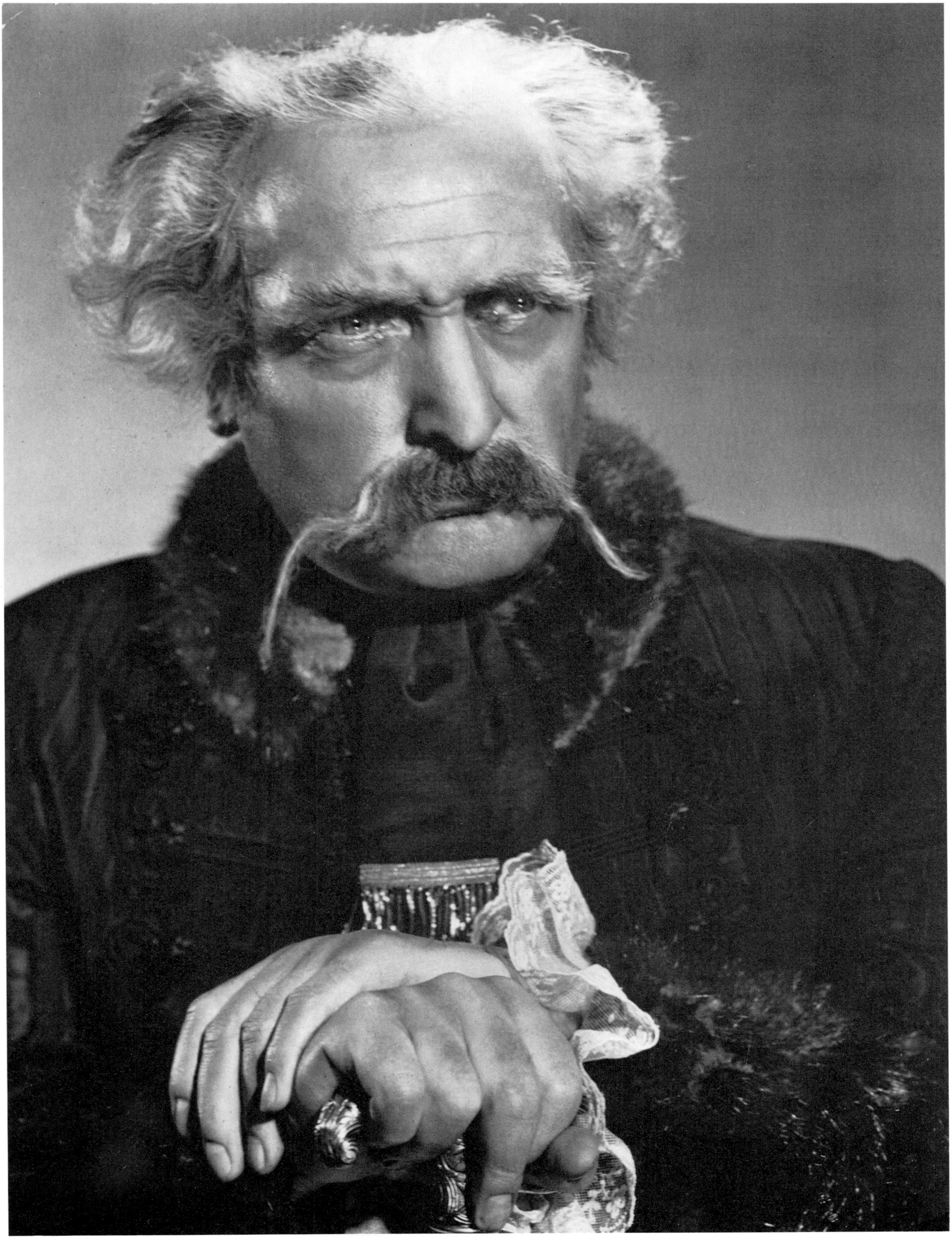

84

85

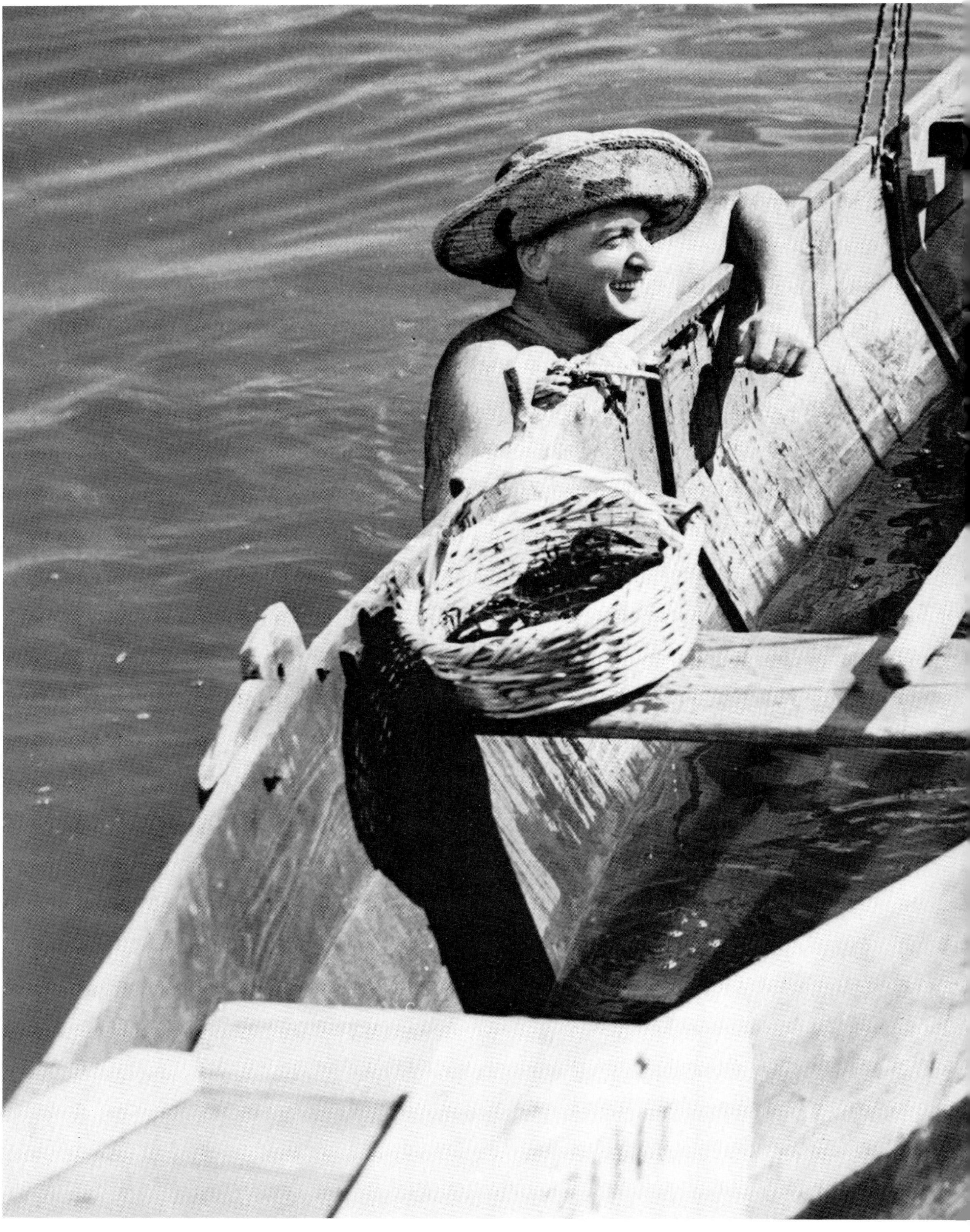

87

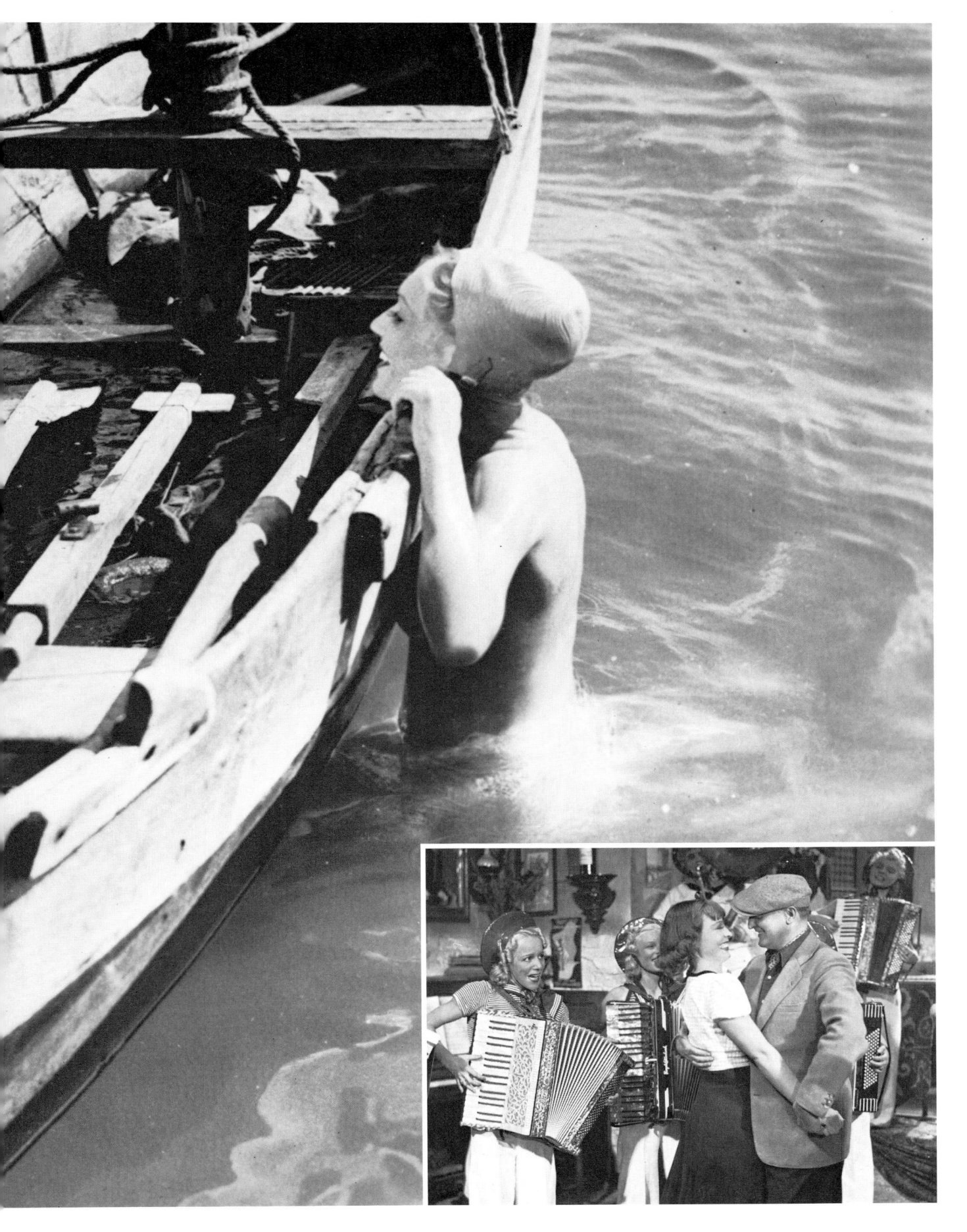

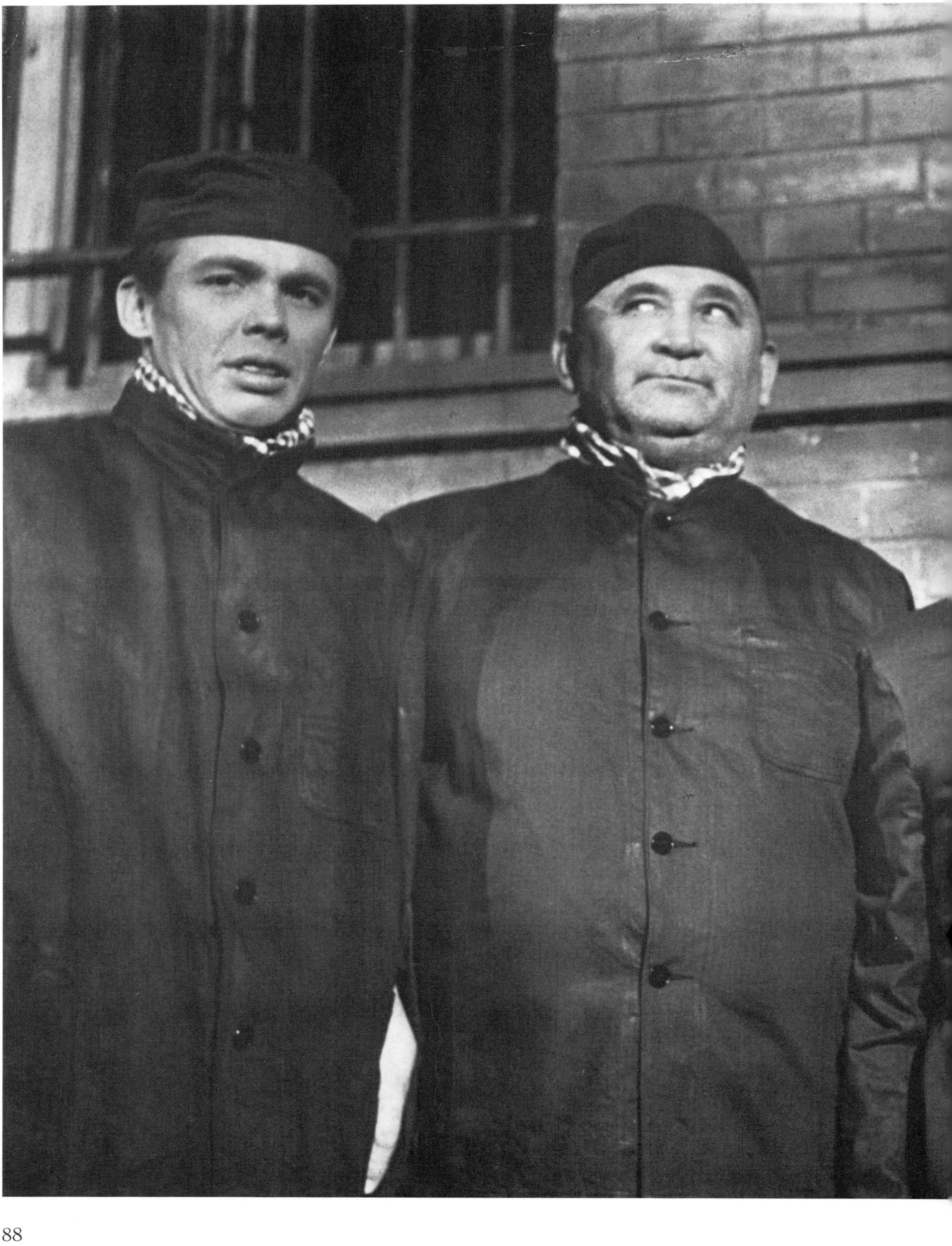

Hans Albers' letzter Film *Kein Engel ist so rein* war ebenfalls eine lustige Geschichte mit Sabine Sinjen (oben) und den Partnern Peter Kraus, Gustav Knuth und Horst Frank (von links).

Vorhergehende Doppelseite: *Ein Mann auf Abwegen*, ebenfalls eine hübsche Filmkomödie. Partnerinnen waren neben Hilde Weissner (großes Bild) Charlotte Thiele und Hilde Sessack (kleines Foto).

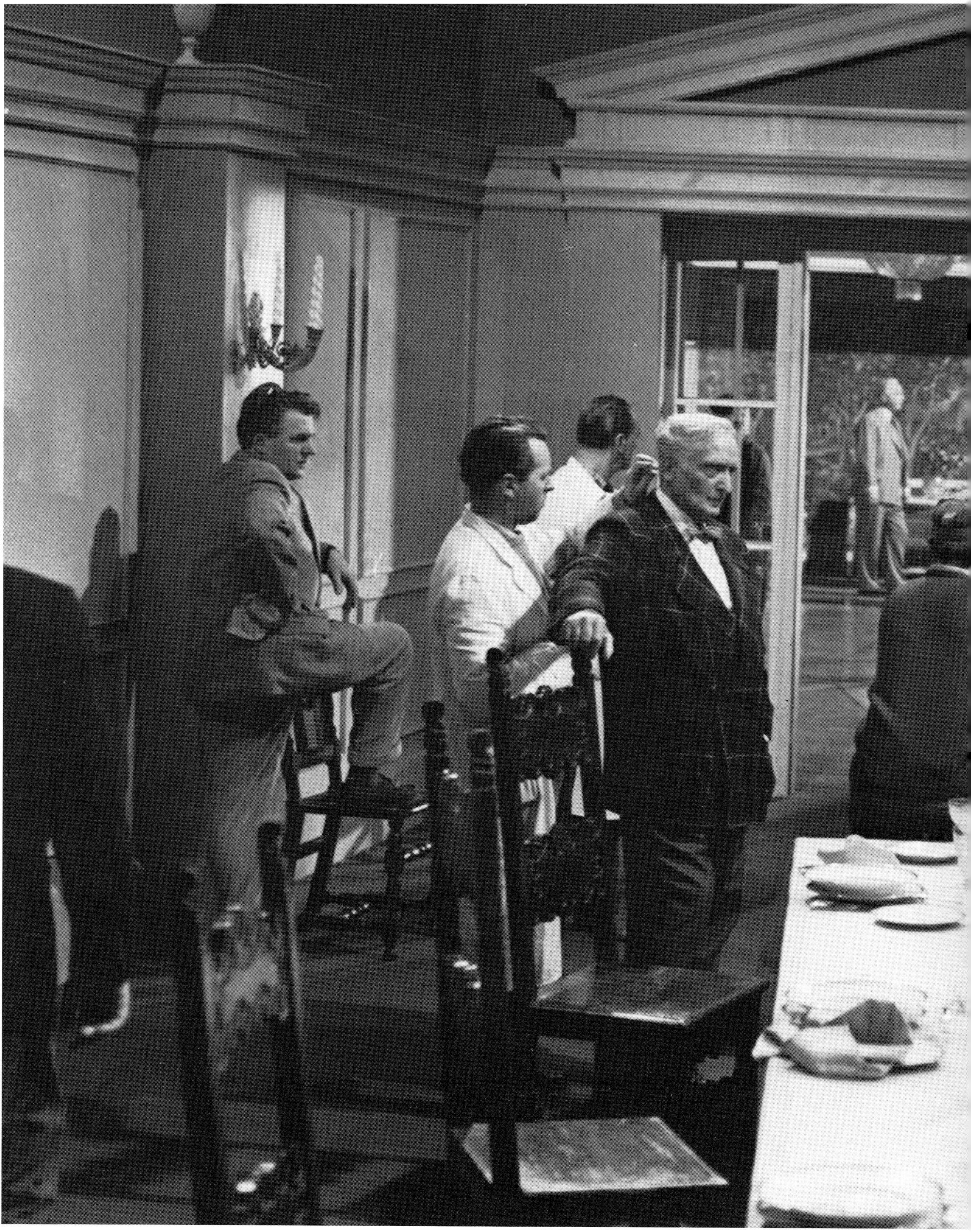

Regisseure/Produzenten/Kritiker

Regisseur Eugen York drehte drei Filme mit Hans Albers und hat sich mit seinem Star auch privat bestens verstanden.

Regisseure

In den letzten Jahren haben sich viele deutsche Theater- und Filmregisseure in den Mittelpunkt der öffentlichen Diskussion inszeniert. Das Regie-Theater sucht nach progressiven Interpretationsformen, der neue deutsche Film will weg vom Klischee und lebt vom Namen seiner Macher. Noch immer gilt das Motto »Der Star ist tot, es lebe das Ensemble«! Auf der Bühne haben Peter Stein, Jürgen Flimm, Peter Zadek und einige mehr das Sagen, beim Film regieren Wim Wenders, Volker Schlöndorff, Margarethe von Trotta und, unvergessen, Rainer Werner Fassbinder.

Der Ehrgeiz der Filmemacher aber ist nicht neu. Die Regisseure haben immer eine Hauptrolle gespielt, wenn es galt, mit guten Schauspielern Gutes zu produzieren. Der Star allein, und war er noch so gut, konnte nur selten den Erfolg erzwingen. Max Reinhardt, Erwin Piscator, Heinz Hilpert, Gustaf Gründgens, Fritz Lang, G. W. Pabst, F. W. Murnau, Ernst Lubitsch — das sind Namen einer großen Vergangenheit, die am Regietisch im Parkett oder im Regiestuhl hinter der Kamera für hohes Niveau Gewähr boten.

Im Gegensatz zu heute dominierte allerdings der Star. Vor allem in den Geburts- und Jugendjahren des Tonfilms. Hans Albers zum Beispiel hatte nach seinen ersten Erfolgen bereits ein Mitspracherecht bei der Auswahl dessen, der das Leinwandwerk in Szene setzen sollte. So erinnert sich sein Maskenbildner Hans Dublies an *Bomben auf Monte Carlo* (1932):

»Der Regisseur Hanns Schwarz fand offensichtlich nicht den richtigen Ton für den Umgang mit bekannten Schauspielern, er mochte wohl ihre natürliche Sensibilität nicht nachempfinden. So sagte er zu Hans Albers: ›Also, Albers, wenn Sie nicht so wollen wie ich, dann werden wir sehen.‹ Darauf Albers sehr deutlich: ›Also, Herr Schwarz, wenn Sie nicht so wolllen wie ich, dann gehen Sie morgen, und ich bleibe hier.‹ Aber mit fast allen anderen Regisseuren ist er gut zurechtgekommen, er hatte ja auch ungemeine Hochachtung vor denen, die ihm wirklich etwas zu sagen vermochten. Leute wie Heinz Hilpert, Gustav Ucicky, Karl Hartl schätzte er sehr.«

Die große Lippe, die Hans Albers später in Studios oft riskierte, gab es beim ersten Tonfilm allerdings noch nicht. Da hatte der Hamburger, wie gesagt, eher Angst, und sein sprichwörtliches Selbstvertrauen war wie weggeblasen. Carl Froelich, Regisseur vieler herausragender Stummfilme, wollte ausgerechnet mit dem blonden Hans den ersten deutschen Tonfilm drehen und hatte, wie gesagt, mit seinem Star viel mehr Schwierigkeiten als mit Charlotte Ander, Ida Wüst und anderen Protagonisten. War es die Mikrofonangst oder der Respekt vor dem neuen Medium? Albers kam jedenfalls mit der Sprache nicht zurecht. Er künstelte vor sich hin, sprach gequetscht und pathetisch, und es bedurfte viel guten Zuredens, bis er seine Hemmungen verloren hatte. Doch Froelichs Geduld, sein Einfühlungsvermögen zahlten sich schließlich aus. Es gelang ihm tatsächlich, Albers die falschen Töne zu nehmen. Und er legte damit den Grundstein für Hannes Filmkarriere. Das hat der ihm nie vergessen.

Hans Albers hat es auch einmal als ein großes Glück bezeichnet, daß er unter der Regie von Richard Eichberg drehen durfte. Das Urberliner Original, über den heute noch Geschichten und Anekdoten durch die Branche schwirren, zählte zu den Berühmten seiner Zeit, der frühe deutsche Tonfilm verdankt ihm viel. Joachim Cadenbach beschreibt in seinem Albers-Buch die Arbeit dieses Regisseurs sehr ausführlich, und er hat auch einige seiner umwerfenden »Regieanweisungen« und Sprüche festgehalten. Eichberg zu einer jungen Schauspielerin: »Du hast de Augen zu, ick komme mit de Kamera, du machst de Augen janz langsam uff, janz langsam — det wirkt wie Seele, und det is Kintopp.«

Und zu Werner Krauß, der in einer Drehpause ein Brot aß: »Mensch, Werner, ick zahl' dir 'n Vermöjen, und du frißt Stullen.«

Albers drehte mit Eichberg zwei Filme, den ersten *Greifer* und den *Draufgänger* – das Genre lag beiden. Und so war Hanne danach erst recht ein gefragter Mann, die Gesellschaften rissen sich um ihn. Er konnte sich seine Rollen aussuchen, und das nutzte er. Sehr gut hat er einige Jahre später dann auch mit Herbert Selpin zusammengearbeitet, der wohl ebenfalls auf seiner Wellenlänge lag. Hans Dublies war dabei: »Selpin war ein hervorragender Handwerker, der bei G. W. Pabst assistiert hatte. Er behandelte Albers wie jeden anderen Schauspieler und nicht wie einen Star, und der Star ließ sich das gefallen. Er wußte, Selpin ließ ihn laufen, solange er das verantworten konnte, dann fing er ihn wieder ein. Und das war genau der Stil, den Albers mochte.«

Selpin wurde auf tragische Weise ein Opfer der Nazis. Über die Ursache kursierten mehrere Geschichten. Die glaubhafteste ist diese: Der Regisseur hatte – wie Albers – mit dem Regime nicht viel im Sinn, und als er während des Krieges in Gdingen (damals Gotenhafen) den »Untergang der Titanic« drehte, fehlte morgens bei den Dreharbeiten eine Schauspielerin. Sie hatte mit Offizieren der Kriegsmarine gefeiert und kam deshalb zu spät, brachte aber gleich zwei schmucke Marineleute als Entschuldigung mit. Die nahmen gleich das Wort: »Wir haben nur ein paar Ritterkreuze gefeiert.« Und da kam die gefährliche Antwort: »Ach, ihr mit euren Scheiß-Ritterkreuzen.« Selpin wurde von Goebbels aufgefordert, die Äußerung zurückzunehmen, was er nicht tat. Daraufhin überstellte man ihn der Gestapo, und am anderen Tag fand man ihn in seiner Zelle – erhängt. Die Selbstmordversion blieb zumindest fraglich.

Turbulente Erinnerungen an Hans Albers hat der Regisseur Boleslaw Barlog, langjähriger Intendant der Westberliner Staatlichen Schauspielbühnen. Sie decken sich durchaus mit denen von Berta Drews (siehe »Partnerinnen«): »Als Albers einen ersten Liliom spielte, war ich Regieassistent von Karlheinz Martin an der Volksbühne in Berlin. Und Abendregisseur, der darauf zu achten hatte, daß alles seinen richtigen Lauf nahm. Nun kam Hans Albers immer zu früh auf die Bühne, wenn Berta Drews und Erika Helmke ihr hübsches kleines Liedchen sangen. Ich ging also zu ihm in die Garderobe und sagte ganz vorsichtig: ›Herr Albers, Sie treten in dieser Szene immer zu früh auf und bringen die beiden Mädchen um ihren Applaus.‹ Albers nahm gerade, wie üblich, einen Schluck Sekt, und als ich meinen Spruch aufgesagt hatte, warf er das Glas in meine Richtung. Ich duckte mich, und – peng! – zersprang das Kristall an der Garderobentür. Ich machte mich dann ganz schnell dünne, steckte aber noch einmal den Kopf durch die Tür und wiederholte: ›Herr Albers, bitte erst nach der dritten Strophe.‹ Offenbar hat ihm meine Furchtlosigkeit vor gezielten Sektglaswürfen so imponiert, daß er von da an wirklich erst auftrat, als er dran war.«

Barlog nahm dem Star den Wurf nicht weiter übel, er kannte seine Schauspieler und hat in seiner langen Bühnenkarriere Schlimmeres erlebt. Und zu Albers fällt dem humorigen Berliner, der heute als Achtzigjähriger immer noch inszeniert, nur das Beste ein: »Er war ein großartiger Schauspieler, auch auf der Bühne. Er sollte ja nach ›Liliom‹ unter der Regie von Heinz Hilpert an der Volksbühne den ›Schinderhannes‹ von Zuckmayer spielen, aber dazu hatte er wohl nicht die große Lust. Außerdem verlangte der Film schon wieder nach ihm. Der ließ ihn ja überhaupt nicht los, und das habe ich vor allem später bedauert, als ich Intendant von Schiller- und Schloßpark-Theater war. Ich habe ihm so manche Rolle angeboten, und er hatte wohl auch immer den guten Willen, aber im Zweifelsfall siegte der Film. Schade, ich hätte wahnsinnig gern mit ihm gearbeitet.«

Albers war im Gegensatz zu manchem Topstar nicht der Schrecken der Regisseure. Er merkte auch recht schnell, ob der Mann hinter der Kamera wirklich

Boleslaw Barlog – hier bei einer Ehrung der Schauspielerin Elsa Wagner – war Regieassistent und Abendregisseur der legendären »Liliom«-Inszenierung von 1931.

Helmut Käutner, der zu den bedeutendsten deutschen Filmregisseuren gehörte, drehte einen der tollsten Filme des blonden Hans: *Große Freiheit Nr. 7.* Er kannte dessen Stärken und Schwächen.

etwas mitzuteilen hatte oder nicht. Eugen York hat drei Filme mit ihm gemacht, in den fünfziger Jahren, unter anderen *Das Herz von St. Pauli* mit großer Besetzung: »Es war eine hervorragende und zugleich erfreuliche Arbeit, an der auch Albers offenbar seinen Spaß hatte. Nun war ich ja schon ein Albers-Fan, bevor ich ihn kennenlernte. Ich kannte seine Filme, mochte seine Lieder. Als ich mich bei ihm im Hotel vorstellte, war er gerade im Badezimmer. ›Moment, ich komme gleich. Kennen Sie die Große Freiheit?‹ Und schon trällerte ich ›La Paloma‹. Damit war alles gelaufen. Und ich darf ganz offen sagen, die Zusammenarbeit hat sich für beide gelohnt. Ich machte gleich noch zwei Filme mit ihm, das *Greifer*-Remake in einer rein deutschen Version und *Der Mann im Strom* nach einer Romanvorlage von Siegfried Lenz, eine dramatische Geschichte, die wir leider am Schluß umgedreht haben. Ein positiver Ausgang schien Hanne und dem Produzenten eher zu behagen.«

Der Regisseur Eugen York hat Hans Albers, ähnlich wie der Schauspieler Hansjörg Felmy, in vollen Zügen genossen. Nicht nur im Studio und bei Außenaufnahmen. »Wir waren oft auch privat zusammen, auf St. Pauli, versteht sich. Dort drehten wir ja auch. Und wenn wir nachts in ein Lokal kamen, war Hanne gleich der Mittelpunkt. Man fühlte, er gehörte einfach dazu. Und wenn dann einer rief: ›Hanne, sing doch mal was‹, dann ließ sich Albers nicht lange bitten, dann ging es gleich los: ›Beim erstenmal, da tut's noch weh.‹ Er war schon so, wie er spielte, ein Volksschauspieler. Und ein Volksheld dort, wo er sich wohl fühlte, auf der Reeperbahn nachts um halb eins.«

Zu den profilierten deutschen Filmregisseuren gehört auch Helmut Käutner. Er hatte bereits im Krieg eindrucksvolle Akzente gesetzt. Seine »Romanze in Moll« zählt heute zu den Filmklassikern, seine Harmonielehre »Wir machen Musik« ist vom Allerbesten jener Zeit, danach erlebten wir von ihm Zuckmayers »Des Teufels General« auf der Leinwand und anderes Ausgezeichnetes wie die Ost-West-Tragödie »Himmel ohne Sterne«.

Mit Hans Albers hat Käutner zwei Filme gedreht. Der Star und sein Regisseur verstanden sich sehr gut, Käutner wußte mit Albers umzugehen. Er hat sich später auch einmal detailliert zum Schauspieler Albers geäußert und einleuchtend nachgewiesen, warum dieser nach seinen großen internationalen Erfolgen mit deutschen Filmen das Deutsche Reich gar nicht hätte verlassen können, obschon er von Frankreich wie von Hollywood umworben wurde:

»Albers war nicht der Typ des intellektuellen Schauspielers, er war ein Mime durch Intuition. Er machte das alles aus der ›Lamäng‹, wie er sagte, und wenn es einigermaßen hinhaute, war die Sache für ihn Otto-Otto. Wenn etwas o. k. für ihn war, dann war es Otto-Otto. Daß er sich oft über die Szenen hinwegmogelte, hat weder den Bühnenautoren geschadet noch den Drehbuchautoren. Man mußte ihn einfach gewähren lassen, es kam immer mehr dabei heraus, als man im Moment glaubte. Der Volksmund gebraucht dafür den Begriff ›ungeschminkt‹. Und genau das war es. Albers – der Ungeschminkte, der Naive, der Unverstellte. Und wenn man es anders von ihm wollte, dann verunglückte er, zum Beispiel als ›Peer Gynt‹.

Außerdem besaß er Mutterwitz, er konnte sich totlachen. Er schüttelte sich die Witze nur so aus dem Ärmel, und wenn er dann solche Kanonen neben sich hatte wie Heinz Rühmann, dann explodierte er auf Schritt und Tritt, war nicht zu bremsen. Zwei Kanonen, die umschichtig losböllerten. Die eine etwas lauter und viriler, die andere sanfter und hintergründiger.

So was ließ sich nur in Deutschland verkaufen, in Hollywood wäre das Unverstellte rasch verdorben worden.«

So weit Helmut Käutner. Dem ist nichts hinzuzufügen.

Produzenten

Filmproduzenten wandern oft auf dem schmalen Grat zwischen astronomischen Gewinnen und Riesenverlusten. Das war auch schon so, als noch niemand ans Fernsehen dachte. Sie sind meist ausgekochte Kaufleute, manchmal künstlerisch ambitioniert, im wesentlichen aber machen sie Filme, um Geld zu verdienen. Und dieses Ziel erreichen sie nur, wenn das Publikum ihre Produktionen akzeptiert. Was der Kritiker sagt, schert sie relativ wenig, solange die Kassen klingeln.

Das unterscheidet den Produzenten vom Regisseur, der ja am liebsten Kunst, zumindest jedoch gute Unterhaltung machen möchte. Wie der renommierte Schauspieler, der neben der Gage den Beifall von Presse und Publikum braucht, um ganz zufrieden zu sein. Und darum ist es oft nicht leicht für einen Produzenten, alle Schäfchen zusammenzutreiben, die für den Erfolg (auch den finanziellen) eines Leinwandwerkes von Bedeutung sind: einen erstklassigen Autor und einen ebensolchen Regisseur, Kameramann, Architekten, Komponisten – und möglichst zugkräftige Stars.

Früher war das natürlich leichter als heute. Das Medium Film war noch jung und unverbraucht, die Entwicklung vom stummen Bild zur tönenden, farbigen Leinwand schritt nahezu jährlich voran, die besten Darsteller der Bühne drängten in die Filmstudios, um statt der lokalen nationale oder gar internationale Popularität zu erlangen und damit auch materiell endlich ausgesorgt zu haben. Die Schauspielkunst ging nach Brot, die Filmkunst weniger. Wer auf der Leinwand zum Star – zum Publikumsliebling also – avancierte, hatte alles, Ruhm und Geld. Und zufriedene Produzenten.

Hans Albers erreichte das ganz schnell, als die Leinwand zu sprechen begann. Der blonde Hamburger kam an, die Kritik hob ihn in den Star-Himmel. Schon nach seinem von Carl Froelich produzierten und auch inszenierten Tonfilm war er einer der meist umworbenen Männer der Branche. Und nach den zwei erfolgreichen Filmen mit Richard Eichberg, nicht nur als Regisseur, auch als Produzent, kam Erich Pommer auf Hanne zu.

Pommer, schon seit 1912 im Filmgeschäft, war Produktionschef der Ufa und galt als einer der Topproduzenten. Er hatte den richtigen Instinkt für die richtigen Stoffe und die richtigen Leute. Mit Lilian Harvey und Willy Fritsch kreierte er in den Tonfilmoperetten »Die Drei von der Tankstelle« und »Der Kongreß tanzt« das Traumpaar des Films der dreißiger Jahre, und mit dem Albers/Rühmann-Film *Bomben auf Monte Carlo* erreichte er ebenfalls internationale Beachtung. Nach diesem Bombenstreifen klopften auch die großen Filmgesellschaften außerhalb Deutschlands an Hans Albers' Garderobe. Aber Hanne blieb im Lande, doch Pommer mußte gehen, nachdem er noch einige erfolgreiche Filme mit Albers produziert hatte. Er emigrierte, arbeitete in Hollywood ebenso erfolgreich – und kehrte nach 1945 als Filmoffizier der Amerikaner an die Spree zurück. Kurz darauf schon machte er wieder einen deutschen Film – mit Hans Albers: *Und über uns der Himmel*. Kein Publikumsrenner im besetzten Deutschland, wohl aber im westlichen Ausland.

Bald wurde Pommer wieder freier deutscher Filmproduzent, mit großem Engagement, künstlerischen Ambitionen und viel Gespür für den Publikumsgeschmack. Er schaffte es, einen der besten Nachkriegsfilme von Albers zu drehen: *Nachts auf den Straßen*. Produzent und Star waren mittlerweile fast Freunde geworden, denn Hans Albers hat Erich Pommer nie vergessen, daß er nicht zuletzt dessen »Nase für den richtigen Dreh« seinen steilen Aufstieg Anfang der dreißiger Jahre verdankte.

Nach der Gründung der Bundesrepublik Deutschland lief das Filmgeschäft

Artur Brauner, CCC-Chef, hat mit Albers *Vor Sonnenuntergang* nach Gerhart Hauptmann produziert und dafür den »Goldenen Bären« der Berlinale 1956 in Empfang genommen. Neben ihm Dr. Alfred Bauer, der damalige Leiter der Berliner Filmfestspiele.

Gyula Trebitsch gründete mit Walter Koppel die Hamburger Real-Film und arbeitete als Produzent gern mit Hans Albers zusammen.

Rechte Seite: Sieht man von *Vor Sonnenuntergang* ab, gerieten die Versuche, mit Hans Albers Literatur zu verfilmen, immer zu reinen Abenteuerstreifen. Auch *Peer Gynt* nach Henrik Ibsen kam darüber nicht hinaus. Albers spielte die Titelfigur zwar mit der ganzen Kraft seines schauspielerischen Vermögens, aber ein »nordischer Faust«, wie man Ibsens dramatischen Helden gerne nennt, ist daraus nicht geworden. Seine Partnerin war Marieluise Claudius als Solveig.

natürlich anders als im sogenannten Dritten Reich. Bis 1945 war bekanntlich Goebbels der Oberregisseur, er machte Stars und Produzenten reich, aber von freiem Wettbewerb wie nach 1949 war natürlich keine Rede. Im Zuge des wirtschaftswunderlichen Aufstiegs gründeten sich dann kapitalkräftige Gesellschaften, und es tauchten Persönlichkeiten auf, die das bundesdeutsche Filmgeschäft auf ihre Art belebten. In Hamburg gründeten Walter Koppel und Gyula Trebitsch die Real-Film, in Berlin entstand die CCC-Filmkunst unter der Leitung von Artur Brauner. Zwei Firmen, die in den fünfziger und sechziger Jahren den Markt beherrschten.

»Zum erstenmal kam ich mit Hans Albers in Berührung, als er im Hamburger Flora-Theater am Schulterblatt den ›Liliom‹ spielte, das war für mich ein Erlebnis. Um so mehr, als meine Frau, Erna Sander, Albers bei dieser Produktion in Kostümfragen beraten hatte. Ich lernte ihn dadurch privat kennen und mußte immer wieder feststellen, wie sehr er sein Hamburg liebte. Er freute sich wahnsinnig darüber, hier auf der Bühne stehen und Abend für Abend den jubelnden Beifall des begeisterten Publikums entgegennehmen zu können. Manchmal standen ihm die Tränen in den Augen, wie er mal sagte.« Gyula Trebitsch, der sich dieser Begegnungen gern erinnert, hat damals auch bereits die ersten Filmkontakte zu Hans Albers geknüpft. Trotzdem kamen die beiden so schnell nicht zusammen, da Hanne nach 1949 wieder groß im Geschäft war und vielerlei Filmverpflichtungen hatte.

»Wir haben aber seinerzeit schon ein großes Projekt praktisch vertraglich abgeschlossen, mit dem wir auch sehr viel Erfolg hatten: *Das Herz von St. Pauli*. Hans Albers war eine große Persönlichkeit, sehr wählerisch, auch, was seine Rollen anging. Er konnte es sich ja auch leisten. Ich brachte ihn dann mit dem Feuilletonchef des ›Hamburger Abendblatts‹, Eberhard von Wiese, zusammen, und in seinem Bootshaus am Starnberger See wurde schließlich der Grundstein für diesen Film gelegt, der ja auf Wieses gleichnamigem Roman basiert.«

Die Trinkfreudigkeit des Hamburger Volksschauspielers will Gyula Trebitsch nicht so gern bestätigen. »Meines Erachtens hat sich das in Grenzen gehalten und wird heute übertrieben, zumindest aber ist die Filmarbeit dadurch nicht im geringsten gefährdet worden. Natürlich hat er gern einen getrunken, doch die Arbeit ging vor. Hans Albers war einer der großen deutschen Filmstars, mit denen ich am liebsten zusammengearbeitet habe. Es gab nie Schwierigkeiten zwischen uns, weder mit der Gage noch mit anderen Dingen, obwohl er natürlich mitreden konnte. Schließlich trugen seine Ausstrahlung, seine Popularität und sein schauspielerisches Vermögen ja den Film, sie boten eine gewisse Erfolgsgarantie. Mit ihm wurde sogar *Dreizehn alte Esel* kein Mißerfolg. Ich habe an Albers eine besonders gute Erinnerung, weil auch die privaten Kontakte bis zu seinem frühen Tode nicht abgerissen sind.«

CCC-Chef Artur Brauner ist in der Branche bekannt dafür, daß er manchmal etwas Ungewöhnliches tut. Trotzdem staunte man, als »Atze« – so nennen ihn die Berliner – mit einem sehr anspruchsvollen Filmprojekt die Öffentlichkeit überraschte. Er war es, der Hans Albers für die große literarische, nahezu klassische Charakterrolle, den Geheimrat Clausen in *Vor Sonnenuntergang* von Gerhart Hauptmann, gewann. Kritik und Filmkenner meldeten natürlich sofort Bedenken an, aber – der Film wurde, wie wir wissen, preiswürdiger Erfolg. Brauner war sich des Risikos wohl bewußt, das er mit der Verpflichtung von Hans Albers für diese Rolle eingegangen war:

»Natürlich war das ein großes Wagnis, denn eine so bedeutende Charakterrolle hatte Albers ja noch nicht gespielt, er war ja bisher handfestere Dinge gewohnt. Er gab sich auch gar nicht so selbstbewußt wie gewohnt. Im Gegenteil, er schien absolut unsicher, ob er diese Partie überhaupt schaffen würde, und verließ sich darum ganz und gar auf den Regisseur Gottfried Reinhardt. Die beiden arbeiteten dann glänzend zusammen. Nachher, als der Erfolg sich ein-

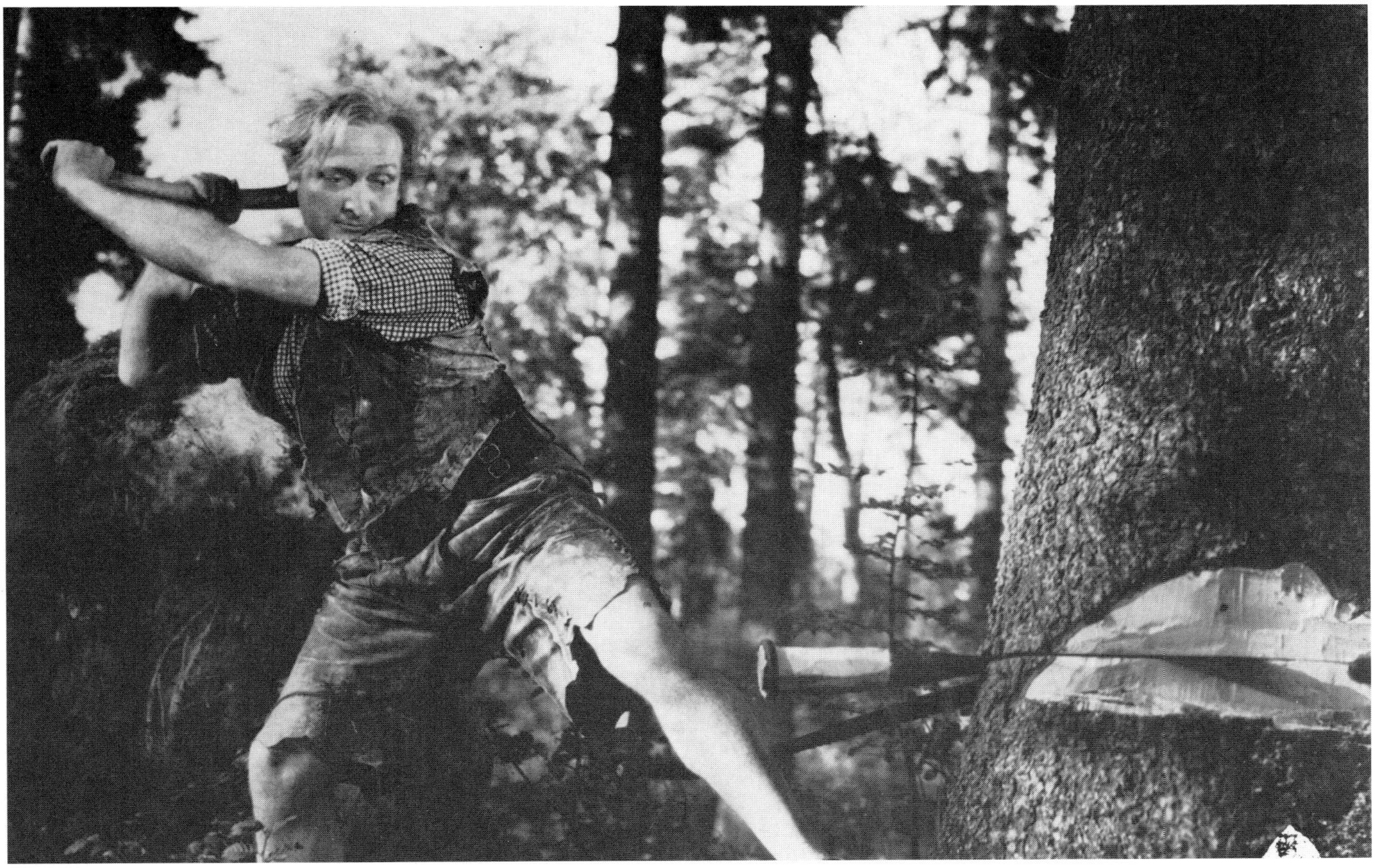

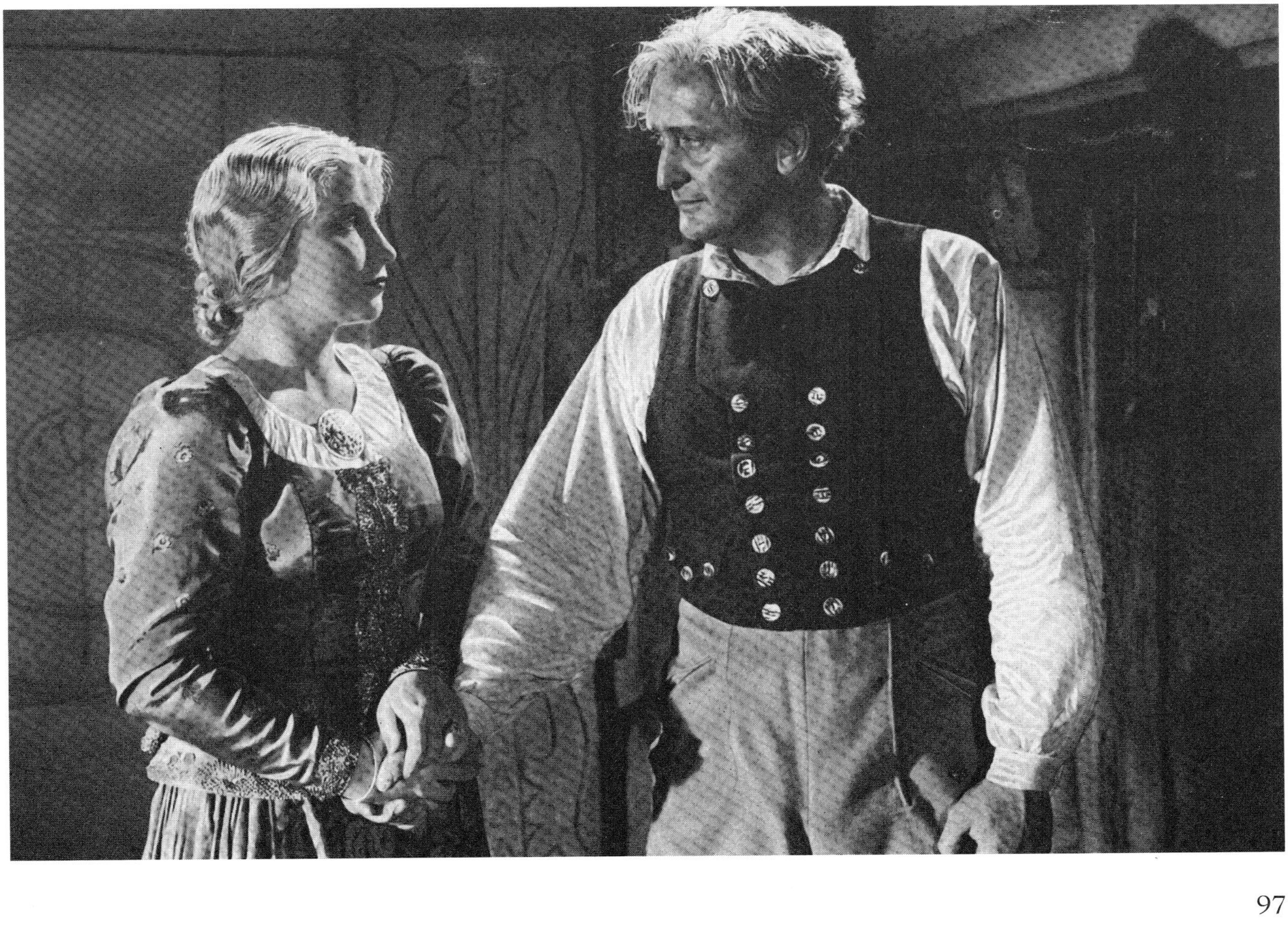

stellte, war Albers natürlich restlos glücklich. Sogar die vorher skeptische Kritik bescheinigte ihm ja auch eine großartige Leistung.«

Wenn die Frage nach »Albers und dem Cognac« gestellt wird, lächelt Artur Brauner: »Freilich, er hat getrunken, das gehörte ja wohl zu ihm. Auch bei den Dreharbeiten. Aber er ließ es vielleicht gemächlicher angehen als sonst. Zumindest hatten wir keine Probleme mit ihm, wir haben dadurch nicht eine einzige Stunde verloren. Albers hatte eine Disziplin im Leibe, wie ich sie mir als Produzent von manchen jungen Schauspielern wünschen möchte. Immerhin war er ja schon über sechzig und ein anerkannt großer Filmstar!«

Ein Star allerdings ohne die oft üblichen unangenehmen Allüren, wie von vielen Seiten bestätigt wird. Von Kollegen, die mit ihm gearbeitet haben, von Mitarbeitern und Freunden. Auch Brauner kann nur feststellen: »Ich kann mich kaum erinnern, in einer solchen Harmonie mit einem anderen großen Schauspieler zusammengearbeitet zu haben. Es gab weder Diskussionen um Geld noch um Mitbestimmung bei der Besetzung. Er verließ sich total auf uns.«

Nun hatte Brauner für den Hauptmann-Film allerdings etliche Schauspieler aufgeboten, die auf der Bühne schon mit Klassikern und auch mit Hauptmann reüssiert hatten. »Aber Albers war der Filmerfahrenste. Und dadurch leistete man sich sozusagen gegenseitig Hilfe. Jedenfalls war das Verhältnis unter den Kollegen glänzend. Hans hatte ja auch viel Herz, er betrachtete alle Menschen als Freunde. Er war eben ein hundertprozentiger Volksschauspieler, aber – er wurde auch mit dieser klassischen Rolle hervorragend fertig.«

Glänzend war Albers als Geheimrat Clausen in *Vor Sonnenuntergang* – und wurde dafür von der Kritik hoch gelobt. Als einer seiner Partner agierte Martin Held, der den Kollegen bis heute in guter Erinnerung hat.

Brauner machte dann noch weitere Filme mit Albers, neben dem bereits erwähnten *Der Mann im Strom* nach Siegfried Lenz auch den letzten: *Kein Engel ist so rein*. Brauner: »Da war er so richtig in seinem Element, obschon nicht mehr auf der Höhe seiner körperlichen Kräfte. Er ist ja auch schon wenige Monate nach der Uraufführung gestorben. Mit ihm hat der deutsche Film damals einen seiner besten Darsteller verloren.«

Der Produzent sagt das mit sichtlicher Bewegung, denn er hat zu Albers auch ein sehr gutes privates Verhältnis gehabt. »Er war oft bei uns eingeladen. Meine ganze Familie hat ihn sehr geschätzt, besonders, weil er sich während der Nazizeit äußerst anständig verhalten hat. Seine politischen Ansichten waren von großer Toleranz geprägt, und seine menschliche Größe und Standhaftigkeit hat er ja den braunen Machthabern gegenüber nachdrücklich bewiesen.«

Filmproduzenten finden und fanden oft weniger freundliche Worte für berühmte Stars. Sie lassen und ließen sich ja auch nicht gern von Schauspielern und Regisseuren auf der Nase herumtanzen, das besorgen sie umgekehrt lieber selbst.

Es mag zwar sein, daß sich das Bild eines Mannes, der ihnen stets geholfen hat, die Kassen zu füllen, aus ihrer Sicht im nachhinein ein wenig verklärt, aber eins ist gewiß: Die guten Seiten des Menschen Hans Albers waren so stark, daß auch die Finanzgewaltigen des Films sich nach mehr als zwanzig Jahren noch beeindruckt zeigen.

Folgende Seiten: Hans Albers als Taucher Hinrich in *Der Mann im Strom* nach einem Roman von Siegfried Lenz und – noch einmal – als Geheimrat Clausen in *Vor Sonnenuntergang*.

Die eindrucksvolle Sterbeszene des Films. Neben Albers spielten auch Annemarie Düringer und Hans Nielsen in dem Filmdrama nach Hauptmann.

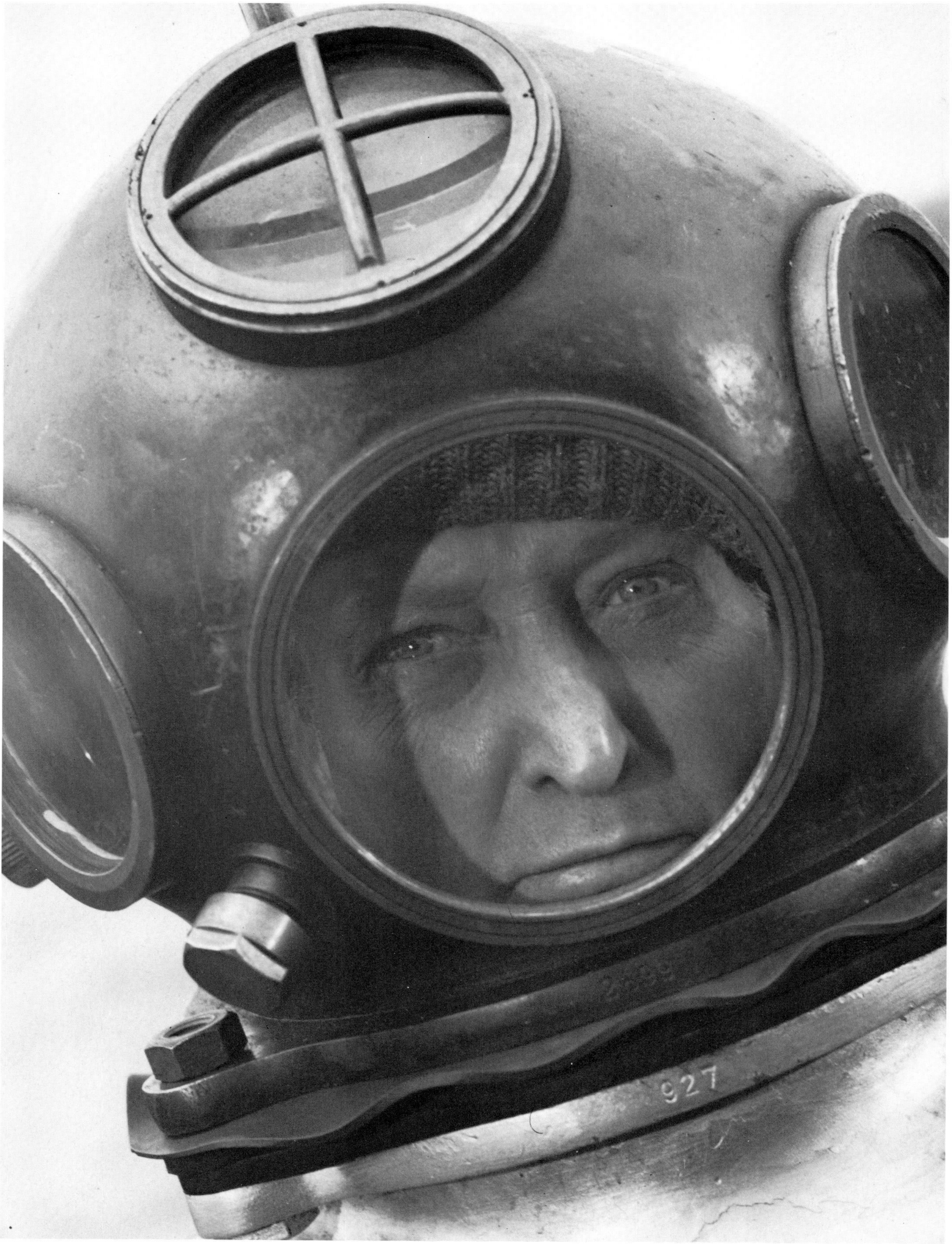
927

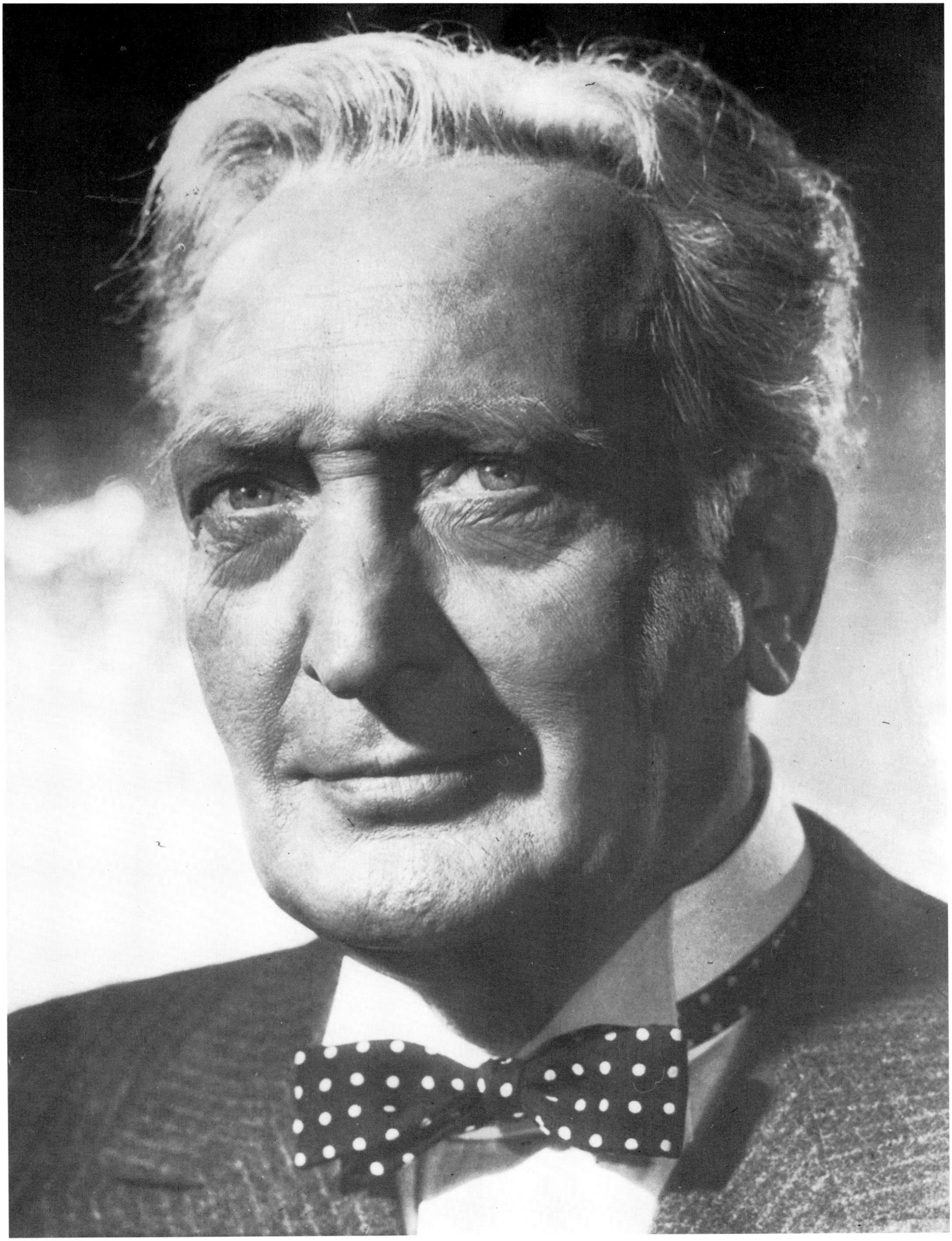

Alfred Kerr war der Papst der Berliner Theaterkritik. Mancher Schauspieler machte mit seiner Hilfe große Karriere. Über Hans Albers hat er sich zwar positiv geäußert, doch der hat seinen Weg ohne ihn gemacht.

Kritiker

Die Kritik springt mit Schauspielern gern recht unsanft um. Das ist seit Jahrzehnten so. Die gute alte Zeit eines Theodor Fontane, der selbst noch für mäßige Leistungen Erklärungen suchte und sogar für Indispositionen und Fehlbesetzungen Verständnis zeigte, ist Geschichte. Spätestens, seit Alfred Kerr wegen seines scharfen, unerbittlichen Urteils und seiner – heute legendären – Formulierungskunst zum Papst der Theaterkritik in der Metropole Berlin aufgestiegen war. Kerr und seine Zeitgenossen vermochten Karrieren von Schauspielern zu fördern und zu beschleunigen, sie konnten aber auch das Gegenteil bewirken. Mancher Schauspieler-Traum von Glanz und Ruhm fand ein Ende in den Spalten der Berliner Zeitungen.

Es versteht sich, daß sich in dieser Theaterstadt Berlin auch die Crème de la crème der Rezensenten versammelt hatte, und viele Schauspieler und Regisseure warteten selbst bei größten Premierenerfolgen erst auf die Kritiken, atmeten dann entweder tief durch oder ertränkten ihren Kummer in Alkohol. Auch die erste Garde mußte sich von Kerr und Kollegen oft Unangenehmes sagen lassen, bei weitem nicht alle waren so selbstsicher, daß sie einen Verriß wegstecken konnten, ohne Wirkung zu zeigen.

Freilich beschäftigte sich die Kritik in den zwanziger Jahren vorwiegend mit den künstlerischen Leistungen auf den *Bühnen* Berlins, dem stummen Film schenkte man weniger Beachtung. Mit Ausnahmen allerdings, denn die Filmarbeit eines Fritz Lang, eines F. W. Murnau, eines G. W. Pabst wurde schon ausführlicher Besprechung würdig gehalten. Hier und da stilisierte man den Stummfilm sogar zur neuen Kunstform hoch, und als der Tonfilm kam, waren es gerade die Kritiker, die vor der tönenden Leinwand warnten und schon den Abgesang auf die eben geborene Kunstform anstimmten.

Hans Albers hat sich im Gegensatz zu vielen berühmten Kollegen nicht oft über seine Kritiker grämen müssen. Sein reichhaltiges leichtes Bühnenrepertoire der zwanziger Jahre schien den großen Rezensenten kaum des Nachdenkens wert, seine spektakulären Revue-Auftritte und seine artistischen Einlagen reizten zu anerkennenden Worten über einen attraktiven Schauspieler der leichten Muse, dem die ernst zu nehmenden Bühnen der Stadt ohnehin versperrt bleiben würden.

Die Legende will allerdings wissen, daß gerade ein Kritiker Albers zu seinem Durchbruch als Bühnenschauspieler verholfen hat. Auf dem Umweg über eine Ohrfeige, die der blonde Hamburger ihm im Sportpalast verabreichte. Jener Kritiker hat nach dieser Auseinandersetzung angeblich die gerade laufende Albers-Revue besucht, um sich für den Schlag ins Gesicht schriftlich zu rächen. Dann aber, so erzählt man, war dieser Mann so begeistert, daß er eine Hymne über Albers schrieb und ihn Heinz Hilpert anläßlich eines Essens empfahl.

Hilpert hatte damals seine Sorgen am Deutschen Theater. Er probierte »Die Verbrecher« von Ferdinand Bruckner. Die wichtige Rolle des Kellners Tunichtgut sollte Oskar Homolka spielen, aber der kam mit dem Regisseur nicht klar und war zwei Wochen vor der Premiere ausgestiegen. Hilpert wagte das Experiment, Hans schlug ein Angebot des Zirkus Sarrasani mit einer Abendgage von 500 Mark aus und tat den Sprung auf die berühmte Reinhardt-Bühne. Die Rolle des charmanten, aber skrupellosen Hallodris, dem die Herzen der Damen jedweder Provenienz ebenso zuflogen wie deren gefüllte Geldbörsen, gefiel ihm, und er war selbstbewußt genug, sich neben Künstlern wie Lucie Höflich und Gustaf Gründgens behaupten zu wollen.

Die Kritik erfuhr von Hilperts Wagemut – und prophezeite den Untergang der Inszenierung. Doch am Abend der Premiere saßen die Herren stumm vor Staunen im Parkett, denn auf der Bühne bahnte sich eine Sensation an. Das Publikum feierte Hans Albers und seine Partner mit stehenden Ovationen. Herbert Ihering, ebenfalls einer, dessen Wort viel galt, faßte sein Urteil über die Darstellung knapp zusammen:

»Bruckner ist ein festes, zugreifendes Talent. Das bleibt viel. Aber er hat weder seinen Ton gefunden noch typische Vorgänge gestaltet. Er gibt packende Bühnenauftritte, geschickte Szenen, aber keine beweiskräftigen Fälle. Das aber *ist* ein Kriterium, weil er selbst den Beweis führen will.
Im Deutschen Theater führte den Beweis die Schauspielkunst. Lucie Höflich als Ernestine Puschek – man muß Jahre zurückgehen, um sich an ähnliches zu erinnern ... Neben ihr Hans Albers als Kellner, gebändigt und ins Ensemble gefügt, mit ausgezeichneten, treffenden Zügen. Ein Erfolg.«
Und noch dreißig Jahre später schreibt Alfred Mühr in seinen »Begegnungen mit Gustaf Gründgens«: »Hans Albers und Gustaf Gründgens hieß das neue Spitzenpaar der Berliner Schauspielkunst – . . . . Nun standen die beiden im Charakter und in der Begabung so unterschiedlichen Schauspieler nebeneinander auf der Bühne. Ihre Darstellung und die gesamte Inszenierung von Bruckners ›Verbrechern‹ machten das Stück zum Saisonschlager.«
Das geschah im Oktober 1928. Die Berliner Theaterwelt sprach nun von dem großen Schauspieler Hans Albers. Und nur knapp ein halbes Jahr später folgte die zweite beachtete Premiere des Hamburgers. Erwin Piscator setzte das amerikanische Kriegsstück »What Price Glory?« (Was kostet der Ruhm?) von Maxwell Anderson und Laurence Stallings in der deutschen Bearbeitung von Carl Zuckmayer szenisch um. Der deutsche Titel hieß – ebenso wie der nach dem Stück gedrehte Hollywoodfilm – »Rivalen«, sie wurden, wie gesagt, gespielt von Fritz Kortner (Captain Flagg), der sich ja auch darüber geäußert hat, und Hans Albers (Erster Sergeant Quirt). Und Herbert Ihering schreibt über die beiden:

»Sergeant Quirt, der Mädchenjäger, der Mädchenfänger ist im Stück dankbarer als im Film. Hans Albers läßt sich keine Wirkung entgehen. Mit kaltschnäuziger Sicherheit legte er den Kerl hin, dabei diszipliniert, ohne Mätzchen, ohne Einlagen. Ein Blick, und er hat das Publikum, ein Ton, und er hat das Parkett. Unbedenklichkeit bleibt für Stücke dieser Gattung Voraussetzung. Kortner ist dafür zu problematisch. Er muß sich zum Captain Flagg zwingen, zum Humor wie zum soldatischen Entschluß. Er faßt weder physiognomisch noch tonlich die Gestalt ... an solche Rolle kann man sich nicht mit künstlerischer Überlegung heranpirschen. Dafür muß man dasein.«
Und nicht einmal Alfred Kerr geht an der herausragenden Leistung eines Hans Albers vorbei: ». . . Kortner (während Albers wundervoll in einer erdigen Art von Landsmannschaft ist, heimatfest in ruchiger Sprache) – Kortner: allgemeingültig für Kraft und Gehaltenheit in der Welt.
Für gesammelte Wucht ... heute wohl unvergleichbar.«
Als Hans Albers seine dritte große Glanzrolle, den Liliom – seine größte überhaupt –, erarbeitet, ist er schon ein Tonfilmstar. Seit er Weihnachten 1929 zum erstenmal von der Leinwand herabsprach, gehörte ihm auch das Berliner *Film*publikum. Und jetzt versagten ihm die Kritiker die Anerkennung nicht, selbst wenn er Filme drehte, die von Sujet und Gehalt her nicht unbedingt ihre Zustimmung fanden. Albers machte Unterhaltung, und da war er unschlagbar.
Und dann kam also »Liliom«. Max Pallenberg hatte diese Rolle in Franz Molnárs Schausteller-Stück gespielt, ein Sensationserfolg überall in der Alten Welt. Und ihn wollte der Autor auch in Berlin, nicht Albers. Aber die Volksbühne am Bülow-Platz und Regisseur Karlheinz Martin setzten den Hamburger durch. Ebenfalls ein Riesentreffer. Nur Julius Bab macht in seinem Buch »Kränze dem Mimen« Einschränkungen: ». . . Als Pallenberg Molnárs Liliom spielte, den Strolch, der durch Selbstmord endet, statt sich gefangen zu geben, und der

Herbert Ihering, ebenfalls ein berühmter Kritiker jener Jahrzehnte, hatte Hans Albers offensichtlich in sein Herz geschlossen. Er schrieb Hymnen über die Bühnenerfolge des Hamburgers in Berlin.

selbst im Himmel sein trotziges Selbstgefühl behauptet, da schien er mir unendlich viel menschlicher als der schöne Hans Albers, der als prahlerischer Charmeur nachher einen so unendlichen Erfolg mit der Rolle hatte – bei den Frauen, die der bestrickte, und bei den Männern, die gern ebenso bestrickend gewesen wären! Aber er war dabei keineswegs der halbtragische Mensch, der Pallenberg gewesen war.«

Franz Molnár aber erschien, wie bereits erwähnt, nach der Premiere in Albers' Garderobe und entschuldigte sich. Erst jetzt sehe er seinen Liliom richtig, Albers habe ihm sein eigenes Stück gezeigt, wie es wirklich sei. Und er bot dem Schauspieler seine Freundschaft an, was den burschikosen Hans zu Tränen gerührt haben soll.

Dem Schöpfer der attraktiven Figur des Jahrmarktschreiers schloß sich auch die Berliner Kritik an. Vor allem Herbert Ihering, der Albers offenbar in sein Herz geschlossen hatte: »Hans Albers schlug durch vom Parkett bis zur äußersten Galerie. Worin beruht die Wirkung von Hans Albers? Nur in seiner vitalen Natur? Ist er ein Ideal, ein neuer Typ? Das Publikum wird widerstandsunfähig, wenn es ihn sieht. Weil er das Gefühl packt? Weil er mit der Berliner Schnauze wirkt? Weil er sentimental, weil er keß ist? Die Wirkung von Hans Albers ist aus allen Teilen gemischt. Er könnte ebenso aus einem Groschenroman wie aus einem Roman von Döblin stammen. Aus dem Groschenroman ist das treue Auge, das er ins Parkett wirft, und das breite Lachen, mit dem er sich verbeugt. Aus einer Dichtung von Döblin könnten diese greifenden Gesten, diese ausladenden Gebärden, diese Phantastik seiner Bewegungen sein. Hans Albers: ebenso von Vicky Baum wie von Bert Brecht. Hans Albers: ebenso ein männlicher Henny Porten wie ein Mackie Messer. Ebenso der ewige Komödiant wie ein moderner Schauspieler. In seinen glücklichsten Momenten (auch in ›Liliom‹) wendet er sich an alle, an das breiteste Publikum, an die verwöhnten Literaten. Das ist das Geheimnis seines Erfolges.«

»Liliom« sollte Albers' Lebensrolle werden. Er wurde darin in ganz Deutschland gefeiert. Vorher machte er jedoch noch einen Theaterausflug nach Wien, wo er 1930 unter der Regie von Max Reinhardt neben Paula Wessely, Attila Hörbiger, Hans Moser, Gustav Waldau, Hans und Hugo Thimig im Theater an der Josefstadt in George Bernard Shaws »Der Kaiser von Amerika« spielte. Felix Salten, ein berühmter Wiener Schriftsteller und Kritiker, schrieb damals: »Das erste Auftreten von Albers ist für Wien geradezu ein Ereignis. Albers kommt von Berliner Revuebühnen, von den Niederungen der kleinen Operette. Er hat dann in ›Verbrecher‹ am Berliner Deutschen Theater und später in ›Rivalen‹ die Bewunderung des Publikums errungen. Hier ist er der proletarische Handelsminister, und man muß feststellen, daß er zu den ganz seltenen großen Naturen gehört, die das deutsche Schauspiel kennt. Sieghaft, hinreißend leuchtet dieser Mensch von innerer, mutwilliger Freude, scheint zu jeglicher Tollheit bereit, scheint zu allem fähig, was fröhlich, überschäumend und dabei leise selbstparodistisch ist. Er zwingt die Zuschauer im ersten Ansturm, ihn zu lieben, zwingt sie, ihn liebzubehalten; ist so einprägsam, daß man sich seiner wie einer köstlichen Erfrischung erinnert, verbindet persönliches Echtsein mit so viel Schauspielkunst, daß man erhoben und erschüttert wird. Seit Friedrich Mitterwurzer haben zwei so flammend blaue Augen wie die von Albers nicht auf den Brettern gestrahlt, hat solch eine herrliche Lust am Spielen nicht auf der Szene gejauchzt.«

Nach »Liliom« widmete sich Hans Albers wieder verstärkt dem Film, und als nach 1933 von den ungeliebten Nazis auch noch seine geliebten Autoren verboten wurden, entschied er sich endgültig und ausschließlich für die tönende Leinwand. Auch wenn manche Filme unter seinem komödiantischen Niveau lagen, er war immer der Sieger, ob in *F.P.1 antwortet nicht*, in *Sergeant Berry* oder in *Münchhausen*. Von der Kritik – soweit man überhaupt von Kritik im

Rechte Seite: Der Film *Blaubart*, in dem Albers die Titelrolle spielte, kam bei der Kritik nur mäßig, beim Publikum dagegen etwas besser an.

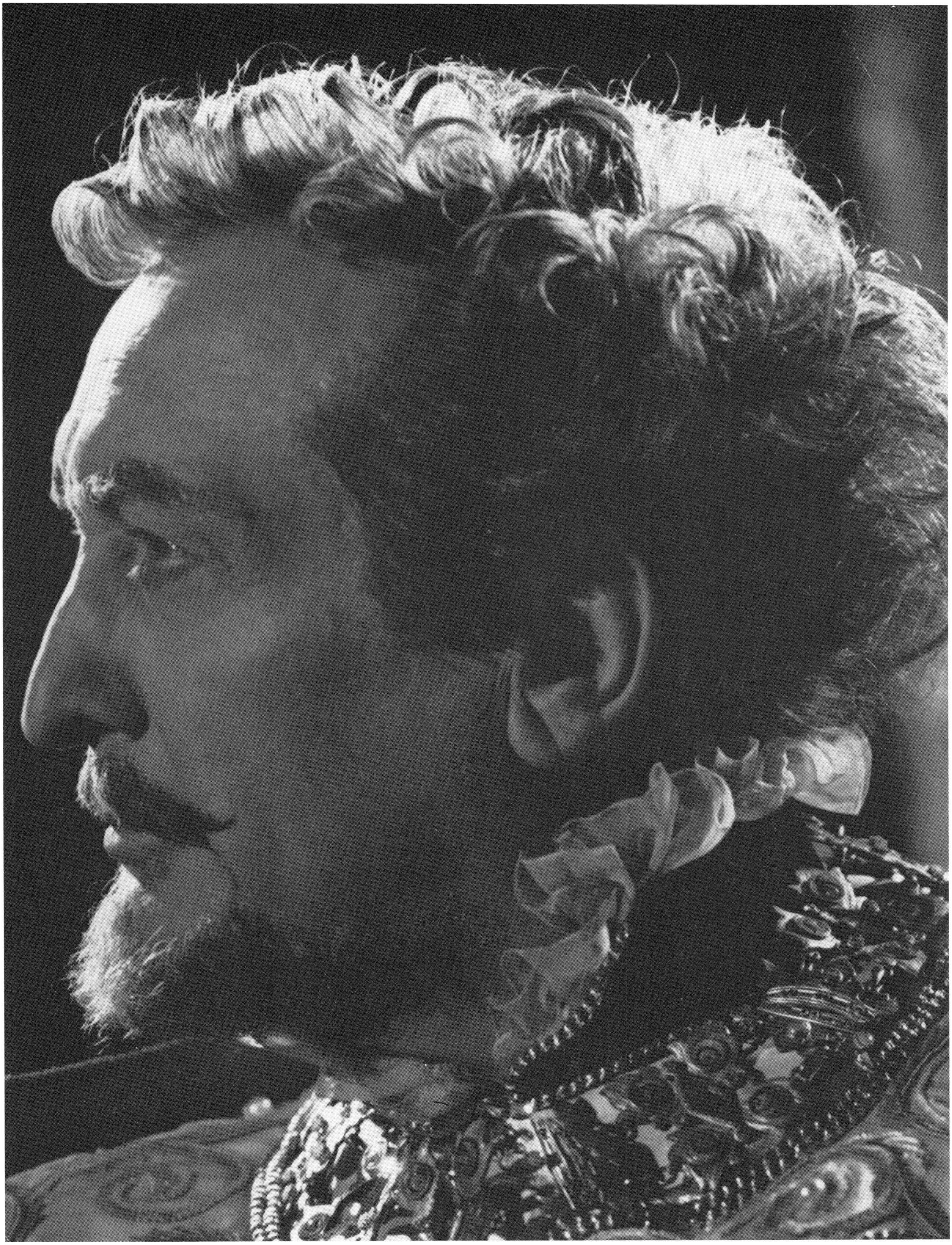

Rechte Seite: Nach dem Zweiten Weltkrieg versuchte Albers sich zuerst im Charakterfach. *Und über uns der Himmel* (oben) und *Föhn* mit Adrian Hoven und Lilo Pulver (unten) waren allerdings keine großen Publikumserfolge.

Dritten Reich sprechen kann, die Gleichschaltung machte auch vor den berühmten Rezensenten nicht halt – wurde er regelrecht verwöhnt, und er war einer derjenigen, die das auch verdienten. Das breite Publikum hatte er ohnehin.

Erst nach dem Zweiten Weltkrieg stand er wieder auf der Bühne, und wieder war er Liliom in Berlin. Karlheinz Martin hatte den nun 54jährigen, der am Starnberger See auf den neuen Anfang wartete, ja wieder gerufen. Im April 1946 schrieb Friedrich Luft – heute der Altmeister der Theaterkritik:

»Seit zwölf Jahren hat Hans Albers nicht mehr auf der Bühne gestanden. Wenn er jetzt wieder auf die Bühne springt, elastisch, breit, muskelbepackt, ungebrochen wie je – ich kann nicht umhin, schon aus diesem Grund erst einmal in die Hände zu klatschen, zu einem Auftrittsapplaus, der im Hebbeltheater auch sofort und warm aufrauschte, kaum, daß sein Jungengesicht mit der verwegenen hakigen Nase erschien. Als er wieder dastand, den grauen Börsenhut in den Nacken geschoben. Den weiß-rot gestreiften Sweater am Leibe. In der Hand das Megaphon, so stand er auf dem Podest vor der großen Schaukel des Rummelplatzes. Allerlei amüsierfreudiges Volk vor ihm, puppenhaft erstarrt erst noch, solange Hanne sang, der Anreißer für die Riesenschaukel. Er sang es wieder, das Lied, das uns so oft von den Schallplatten gekommen ist in den vergangenen Jahren, das Lied, das er im gleichen Stück unzählige Male gesungen hatte. Er sang es wieder: ›Komm auf die Schaukel, Luise...‹ Hans Albers war wieder da. Sofort, mit ganzer Stärke und Intensität. Er griff ins Publikum. Und mit dem ersten Griff hatte er uns.«

Leonard Steckel, 1931 Partner von Albers in der ersten »Liliom«-Inszenierung, war nach dem Krieg ein angesehener Regisseur. Und er inszenierte »Liliom« für eine Tournee durch das westliche Deutschland, durch Österreich und die Schweiz. Überall hatte Hanne einen Erfolg, wie er nur ganz wenigen Schauspielern beschieden ist.

Dann drehte der Hamburger auch seine ersten Nachkriegsfilme, und die Kritik begrüßte sein Erscheinen auf der Leinwand mit Enthusiasmus. Sie erkannte seine Leistung an, bewunderte seine Ausstrahlung, und das, obwohl sie manchen Film gar nicht gut fand. Albers aber ragte immer heraus. Die Kritiker honorierten sogar, daß der älter gewordene Albers ins Charakterfach umzusteigen bemüht war, doch Hans selbst und seine Berater wollten wohl wieder den großen Publikumserfolg, und der stellte sich erst später ein.

Anfang 1950 meldete sich nämlich erneut das Theater, diesmal aus München. In den Kammerspielen sollte Albers den Mackie Messer in Brechts »Dreigroschenoper« spielen, die ja nun wieder erlaubt war. Trotz aller Zuneigung für den Schauspieler zeigte sich die Kritik, wie gesagt, skeptisch. Man sah die großen Vorbilder: Harald Paulsen in der Uraufführung und Rudolf Forster im Film. Und dann: Albers und Brecht, das paßte doch nicht zusammen. Es wurde dann ja auch ganz seltsam, und am ehesten hat wohl Walter Kiaulehn erfaßt, wie das Fernduell zwischen Autor und Darsteller ausgegangen ist:

»... Die einzige Erschütterung des Abends geht von Hans Albers aus. Es ist eine Erschütterung des Herzens ... Der menschliche Triumph, den Albers am Ende des Abends davonträgt, ist, so grotesk es sich anhört, gegen Bert Brecht errungen. Man kennt den Sieg, den Albers über Molnár davongetragen hat; der Liliom hat heute nichts mehr von seinen alten geographischen Kennzeichen, er spielt in der Nähe der Reeperbahn, basta. Hans Albers ist ein Volksheld, Mackie Messer ist eine Schlange. Das Zusammentreffen zwischen Brecht und Albers mußte zu einem Duell werden. Wird Albers Brecht fressen oder umgekehrt? Man sieht, selten war ein Theaterabend so schwierig und aufregend wie dieser. Siegt Hans Albers, dann ist das Theater um ein Repertoirestück reicher, aber dieses Stück hat dann mit der Dreigroschenoper nur noch soviel zu tun wie die alte englische Vorlage mit dem Stück von Brecht. In ihrer inneren Span-

Folgende Doppelseite: Hoch gelobt und viel besucht wurde dann der Erich-Pommer-Film *Nachts auf den Straßen*. Hanne als Fernfahrer hatte einen ebensolchen Erfolg wie Hildegard Knef und Marius Goring.

107

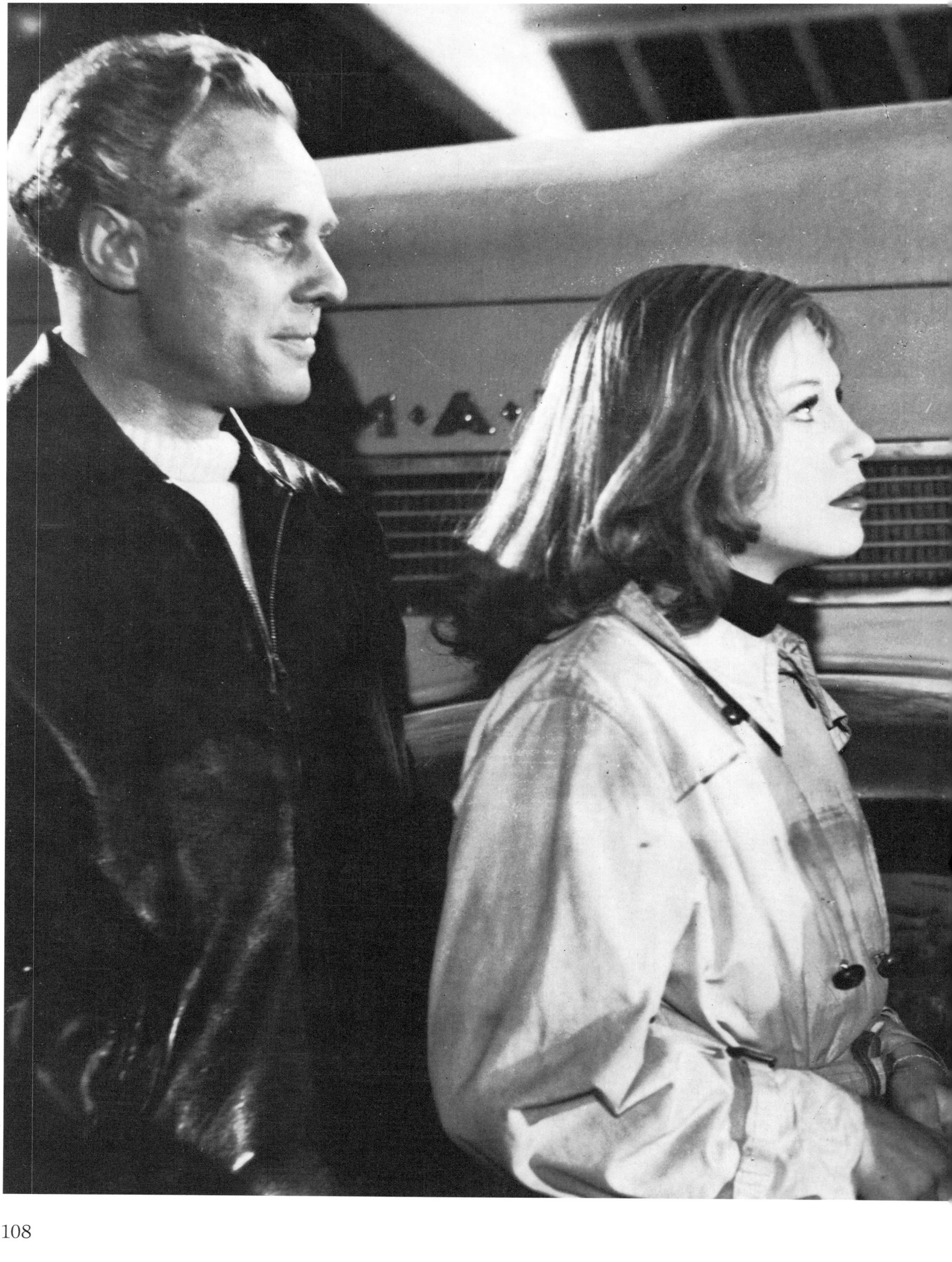

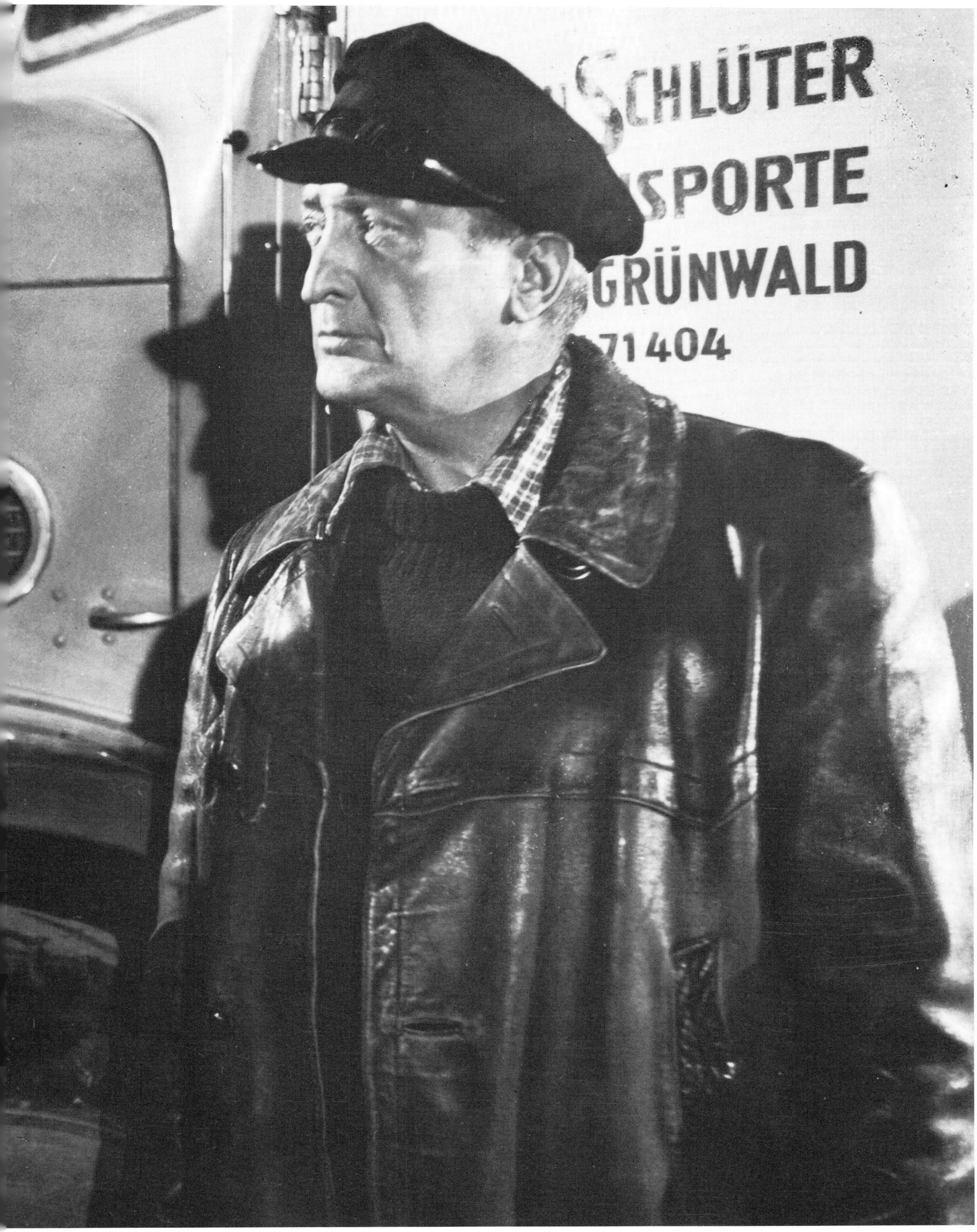
SCHLÜTER
SPORTE
GRÜNWALD
71404

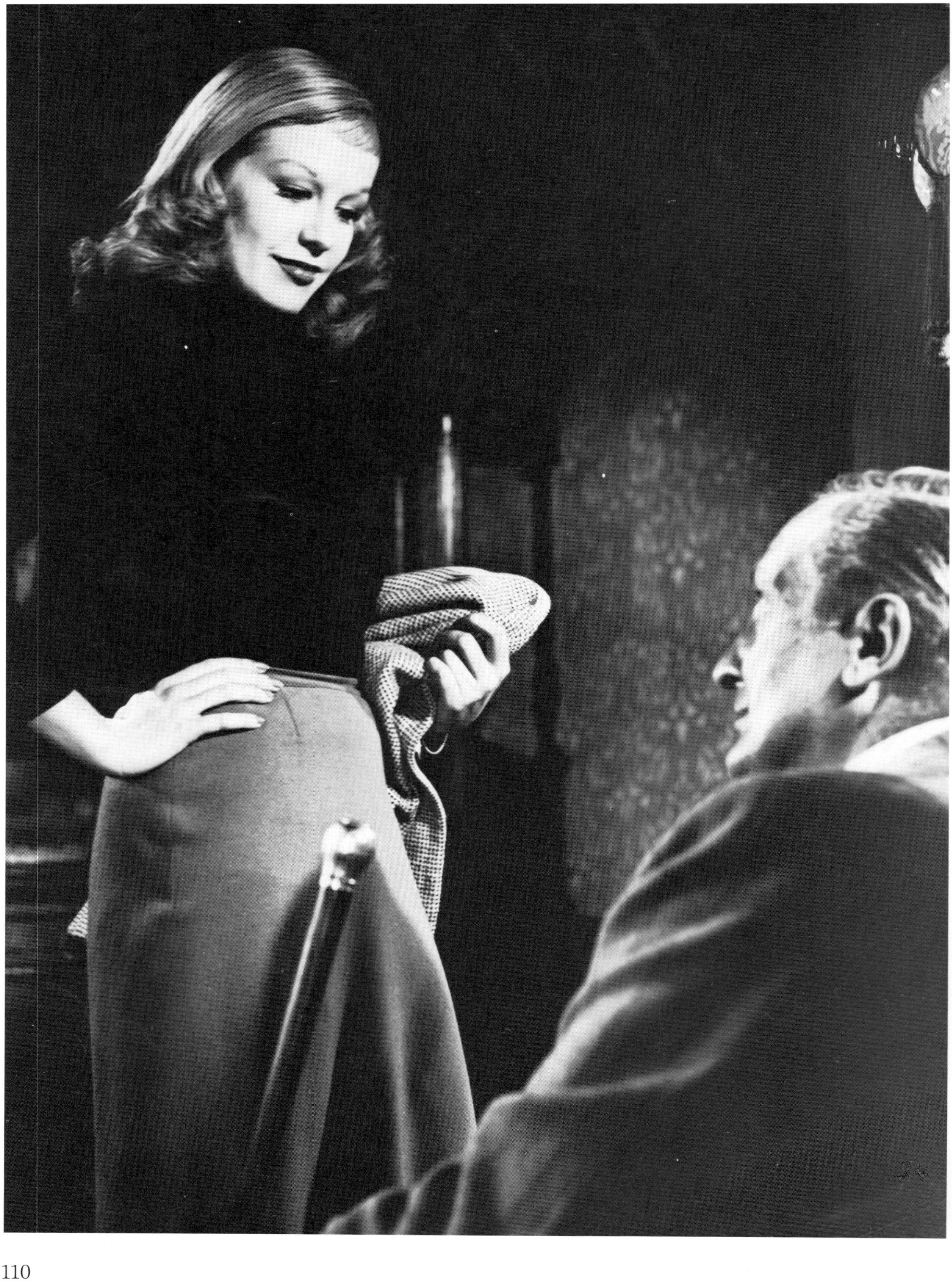

nung glich die Premiere einem Boxkampf. Die ersten Runden gingen haushoch an Brecht. Das Publikum war verblüfft, ein sachverständiges, großes Premierenpublikum wie lange nicht; die Majorität hätte die Oper mitsingen können. Was war denn mit Hans Albers los?

Er kam über das Eisengerüst vor der großen Orgel zu gemütlich nach vorn, als schlendere er über den Jungfernstieg. In blauem Frack, grauem Zylinder, weißen Handschuhen und Plastron wirkte er seriös wie ein arrivierter Sergeant Berry, der inzwischen Polizeipräsident im Ruhestand ist, ein gutmütiger, feiner Kerl. Und ebenso war seine Polly (Maria Nicklisch) hold und süß, wie es noch nie eine gegeben hat. Das konnte nichts weiter werden als ein Achtungserfolg, so meinte jeder, aber zum Schluß jubelte das Haus Hans Albers zu, nicht, weil er der berühmte Hans Albers ist, sondern weil er zu überwältigender Form aufgelaufen war. Alle anderen Mackies hätten ihn im ersten Teil geschlagen, aber die Szene in der Todeszelle und die Ansprache unter dem Galgen – ›Mackie verzeiht allen und bittet um Verzeihung‹ – sind mit so überwältigender Menschlichkeit noch von keinem Schauspieler gezeigt worden ...«

Unvergeßlich, wie er auf der Treppe zum Galgen steht. Die Henker in Regenmänteln, die Trauernden unter Regenschirmen. Mackie reckt das blonde Haupt in den Himmel, und seine blauen Augen suchen nach einem letzten Fünkchen Licht und Wärme. So stark war die Gewalt dieser Szene, daß ich manchen sah, der seine Augen von der Bühne abwenden mußte. Vorläufig ist das Treffen Brecht–Albers unentschieden ausgegangen. Entweder frißt Albers den Dichter doch noch, d. h., er modelt sich die Szenen, die seiner Auffassung noch entgegenstehen, um, oder Brecht entzieht ihm das Stück – oder, was der beste Fall wäre, er entschließt sich, nachdem er Albers einmal gesehen haben wird, jene Szenen neu zu schreiben, die es Albers ermöglichen würden, schon im ersten Teil so gut zu sein, wie er und überhaupt die Dreigroschenoper sein könnte.«

Wohl selten ist einem Dramatiker von der Bedeutung eines Bert Brecht von einem renommierten Kritiker empfohlen worden, ein Stück so umzuschreiben, daß es auf einen bestimmten Schauspieler zugeschnitten ist wie ein Maßanzug. Bestimmt sind die Sätze von Kiaulehn auch nicht ohne Widerspruch geblieben, immerhin aber bekunden Premierenzeugen von damals, Albers sei sehr eindrucksvoll gewesen, obschon er kaum Brecht gespielt habe.

Sieht man einmal von der Rolle des alten Knie in der Musicalfassung von Carl Zuckmayers »Katharina Knie« 1960 in Wien ab – dieser letzten Rolle seines Lebens –, dann beendete Hans Albers bereits Anfang der fünfziger Jahre als Mackie Messer seine Bühnenlaufbahn. Der Film ergriff erneut Besitz von ihm und ließ ihm keine Zeit, die zahlreichen Angebote von Deutschlands Theatern zu akzeptieren. Im Film spielt neben dem oft erstrebten und ganz selten erreichten Kunstanspruch auch das Geschäft eine Rolle. In seinen Filmen war Hans Albers also immer der Held, der sieghafte oder der tragische, der die Kinokassen klingeln ließ. Aber nicht allein das Publikum schätzte nach wie vor seine brillanten Auftritte. Auch die Kritik war überwiegend auf seiner Seite; daß er als Geheimrat Clausen die meisten Rezensenten überzeugt hat, ist bereits bekannt. Noch einmal Friedrich Luft:

»Den Geheimrat Clausen spielte Hans Albers, dem sich mit dieser großartigen Leistung ein ganz neues Rollenfach erschließt ... Er steigt kräftig und mit einer tragischen Sicherheit in das monströse Schicksal ein, daß man – zumal in den letzten Partien des Films – alle Bedenken, die man mitgebracht hatte, freudig wegwirft.«

Einer der profiliertesten Filmkritiker der ersten Nachkriegsjahrzehnte war Gunter Groll, dessen Rezensionen in der »Süddeutschen Zeitung« reinsten Lesegenuß bedeuteten. Er stufte den Film dort ein, wo er hingehört, in den Unterhaltungsbereich mit all seinem möglichen Niveaugefälle. Eine seiner schön-

Die Knef in der Rolle der Verführerin, die den biederen Fernfahrer Schlüter *Nachts auf den Straßen* fast vom Pfad der Tugend abbringt. Die beiden Stars haben sich bestens verstanden, und Hilde war tief beeindruckt von Hannes Arbeitsdisziplin.

Rechte Seite: Auch der dramatische Film *Vom Teufel gejagt* mit Willy Birgel als Partner (oben) war kein nennenswerter Erfolg. Das hatte jedoch wenig mit der künstlerischen Leistung der Schauspieler zu tun. Gut angekommen ist dagegen das Remake vom *Greifer*, in dem Siegfried Lowitz, der damals noch junge »Alte«, neben dem Hamburger spielte (unten).

sten Besprechungen schrieb Groll über den Film *Jonny rettet Nebrador* (1953), in dem Hans Albers wieder mal eine Doppelrolle spielte:

»I.
Dieser Film hat zwei große Rollen. Die eine, einen hartherzigen General, spielt Hans Albers. Die andere, einen warmherzigen Vagabunden, spielt auch Hans Albers. Was außer Hans Albers eine Rolle spielt, spielt weiter keine Rolle.

II.
Sein fröhlicher Weltfahrer, der Titel-Jonny, ist ganz und gar Albers, rauh und saftig, frei und heiter. Ein lächelnder Kraftakt. Sein General, der Doppelrollen-Antipode, ist ebenfalls so ganz und gar Albers, daß er für einen hartherzigen Bösewicht ziemlich warmherzig wirkt und eigentlich mehr wie ein fröhlicher Weltfahrer.

III.
Das ist nun einmal so. Selbst, wenn Albers den Teufel spielte — es wäre, wahrscheinlich, ein Teufel mit goldenem Herzen, der es nicht weiter böse meint (ein Seeteufel). Das ist, wiewohl es nuanciertem Doppelspiel zuwiderläuft, nun freilich auch wieder sehr liebenswert. Und so auch hier.

IV.
Das gerettete Nebrador ist ein wildwestlicher, ein abenteuerlicher Operettenstaat — und beinahe wäre der Film eine prächtige Parodie auf Wildwest-, Operetten- und Abenteuerfilme geworden. Beinahe hätten wir einen Film, in dem Albers sich selbst parodiert. Aber es ist nicht so einfach, den typischen Albers-Film zu parodieren, wenn man gleichzeitig einen typischen Albers-Film machen will.

V.
Man wollte zu viel. Teils wollte man Ensemblespiel, teils Albers-Album. Teils wollte man vitalen, turbulenten Unernst, teils einen leise ernsten, politischen Hintergrund. (Der General kommt ab und zu einher wie eine gemilderte Mischung aus Tito, Göring und Perón.) Teils wollte man freundlichen Spott über den romantisch-exotischen Reißer, teils ebendiesen. Regisseur Rudolf Jugert kann zwar sehr viel, aber nicht alles auf einmal.

VI.
So wurde daraus ein kurioses Potpourri mit manchem zähen Fluß und dann wieder mit Schwung und Witz. Ein kleines Glanzstück: die verhinderte Exekution (mit Fritz Benscher). Reizvoll Margot Hielscher, sympathisch Peter Pasetti, rührend Franz Muxeneder und am lustigsten Rudolf Vogel. Und über allem Albers.

VII.
Albers, Albers überall . . . Wie ungenießbar, selbst bei bester Zubereitung, wären solche reinen Starfilme, wäre Albers, auf seine Weise, nicht ein reiner Genuß. Aber er ist's und bleibt's. Man soll es nur nicht übertreiben — und womöglich im nächsten Film alle Rollen mit Albers besetzen.«

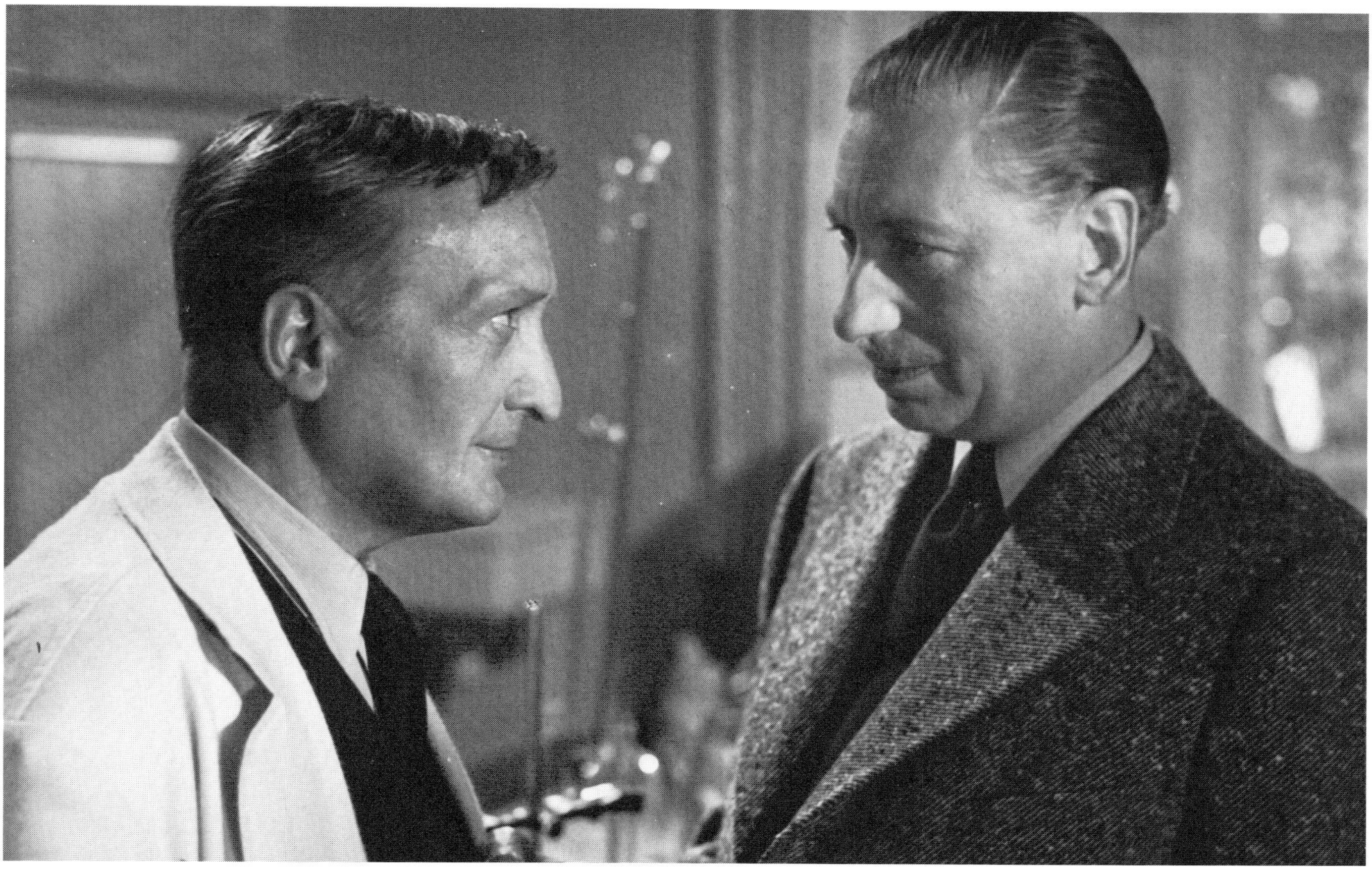

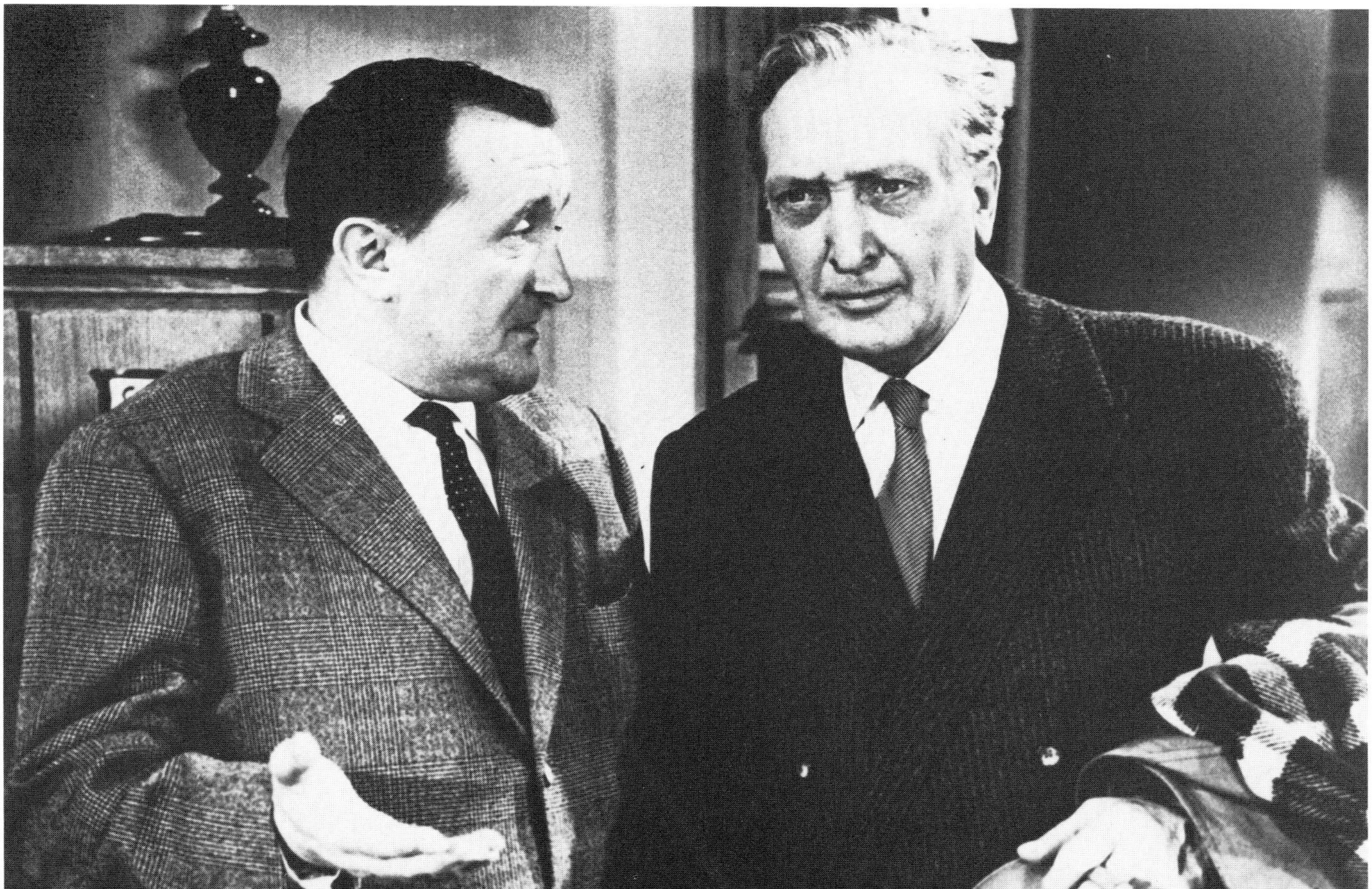

114

Der stimmlose Stimmungssänger

So kennen Film- und Theaterwelt den singenden Schauspieler, das *ist* Hans Albers. Der Skipper von St. Pauli und der Ausrufer Liliom vom Rummelplatz (rechte Seite).

Folgende Doppelseite: »Beim erstenmal, da tut's noch weh.« Hans Albers und Hilde Hildebrand in *Große Freiheit Nr. 7*.

Man kennt seine Stimme, diese aufregende Mischung aus sentimentalem Suffgegröhl und pathetischem Wehmutgewaber. Sie gehört einem Sänger, der recht eigentlich keiner war, obwohl er sich sein Leben lang außer Wein und Weib, versteht sich, auch und gerade dem Gesang verpflichtet fühlte oder zumindest dem, was er dafür hielt. Hans Albers war weder Chanteur noch Chansonnier, weder Schlagersänger noch Song-Performer, kein Belcanto und kein klassischer Buffo. Und doch hat er als strahlender Operettenheld zahllose Vorhänge herausgespielt, hat musikalische Hits gemacht, verstand sich als Revue-Star auf die Kunst der »Verkaufe«. Immer ein Lied auf den schmalen Lippen, war er auf dem Tingeltangel-Podest ebenso zu Hause wie auf der Bühne des deutschen Sprechtheaters; und im Kabarettkeller lernte er von der Pieke auf, wie man in einem Drei-Minuten-Chanson eine ganze Lebensgeschichte erzählt. Auch von der Leinwand dröhnt es musikalisch ins Parkett hinunter: Kaum ein Albers-Film, dessen Soundtrack nicht, ausgekoppelt und als Schallplatte unter die Leute gebracht, eine Marktchance gehabt hätte, und so mancher LP-Paraden-Profi mag heute noch den unvergessenen Altstar um die Vielzahl der schwarzen Scheiben beneiden, deren Etikett seinen Namen trägt.

Da juchzt und johlt es, da trieft und trompetet, da brummelt und bramarbasiert, schnuddelt und schluchzt, stöhnt und jauchzt, koddert und kiekst es in der alten Schellack-Rille — der Laie staunt, der Fachmann wundert sich, und die Albers-Fans wissen: Hoppla, jetzt singt er!

Und wie! Über musikalische Gesetze hat sich diese Stimme schon früh hinweggesetzt; Intonation, Phrasierung und Timing waren immer reine Glückssache — die Trefferquote liegt weit unter dem an Egerländer Bumstrara orientierten Durchschnitt. Aber nicht nur der Sprechgesang dieser herben Heulboje gibt Rätsel unterm Stichwort »Kennen Sie die Melodie?« auf, auch seine Textdichter werden, oft nicht zu ihrem Schaden, um Syntax und Stabreim gebracht, wo der Interpret spontan hinzudichtet und wegläßt, aus Hängern eine Tugend macht und ganze Silben schluckt wie einstmals den Alkohol.

Was man versteht, ist erstaunlich genug. Da singt sich einer, mit Schwung und Schmackes, wie unterm morgendlichen Brausebad, Gemüt-liches von der hanseatischen Seele: »Aaauf deeer Rrrrrreeperbahn nachts um halbeins — tideldideldit —, ob du'n Meechen hast oder hast keins . . .« Da gibt's überraschende improvisierte Intros (»Na, Herr Wirt, denn man noch 'ne letzte lütte Runde Köhm und Bier, und denn wollen wir mal einen singen«) und verblüffende Hinweise am Ende des Refrains (»So, jetzt kommt der zweite Vers«). Von Liebe und Treue tönt es da, von Sehnsucht und Fernweh, von Mädchen im Hafen, in dem Herz wie Schiff vor Anker gehen, und von der Heimat, die »ein Mensch haben muß«, weil er da »zu Haus ist«.

Was bleibt, ist ein Phänomen. Es muß wohl das vielzitierte »gewisse Etwas« mit im Spiel sein, wo nicht der Ton, sondern der Gestus die Musik macht. Wo Herz-Schmerz-Reime serviert werden, als seien sie der Dichtkunst Ultima ratio — hin- und mitreißend. Und das heute noch, nach all den Jahren.

Das junge Talent, das sich bereits zu Kaiser Wilhelms Zeiten zum Theater hingezogen fühlte, hatte manche Bewährungsprobe zu bestehen, ehe es wurde, was es war. Die Liebe zur Klassik blieb fast zwei Jahrzehnte lang unerwidert, weil es an Angeboten fehlte. Hans Albers war unverzagt, auch damals schon. Zu keiner Zeit hatte dieser Mann mit der sonnigen Zuversicht, der jungenhaften Unbekümmertheit und dem unkomplizierten Draufgängertum wohl je auch nur den Hauch eines Identitätsproblems verspürt. Anekdoten berichten von einem Filmstar, der sich vor dem Toilettenspiegel Eigenlob spendete und Komplimente machte, eine erstaunliche Fähigkeit, die sich der Kritiker Friedrich Luft nur so erklären kann, daß »der liebe Gott vergessen hatte, ihm auch nur die Andeutung eines Zweifels an sich selbst, einen Komplex oder eine Hemmung einzubauen«. Der geborene Sieger also. Er lebte diese Rolle, verkör-

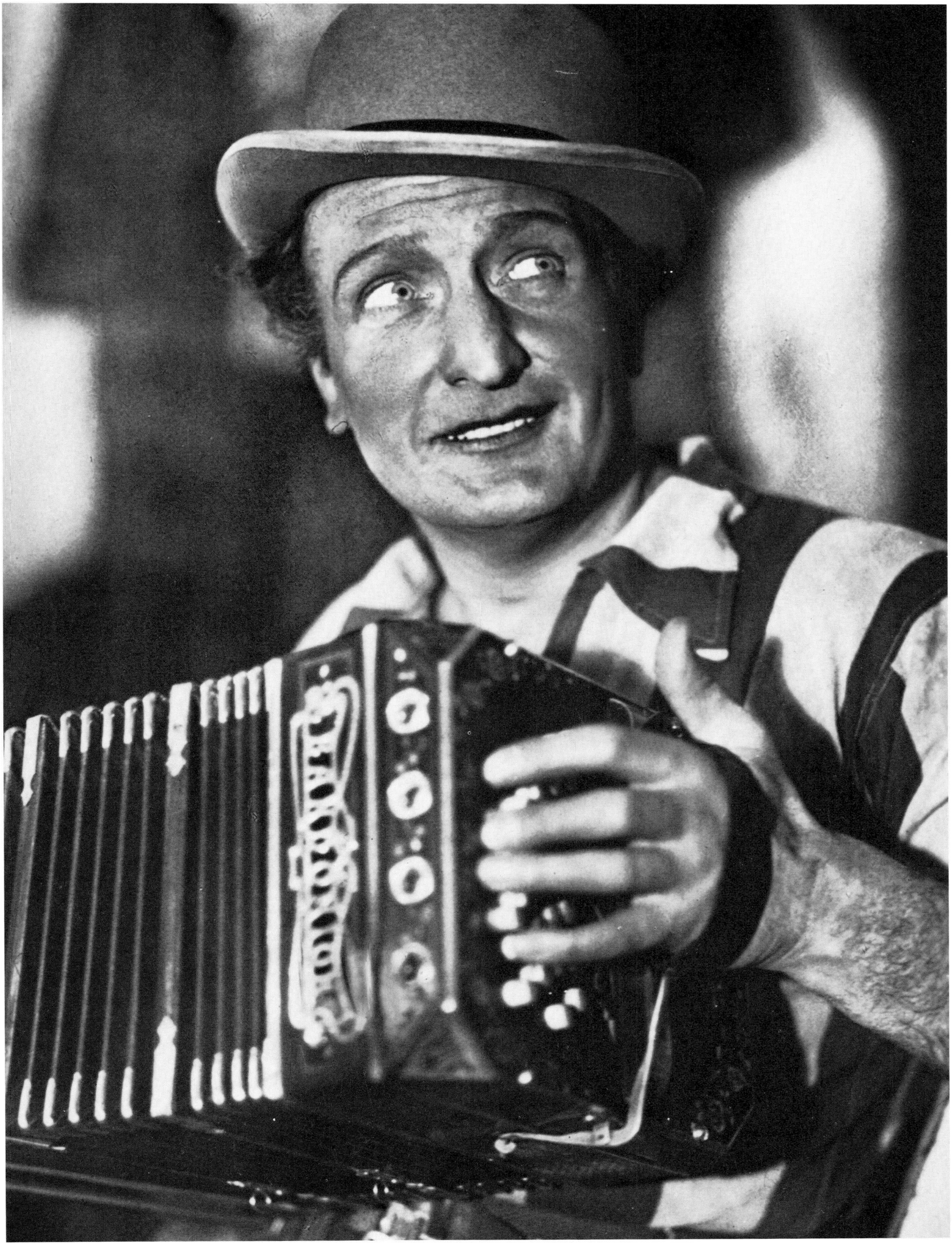

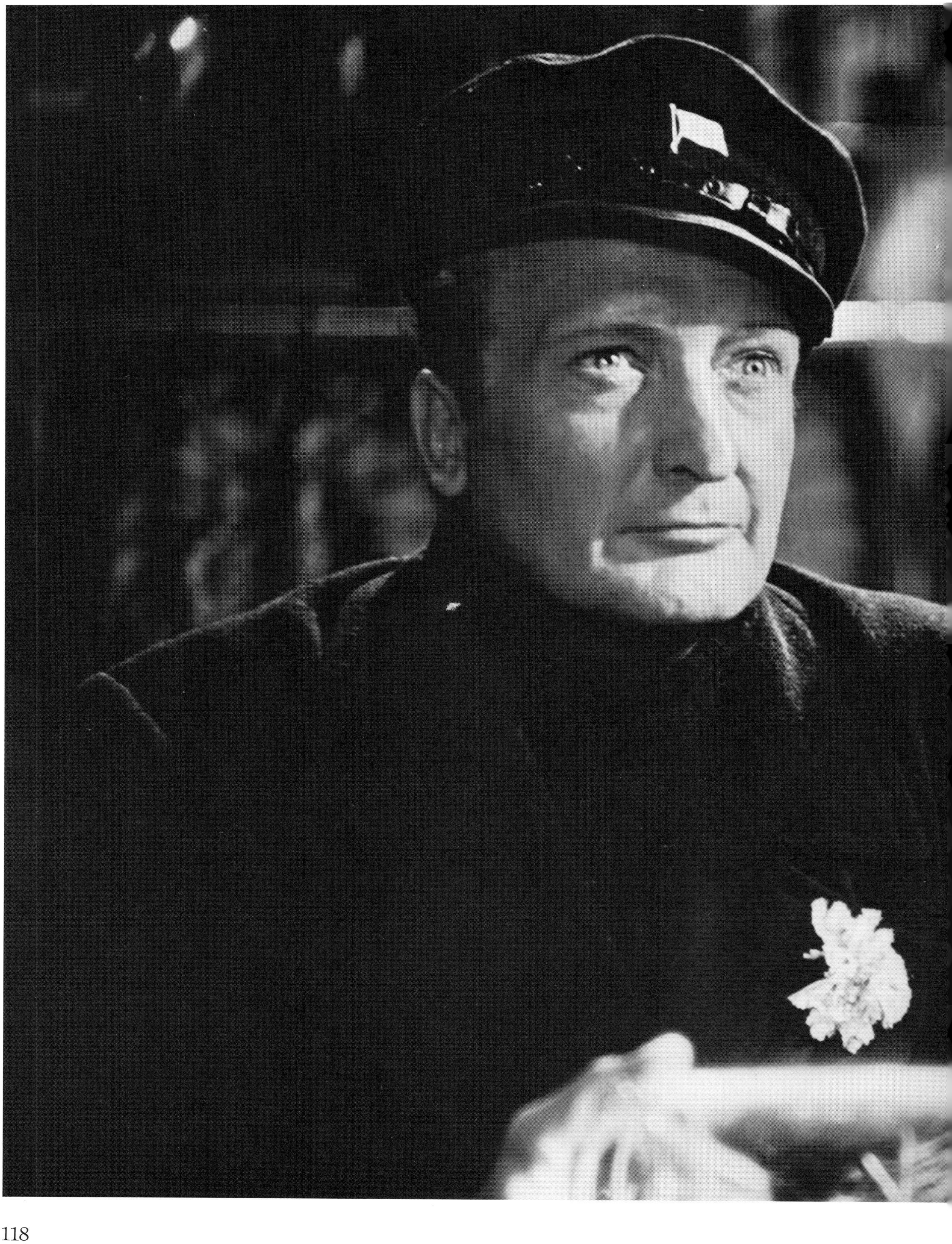

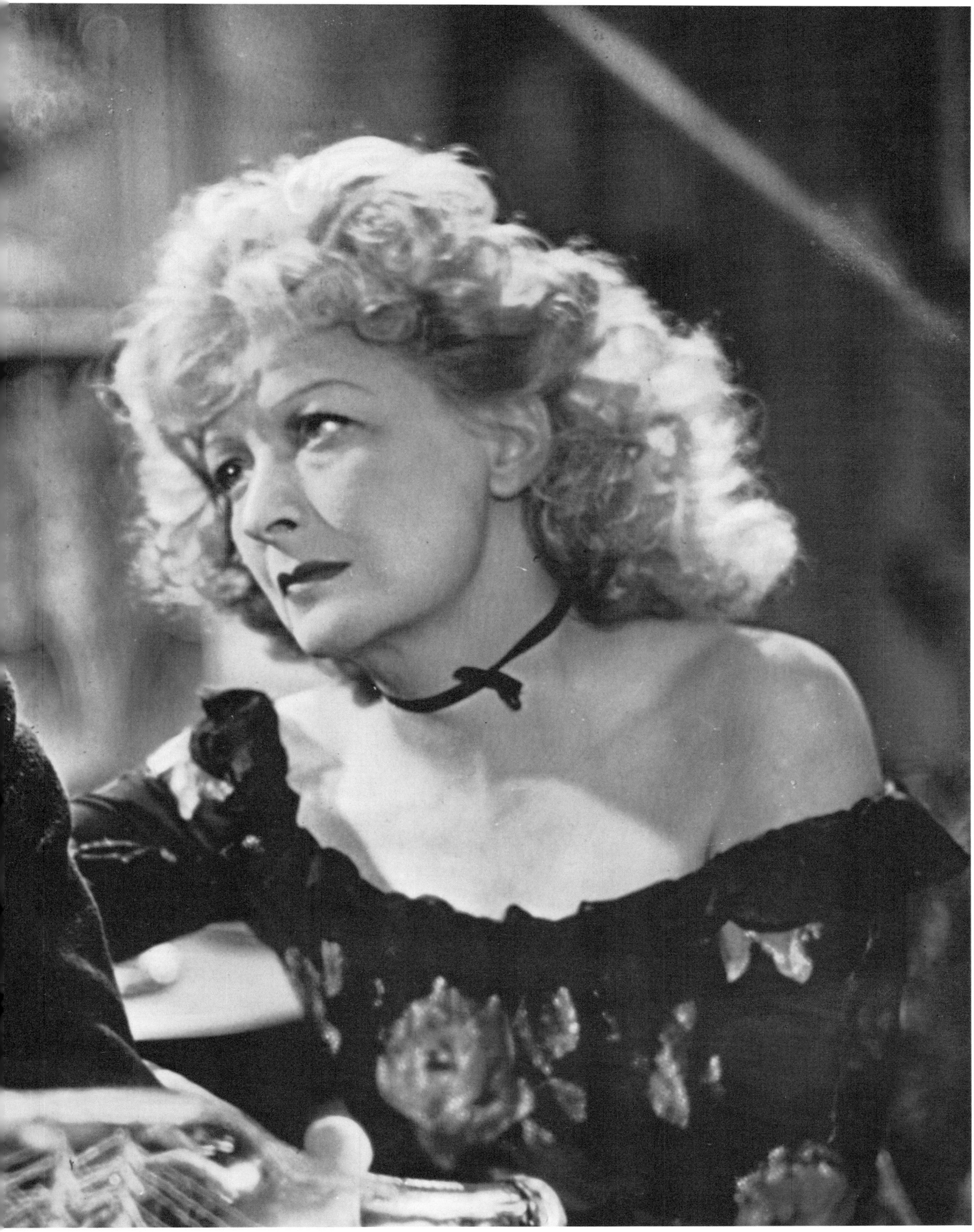

perte sie total, und die Figur begann zu strahlen, »kam rüber«, über Bühnenrampe und Leinwand: Er kam, sah aus und siegte. »Ein Blick«, jubelte die Presse einmal, »und er hat das Publikum. Ein Ton, und er hat das Parkett.«
Es kann nicht am Ton allein gelegen haben, dafür waren ihm die falschen zuweilen nur allzu vertraut. Zudem spielte, auch und gerade, wenn es Triumphe zu feiern galt, Körperlichkeit eine hervorragende Rolle. Ob er auf der Theaterbühne, im Stück »Rivalen«, seinen Gegenspieler Fritz Kortner derart zusammenhieb, daß tags darauf die Kritik als Boxreportage aufgemacht war, oder ob er sich als drahtiger Draufgänger stolpernd, stürzend und sich wieder aufrappelnd durch rund hundert Stummfilme fightete – immer war er voll im Einsatz und »ganz da«. Theaterdirektor Rudolf Bernauer hat die künstlerischen Mittel, die der junge, damals noch namenlose Provinzmime einsetzte, um einer schwachen Operette auf der Berliner Bühne zum Durchbruch zu verhelfen, genauer beschrieben: »Gleich bei seinem ersten Auftreten schlug er ein. Als er zum Schluß seiner Tanznummer, in der er die waghalsigsten Sprünge vollführt hatte, scheinbar zufällig ausglitt und im Souffleurkasten verschwand – die vorher von ihm unterrichtete Souffleuse hatte wohlweislich ihren Platz verlassen –, kannte der Jubel der Menge keine Grenzen.«

Für den Film hechtet er, in *Bomben für Monte Carlo*, von der Schiffsbrücke ins kalte Wannseewasser, bis ihm die Puste wegbleibt und das blonde Toupet baden geht; und als Revuestar ist er 1928 in James Kleins Berliner Fleischbeschau-Show »Tausend süße Beinchen« in der Komischen Oper zu sehen und wochenlang in aller Munde, weil er dort allabendlich in Frack, Zylinder und Gamaschen tarzangleich auf den Kronleuchter springt, sich dort festkrallt und sich schließlich – das Orchester setzt aus, Trommelwirbel ein – unter dem Aufschrei des unterhaltungswütigen Publikums beherzt in ein bis zum Rand mit Wasser gefülltes Bassin fallen läßt. Triefend und prustend, von einer Heerschar hübscher, halbnackter Ballettgirls umringt, verbeugt sich der Tausendsassa und nimmt die Ovationen entgegen, um Sekunden später, nach dem Szenenwechsel, in frischgebügeltem, makellosem Outfit seinen Auftritt zu genießen. Das Publikum rast, und die PR-Maschinerie läuft auf Hochtouren: »Hans Albers ist sicherlich zur Zeit der beliebteste männliche Revuestar Berlins. Auf der internationalen Preiskrönung für männliche Eleganz erhielt derselbe den zweiten Preis, nachdem der erste Preis dem Prince of Wales zugeflossen ist. Hans Albers vereinigt in sich nicht nur die Eigenschaften eines ganz vorzüglichen Schauspielers und Tänzers, sondern ist gleichzeitig auch noch Artist.«
Bald singt man in Berlin, den blonden Hans im Sinn, zu Walter Kollos Melodie:

So lang nicht die Hose am Kronleuchter hängt, / sind wir noch nicht richtig in Schuß! / So lang nicht die Hose am Kronleuchter hängt, / da schmeckt uns kein Sekt und kein Kuß.

Eine Revue folgt der andern, das geht Schlag auf Schlag, eine jede verspricht »Sensation auf Sensation«; das vergnügungssüchtige Berlin will es so. Die anzüglichen Titel, die Ausgezogenes versprechen, wechseln: »Berlin ohne Hemd«, »Die Sünden der Welt«, »Streng verboten«, »Die Welt applaudiert«, »Zieh dich aus«, »Donnerwetter – tausend Frauen!«. Was bleibt, ist die Mischung, die volle Abendkassen zu garantieren scheint: eine Handvoll Stars, einige Varieté-Komiker, ein paar Sketche, ein paar Gassenhauer, große Ausstattung, Glanz und Glitter, und das Ganze zusammengehalten von dem, was Alfred Polgar ironisch das »fleischfarbene Band« nennt: Girls, Girls, Girls.
Und das alles, so grollt Kurt Tucholsky in der »Weltbühne«, damit »Hans Albers tanzen kann ... Was das noch mit dramatischer Kunst zu tun hat, ahnen die Götter.« Und Kabarettist Paul Morgan, bei Charells Revuen unter Vertrag,

Rechte Seite: *Auf der Reeperbahn nachts um halb eins* – Hans Albers und Heinz Rühmann in ihrem dritten und letzten gemeinsamen Film.

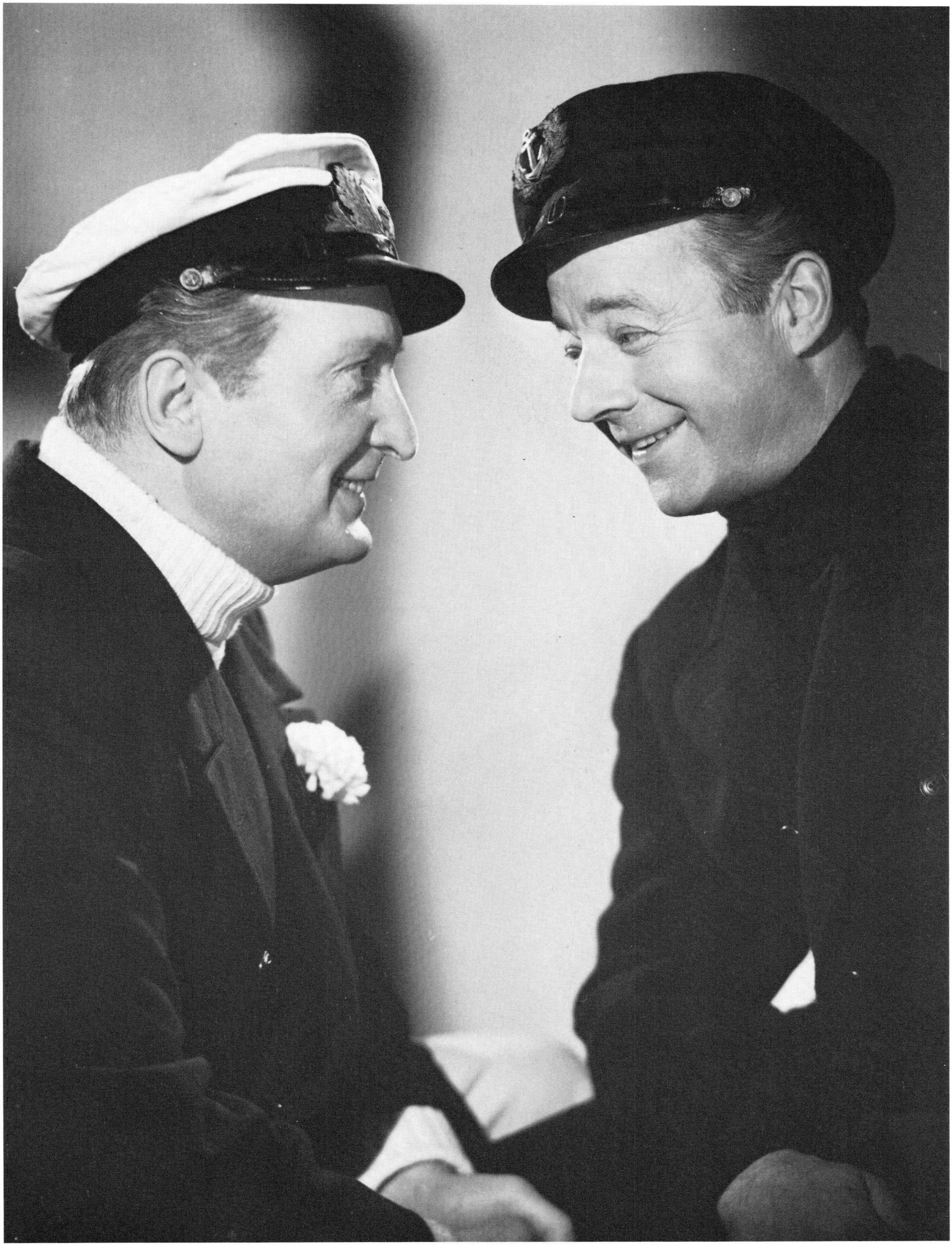

stöhnt: »Ich selbst ertrage das nicht mehr. Ein ganzes Theaterjahr muß ich dieses leere Gerede von mir geben, Abend für Abend den Amüsierpöbel über die Pausen zwischen den Ausstattungsbildern hinwegschwatzen. Zorn steigt in mir auf; ich werde die Zwangsvorstellung nicht los, ein Maulesel zu sein, der stundenlang um einen Brunnen kreisen muß.«

Hans Albers sieht das nicht so eng. Er umkreist den Brunnen der Komischen Oper tänzerisch, wenn er nicht gleich hineinspringt. In dieser Umgebung erwirbt er sich Popularität, festigt er sein Handwerk und baut es virtuos aus, ein Handwerk, das er sich bei Vaudeville-Truppen, auf Operettenbühnen, auf Provinzbrettern, im Tingeltangel und schließlich vor der Stummfilmkamera angeeignet hatte. Nach Güstrow in Mecklenburg und dem Schiller-Theater in Altona verschlug es ihn ans Helgoländer Kurtheater, wo er, den Blick auf die Kabarettzulage von zwanzig Mark gerichtet, erstmals ins Singen kam und sich einige Tanzschritte zurechtlegte.

Im Berlin der ersten Nachkriegsjahre findet man seinen Namen unter »ferner liefen« in Operetten-Produktionen: im »Süßen Kavalier« im Berliner Theater, in der »Offiziellen Frau«, an der Seite Trude Hesterbergs, im Theater am Nollendorfplatz, im »Walzertraum«. 1923 dann ein erster Höhepunkt, als er in der

Rolle des Marcus Antonius mit »heller, klarer Stimme« neben Berlins Metropol-Diva Fritzi Massary auf der Bühne des Nollendorf-Theaters steht. Er hat, wie die Kritik vermerkt, beachtlichen Anteil am Erfolg der Oscar-Straus-Operette »Perlen der Cleopatra«, und das in einem Part, an dem Erzkomödiant und Massary-Ehemann Max Pallenberg, so raunt man sich zu, in Wien gescheitert sein soll.

Im September 1926 sieht man den Berliner Beau aus Hamburg im Metropol-Theater neben Vera Molnar, Max Hansen, Paul Westermeier und sechzig Metropol-Girls in einer Produktion, die sich »Wieder Metropol! — Der größte Revue-Erfolg der Saison! Die Revue der Schlager und des Witzes!« nennt. Man kreiert den neuesten Hugo-Hirsch-Hit:

Sehn Sie sich Berlin an, / das ist eine Stadt, / die die nettesten Leute / auf der Erde hat.

Der Schlager, den Albers in »Donnerwetter — tausend Frauen!« zusammen mit der komischen Anfängerin Grete Weiser trällert, er für 150 Mark Abendgage, sie für sechs Mark pro Abend, ist von ähnlicher Güte: »Der Onkel und die

Im Hamburger Hafen und auf St. Pauli, da war der Hamburger Junge zu Haus. Hier zwei Szenen mit Sybil Werden aus *Auf der Reeperbahn nachts um halb eins.*

Tante, die blasen ein Andante...« Aber Albers wird seinen Weg machen, hat ihn eigentlich schon gemacht.

Der Zirkus Sarrasani bietet ihm 500 Mark pro Vorstellung, um ihn in einer Wasserschau ganz groß herauszubringen. Aber es gibt bessere Offerten. Max Reinhardt läßt ihn in der Hilpert-Inszenierung von Bruckners »Verbrecher« am Deutschen Theater einen arbeitslosen Kellner spielen. Albers macht eine Paraderolle daraus: Den Hut im Genick, die halb angerauchte Zigarre im Mund, ganz Zuhälter mit Ganovenehre, summt er verführerisch eine Melodie, die er bereits aus der »Donnerwetter«-Revue kennt, für die Franz Doelle sie geschrieben hat: »Wenn der weiße Flieder wieder blüht...«

Und dann kann er bereits richtig drauflossingen. Er hat es im renommierten Kudamm-Kabarett bei Rudolf Nelson probiert. Mit dem originalen Albers-Kickser und dem langgezogenen Hanseaten-Jodler, Markenzeichen der späteren Plattenkarriere, hört man da:

Ich will Sie küssen, wenn Sie es verlangen, / denn ich bin schüchtern, wie jeder gleich sieht. / Drum bitt' ich Sie, Madame, nur anzufangen — / ich bin ein Einzelfall auf dem Gebiet.

Das wird die erste Albers-Schallplatte, und sie wird ein Erfolg. Als er wenig später in »Rivalen« nach der amerikanischen Volksweise »O Susanna« Zuckmayer-Verse singt, ist auch diese Schellack-Scheibe bereits ein Hit, noch bevor sie ausgeliefert ist:

Ich kam aus Alabama / über'n großen Teich daher. / Ich hatte keinen Pyjama / und auch keinen Strohhut mehr...

»Käpt'n Bay-Bay aus Schanghai« war eine der Rollen, die Hans Albers von den Drehbuchautoren auf den Leib geschneidert worden war. Partner waren Lotte Koch und Ernst Fritz Fürbringer.

Mehr noch: Dieser Song, von Albers frech, rauhbeinig, herb, aber gefühlvoll ins Mikrofon geschnoddert, wird zum Evergreen wie die Melodie Theo Mackebens, die Berlins frischgebackener Theaterstar in seiner Traumrolle »Liliom« als volksnaher Rummelplatz-Ausrufer unter die Leute bringt: »Komm auf die Schaukel, Luise, das ist ein großes Plaisier.« Albers-Fans, vor allem die weiblichen, können sich ihren Schwarm nun, zwischen die schwarzen Rillen gepreßt, mit nach Hause nehmen. Und das tun sie.

In der Zwischenzeit hat der Film sprechen gelernt. Der Tonfilm, an dem viele Väter der stummen Klamotte scheiterten und an dem manche Karriere zerbrach, entdeckt seinen Albers. *Die Nacht gehört uns* wird 1929, einen Tag vor Heiligabend, uraufgeführt, und sein durchschlagender Erfolg läßt alle Zweifel am neuen Medium verstummen. Aber bevor Hans Albers seinen ersten großen Tonfilmschlager kreiert, wie denn in der Folgezeit fast ausnahmslos alle Plattenhits vom Film »gemacht« werden, gehen noch vier weitere Filmproduktionen ins Studio. Im *Blauen Engel* gehören Friedrich Hollaenders Chansons, die um die Welt gehen sollten, ganz allein der weiblichen Konkurrentin Marlene: »Ich bin die fesche Lola«, »Kinder, heut abend, da such' ich mir was aus«, »Leben ohne Liebe kann ich nicht« und »Ich bin von Kopf bis Fuß auf Liebe eingestellt«.

Gutgelauntes Duett mit Käpt'n Bay-Bay: Angèle Durand im gleichnamigen Film.

> Siegfried Lowitz hat mit Hans Albers in vielen Drehpausen die Zeit totgeschlagen: »Er sprach gern von seinen Streichen bei Bühne und Film. Als er mit Kortner ›Rivalen‹ spielte, hatte er das Auftrittslied ›Ich kam aus Alabama‹. Das Publikum erklatschte ein Dakapo nach dem andern. Bis es Kortner hinter der Bühne zu bunt wurde und er mit seiner schweren Harley Davidson in das Lied hineinfuhr. Das störte Hans Albers überhaupt nicht. Er sang, solange das Publikum es wollte. Immer wieder ›O Susanna...‹. Kortner mußte verschwinden und sich noch gedulden.«
> Einmal, so hört man, habe Kortner sogar nach seinem verfrühten Auftritt zu Fuß abgehen müssen, weil eine Fußraste seiner Maschine an einem Versatzstück der Dekoration hängengeblieben war, so daß das Motorrad festsaß. Und Albers sang unverdrossen: »...doch die beste Braut des Kriegers ist bekanntlich das Gewehr.«

Doch das wird sich ändern. Für den sechsten Albers-Tonfilm schreibt ihm Werner Richard Heymann einen Marsch auf den Leib, der zum Hauptdarsteller paßt wie das blonde Toupet zum strahlenden Blauauge: »Das ist die Liebe der Matrosen, auf die Dauer, lieber Schatz, ist mein Herz kein Ankerplatz.« Es wird, wie Textdichter Robert Gilbert nicht ohne Stolz vermerkt, ein »Ervolkslied« daraus, und das nicht nur in Deutschland. Und nun geht es Schlag auf Schlag. Im Film erstmals vorgestellt, geht ein Albers-Song nach dem andern vom laufenden Band der Musikproduktion — von der Leinwand auf den Plattenteller. Und alle sind's zufrieden: der Star und seine Fangemeinde, die Schlagermacher und ihre Industrie, nicht zuletzt aber die Filmbranche, die in der Schallplatte einen kostenlosen Werbeträger sieht, der ihnen die Leute ins Kino treibt.

Nie wieder wird es in so kurzer Folge so viele eingängige Albers-Schlager geben, wie sie jetzt, zwischen 1931 und 1933, geschrieben werden: »Kind, du brauchst nicht zu weinen« aus *Der Draufgänger*, »Gnädige Frau, komm spiel mit mir« aus *Quick*, »Flieger, grüß mir die Sonne« und »Ganz da hinten, wo der Leuchtturm steht« aus *F.P.1 antwortet nicht*, »Es führt kein anderer Weg zur Seligkeit« aus *Der Sieger*, »In vierundzwanzig Stunden« und »Mein Gorilla hat 'ne Villa im Zoo« aus *Heut kommt's drauf an*.

Schon die Filmtitel lesen sich wie Kapitelüberschriften aus einer Albers-Biographie. Die Musik wurde ihm, maßgeschneidert, auf den stets makellos bekleideten Leib geschrieben, und die Texter machten sich immer ungenierter ihren Reim auf ihn: »Ich bin der Hans im Glück«. Im *Sieger* — der Film schildert die Geschichte eines wettsüchtigen Vabanquespielers, der sich zeitweise als Eintänzer verdingt, um an das begehrte Geld zu kommen, das ihm zum Glück noch fehlt — hat Albers endlich den Song, dessen Refrainzeile ihm zum Markenzeichen wird:

Hoppla, jetzt komm' ich! / Alle Türen auf! Alle Fenster auf! / Hoppla, jetzt komm' ich! / Und wer mit mir geht, der kommt eins rauf! / Einen Happen möcht' ich schnappen / von der schönen Welt / und das Leben mal erleben, / wie es mir gefällt! / Hoppla, jetzt komm' ich! / Alle Türen auf! Alle Fenster auf! / Und die Straße frei für mich!

Als dieses Lied zum erstenmal von der Kinoleinwand tönt, stehen die Zeichen der Weimarer Republik auf Sturm. Man schreibt den 21. März 1932. Hitler will ins Reichspräsidentenamt einziehen, noch kann sein Vormarsch gestoppt werden. Wie lange noch? Der Schlagertext, den der strahlende Sieger Hans Albers, auf ausgerolltem Teppich entlangschreitend, ins Parkett singt, ist von bedrohlicher Aktualität.

Ein Jahr später steht der Filmstar wieder im Plattenstudio. Datum: Sonnabend, 4. März 1933. Hitler ist seit vier Wochen Reichskanzler, wenige Tage zuvor brannte der Reichstag. Albers will mit dem Odeon-Künstler-Orchester ein Potpourri seiner beliebtesten Schlager einsingen. Vor ihm, auf dem Notenpult, liegen die Texte und Noten. Die sie geschrieben haben und mithalfen, an seiner musikalischen Karriere zu basteln, sind zum größten Teil schon nicht mehr in Berlin, die anderen sitzen bereits auf ihren Koffern, um das Land zu verlassen, in dem sie neuerdings, aus politischen oder rassischen Gründen, unerwünscht sind: die Komponisten Friedrich Hollaender, Werner Richard Heymann, Hans May, Walter Jurmann, Bronislaw Kaper, Allan Gray, Stephan Weiß und ihre Texterkollegen Robert Gilbert, Max Colpet, Robert Liebmann, Walter Reisch, Fritz Rotter, Carl Zuckmayer. Albers singt trotzdem ihre Lieder. Darunter »In Hamburg an der Elbe«, Walter Mehrings Choral für Seemannsleute, der mit den Zeilen beginnt:

Wir haben die ganze Welt gesehn / — Die Welt war überall rund! — / Um alle paar Monat vor Anker zu gehn / Bei einem Mädchenmund! / Wir sahn eine Mutter in schneeigem Haar, / Die verkuppelte uns ihr Jöhr; / Wir fraßen pfundweis den Kaviar / Direkt an der Quelle vom Stör!

Mehring, der scharfzüngige Dichter, hatte diesen Text fürs Kabarett geschrieben, wo er in der Vertonung von Willy Engel-Berger rasch Verbreitung fand. Als Albers den Seemannschoral auf die Plattenmatrize singt, ist Mehring schon in Paris. Er floh in letzter Minute, einen Tag vor dem Reichstagsbrand. Bald wird man die Bücher des Mannes verbrennen, den Goebbels, wie er lauthals verkündet hatte, »am Galgen« sehen wollte. Hans Albers veröffentlicht sein Potpourri. Aber auf dem Plattenetikett wird zu lesen sein: »Textdichter unbekannt«.

Es brechen schwere Zeiten an. Albers ist kein Freund der Nazis, das weiß man. Er wird gebraucht, nicht geliebt. Man arrangiert sich.

Die Filme, die jetzt gedreht werden, schlagen — in jeder Beziehung — einen neuen Ton an. »Weit ist der Weg zurück ins Heimatland« heißt der »Schlager« des neuen Albers-Films, der 1933 entsteht. Mit diesem Lied auf den Lippen werden die deutschen Landser sechs Jahre später ihre östlichen Nachbarn überfallen — genauso, wie es im Film (*Flüchtlinge*) vorgezeichnet ist: Jagd auf Andersdenkende, Bolschewistenhatz. In der Folgezeit bleibt Hans Albers der, der er war, zumindest auf der Leinwand. In feinste, operettenhafte Ausgehuniformen gekleidet, ist er als Flieger, Polizeipräsident, Husar oder Kapitän immer der strahlende Held, dem, das Herz auf dem rechten Fleck und Vaterländisches im Blick, alles gelingt, wo andere verzagen. Hin und wieder gibt es für ihn noch einen Filmschlager, der die Runde auf den Plattentellern macht: »Ja-

»Das Herz von St. Pauli . . .« Dieses Albers-Lied gab dem Film den Titel. Neben dem Hamburger spielten Hansjörg Felmy, Gert Fröbe, Werner Peters, Camilla Spira.

woll, meine Herren«, zusammen mit Heinz Rühmann in *Der Mann, der Sherlock Holmes war* frisch, frech und forsch vorgetragen, und endlich das Lied vom Jonny, das Hans Fritz Beckmann 1938 zu Peter Kreuders Melodie für den Film »Wasser für Canitoga« schrieb:

Good bye, Jonny, good bye, Jonny! / Schön war's mit uns zwei'n, / aber leider, aber leider kann's nicht immer so sein. / Good bye, Jonny, good bye, Jonny! / Mach mir's nicht so schwer! / Ich muß weiter, immer weiter, meinem Glück hinterher. / Bricht mir auch heut das Herz entzwei, / in hundert Jahren, Jonny, ist alles vorbei. / Good bye, Jonny, good bye, Jonny! / Warst mein bester Freund. / Eines Tages, eines Tages, / mag's im Himmel sein, mag's beim Teufel sein, / sind wir wieder vereint.

Und dann kam, 1944, Käutners Farbfilm *Große Freiheit Nr. 7* mit zwei echten Albers-Abräum-Nummern. Aber die waren schon nicht mehr für ihn geschrieben, sondern Uralt-Hits und Ever-Evergreens, bevor sie der singende Strahlemann in sein Repertoire aufnahm: »La Paloma«, das bereits 1865, während des mexikanischen Bürgerkrieges, als Volkslied bekannt wurde und dem Spanier Sebastian de Yradier zugeschrieben wird, und »Auf der Reeperbahn nachts um halb eins«, ein Schunkelwalzer, der schon zur Kaiserzeit in aller Munde war, nachdem der Schauspieler, Texter und Musiker Ralph Arthur Roberts damit in seiner Revue »Rund um die Alster« Anno 1912 Furore gemacht hatte.

Das einzige Original-Chanson des Films, »Beim erstenmal da tut's noch weh«, wurde von Hilde Hildebrand gesungen. Außerdem gab es Proteste von der NS-Frauenschaft gegen die Darstellung des leichten Mädchengewerbes, von der

Und noch einmal, weil es so schön war: *Auf der Reeperbahn nachts um halb eins* – eine der großen Revueszenen.

Marineführung gegen die Abschilderung des trinkfreudigen Matrosendaseins. Der Film wurde verboten, bevor er aufgeführt werden konnte. Auch anderes von Albers fiel der deutschtümelnden Nazi-Zensur zum Opfer. Aus »Good bye, Jonny« wurde bald »Leb wohl, Peter«.
Es gab bald andere Plattenstars, die vom Unterhaltungsfilm produziert und vermarktet wurden: die Rökk, die Leander, die Werner, der Heesters. Auf der fröhlichen Welle reitend, verbreiteten sie, anders als der melancholisch-sentimentale Albers, Bombenstimmung am Rande des Abgrunds. Dabei gibt es Lieder, die er hätte singen können, wenn man ihn gelassen hätte: Lale Andersens »Lili Marleen«, Willi Forsts »Du hast Glück bei den Frauen, Bel Ami«, Zarah Leanders »Davon geht die Welt nicht unter«, Heinz Rühmanns »Das kann doch einen Seemann nicht erschüttern«. Aber für die nazionale Hitparade im »Wunschkonzert« des Großdeutschen Rundfunks, wo die Schlagermacher Durchhaltewillen als eine Form von Ersatzdienst mit der Waffe praktizierten, war der polternde Hanseat mit der kosmopolitischen Neigung der falsche Mann. Statt dessen stimmte er als friderizianischer Haudegen Trenck lautstark in schwachsinnigen Chorgesang mit ein:

Wir sind die Trenckschen Panduren, / die Pandi-, die Panda-, die Panduren. / Wir saufen jeden Becher leer, / wir raufen uns um unsre Ehr, / wir reiten wie der Blitz an den Feind heran, / wir streiten bis zum letzten Mann. / Wir sind die Trenckschen Panduren, / die Pandi-, die Panda-, die Panduren.

Nach dem Ende des Zweiten Weltkriegs hat Albers, inzwischen auch nicht mehr der Jüngste, sein Schlagerrepertoire um manchen Titel bereichert, der seinen Weg machte — und doch nur ein schwacher Abklatsch vergangener

Der Stimmungssänger in seinem Element: »Einem Mädel aus Marseille schenkt' ich mal die ganze Heuer.« Mit am Tresen: Hansjörg Felmy (links) und Hans Richter.

Glanznummern war. Hinzu kam, daß die musikalische Heimatschlagerwelle den alten Filmschipper zunehmend auf den Hamburger Hafen als geistigen Standort festlegte. Da kam dann zur Sehnsucht die Wehmut, und zur Wehmut kamen mehr und mehr — müde Helden schluchzen leise — schmachtender Schmalz und heimeliger Schnulz.

Nicht selten beteiligte er sich als Co-Texter an solchem Seelengebräu, das den alternden Kapitän beschwor, der sich nach einem Zuhause sehnt und das alte St. Pauli für den Nabel der Welt hält. Hier und da versuchte er auszubrechen; dann nahm er auf der Bühne zu Brecht/Weills »Dreigroschenoper« Zuflucht, zu seiner Lieblingsrolle »Liliom«, der seine Luise auf die Schaukel bittet, oder zu Spoliankys Musicalfassung von Zuckmayers »Katharina Knie«. Dann wieder gab er nach, wurde schwach, besang die alten Esel, summte einfältige Weisen und verkündete mit leicht gebrochener Stimme, ohne Schliff und Schmiß, daß »das letzte Hemd leider keine Taschen« habe und der Mensch im Himmel »bestimmt ja doch kein Geld« brauche.

Als man ihn 1960 auf dem Ohlsdorfer Friedhof in Hamburg zu Grabe trug, gaben ihm die Freunde mit »La Paloma« den musikalischen Abschied.

17 Jahre später war seine Stimme wieder in einem Hamburger Studio zu hören, als eine Sängerin für den nostalgisch orientierten Musikmarkt eine neue alte Platte auflegen sollte: »Das Lied von Hans Albers«. Das Duett mit dem Toten endete mit einem »Olé!« des alten Kämpen, das, in der Tonkonserve auf unbestimmte Zeit haltefrisch verpackt, den Schlußpunkt unter dieses starke Schlagerstückchen setzen sollte. Im Studio flossen Tränen der Rührung...

Die gespenstische Szene hat Evelyn Künneke überliefert, die Anfang der fünfziger Jahre mit ihm zwei musikalische Drei-Minuten-Western — »Das gibt es nur in Texas« und »In Arizona und Arkansas« — duettgesungen hatte.

Die Künneke ist nicht die einzige, die, Jahrzehnte nach seinem Tod, von Zeit zu Zeit ihren Albers im Ohr hat. Es gibt sogar Leute, denen der blonde Hans in den Sinn kommt, sobald, aus welchem Anlaß auch immer, die offizielle DDR-Hymne intoniert wird. Zu dicht liegen Hanns Eislers staatstragende Melodie und Peter Kreuders schwerblütige »Canitoga«-Weise vom guten alten Jonny, dem besten Freund, der je in die ewigen Jagdgründe einging, beieinander — eine musikalische Nähe, die bereits Urheberrechtlern erhebliches Kopfzerbrechen bereitete. Auch die Verse, die so verschieden sind wie ihre Urheber Hans Fritz Beckmann und Johannes Robert Becher, kabarettelnder Schlagerlibrettist der eine, parteilicher Kultus-Poet der andere, lassen sich — wo Albers-Assoziationen im Spiel sind — auf recht ironische Weise aufeinander ein: »Good bye, Jonny« und »Auferstanden aus Ruinen«. Beide von getragenem Pathos, wirkt der zweite Text wie eine fröhliche Verheißung des ersten. Singen hätte er beides können. Auch die Eisler-Noten hätte er sich, wie immer, »auf Figur« gebracht und Bechers Dichterworte erst recht. Man hört ihn förmlich, wie er unbekümmert, mit Verve und einfach drauflos, trotzigen Optimismus verströmend das neue Leben besingt, das da aus dem alten Modder sprießt. Schauerlich schön wäre das, wie alles, was ihm aus der Kehle kam: nicht ohne Feierlichkeit und mit pathetischem Bibber, aber eben auch so mitreißend beseelt und voller privatem Schwung, wie das Nationalhymnen nicht so gerne haben.

Und doch. Wo es um den Hoppla-jetzt-komm'-ich-Singsang des Hans Albers geht — was sind da schon hundert geschulte VEB-Choristen gegen diesen einen Mann, der keinen klaren Ton halten konnte und dessen Stimme doch im Ohr bleibt, obschon sie vor einem Vierteljahrhundert verstummte.

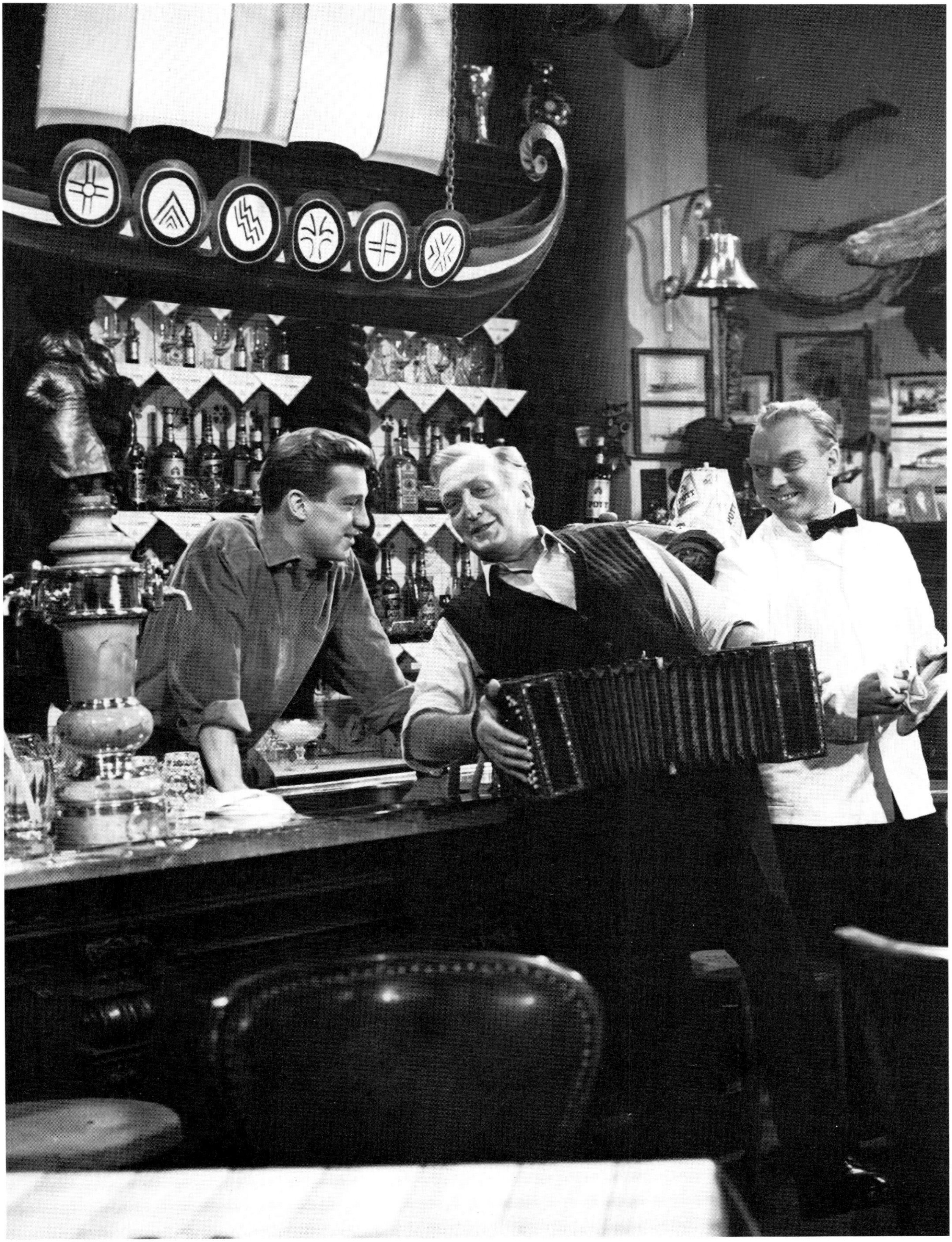

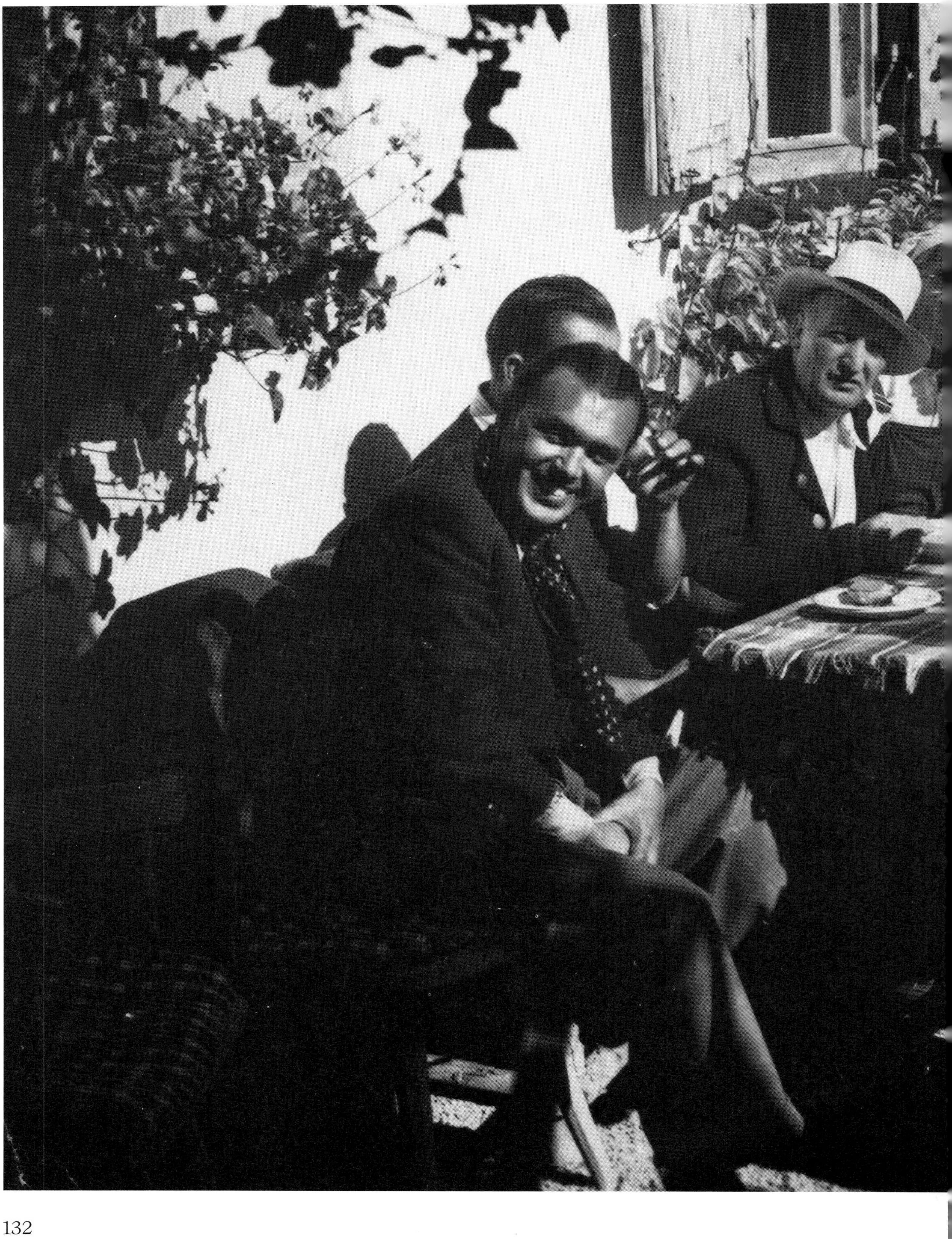

Mitarbeiter und Freunde

Länger als zehn Jahre war Paul Schraml aus Tutzing der Chauffeur von Hans Albers. Er hegte und pflegte den Cadillac (rechte Seite oben) – und denkt heute noch gern an die Zeit im Albers-Haus am Starnberger See und an die Reisen mit seinem Chef zurück. Die vielen Fotos halten die Erinnerung wach (unten).

Mitarbeiter

Der Chauffeur

Filmpremiere in Frankfurt am Main. Die fünfziger Jahre haben begonnen, das Wirtschaftswunder blendet die Bundesrepublik Deutschland und ihre Bürger. Das Fernsehen steht noch in den Anfängen, die flimmernde Leinwand lockt Tag für Tag Zigtausende in die Kinos. Und Hans Albers ist nach wie vor ein Star.

Rechtzeitig zur Premiere eines seiner Filme fährt Hanne in seinem Cadillac vor dem »Frankfurter Hof« vor. Man hat ihn schon erwartet, bemüht sich um ihn, Blitzlichter flammen auf, Fans bilden eine schmale Gasse für ihn. Die Direktion hat alles aufs beste vorbereitet, geleitet Albers in seine Suite . . . und an der Rezeption steht Paul Schraml, der Chauffeur, und fragt bescheiden nach seinem Zimmer. Da wird ihm bedeutet, daß für ihn kein Zimmer frei sei. Man werde ihn aber selbstverständlich in einem angemessenen Hotel in der Nähe unterbringen.

Paul Schraml ist damit nicht so ohne weiteres einverstanden, er kennt das nämlich anders, wenn er mit Hans Albers durch Deutschland und Europa fährt. Also geht er zu seinem Chef: »Herr Albers, die haben hier kein Zimmer für mich. Sie wollen mir in der Nähe eins besorgen.«

»Ach nee. Na warte, Paul, das werden wir gleich haben.«

Albers läßt sich mit der Direktion verbinden und sagt den Herrschaften ohne Umschweife, daß sein Chauffeur sofort ein Zimmer benötige, und ein ordentliches dazu. Falls sie Schraml nicht in ihrer Nobelherberge unterbringen wollten, müßten sie auch auf seine Anwesenheit verzichten. Er werde schon ein Hotel finden, in dem auch sein Fahrer gern gesehen sei.

Das Ergebnis war vorauszusehen: Paul Schraml, der Chauffeur, bekam sein Zimmer. »Und sogar ein sehr schönes«, wie er sich lächelnd erinnert.

Diese Geschichte ist bezeichnend für den Umgang des Hans Albers mit seinen engsten Mitarbeitern. Paul Schraml aus Tutzing am Starnberger See war nach jahrelanger Kriegsgefangenschaft in die Heimat zurückgekehrt und wollte gerade sein im Krieg zusammengebrochenes Transportunternehmen wieder aufbauen – »Ich wurde mit meinem Lastwagen zu einer Übung eingezogen und kam erst zehn Jahre später wieder nach Hause« –, da kam ein Anruf aus dem Albers-Haus. Er möchte doch mal rüberkommen, der Fahrer sei ausgefallen, ob er ihn nicht für ein paar Tage vertreten wolle. »Ich marschierte also los – und blieb gleich da, insgesamt für 25 Jahre. Bis auch Hansi Burg starb. Und das war 1975.«

Bis dato kannten sich Albers und Schraml nur flüchtig. Vor dem Krieg hatte Paul ein Motorboot besessen und Albers am Steg getroffen. »Er mußte mal schnell auf die andere Seite des Sees und fragte, ob ich ihn dorthin fahren könne, was ich natürlich sehr gern tat. Dann aber habe ich ihn erst wiedergesehen und richtig kennengelernt, als ich meinen Dienst bei ihm antrat.«

Wenn Paul Schraml von seiner Arbeit bei und für Albers erzählt, kommt er ins Schwärmen. »Man fühlte sich überhaupt nicht wie Dienstpersonal, das ging uns allen so. Wir gehörten mit zum Haushalt und bekamen vor allem die Großzügigkeit von Hans Albers immer wieder zu spüren. Er war so natürlich, so ungezwungen, so lustig, überhaupt kein Star, der sich auf sein Können, seine Popularität und seine Erfolge etwas einbildete. Wir fühlten uns alle pudelwohl in seinem Haus, das ging dem Gärtner und der Haushälterin nicht anders als mir.«

Auf Reisen war es ebenso. Wenn nicht gerade ein Empfang, ein Diner oder ein offizielles Frühstück dem entgegenstanden, aßen und tranken – das war in

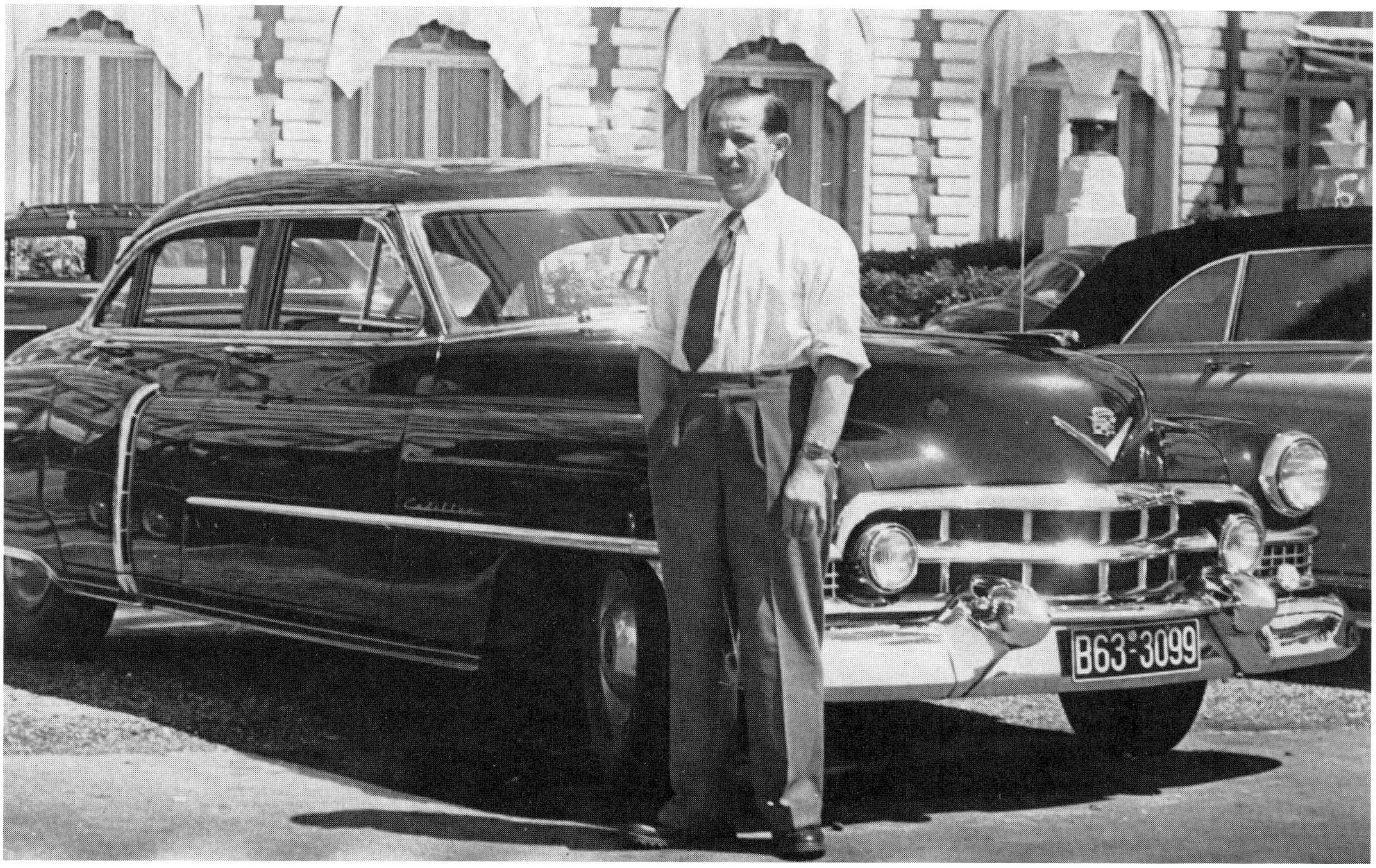
B63-3099

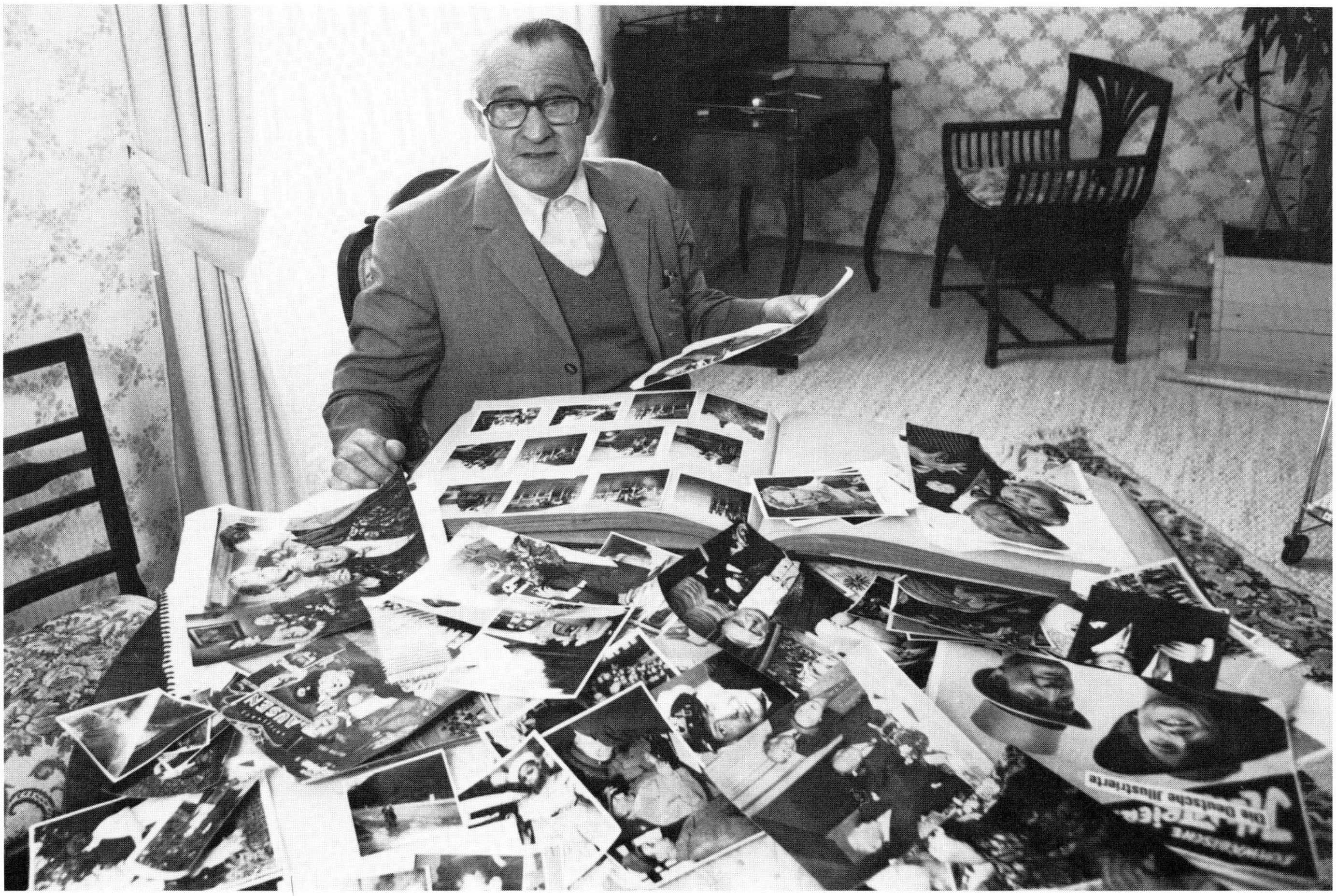

> Boleslaw Barlog erzählt: »Eines Tages herrschte tolle Aufregung an der Volksbühne. Charlie Chaplin war in Berlin und wollte sich Hans Albers als ›Liliom‹ ansehen. Ich durfte den berühmten Mann empfangen und ins Theater geleiten, wo in der ersten Reihe ein Platz für ihn reserviert war. Albers spielte sich die Seele aus dem Leibe, und Chaplin war begeistert. Er applaudierte enthusiastisch. Später saßen wir dann noch lange mit ihm und Hans Albers zusammen.«
>
> So weit Barlog. Eine andere Version der Chaplin-Episode will wissen, daß Albers beim Applaus einen Sprung ins Parkett gemacht und den Gast auf die Bühne geholt hat, wo er sich gemeinsam mit ihm verbeugt hat. Das Publikum soll aus dem Häuschen gewesen sein.

den Jahren nicht weit verbreitet – Chef und Chauffeur gemeinsam in den Hotels, in denen sie abgestiegen waren. »Ich am gleichen Tisch, nicht etwa nebenan«, sagt Paul Schraml. »Und ich bin viel in der Welt herumgekommen mit Albers. Italien, Frankreich, dann die Bundesrepublik von Süd nach Nord, von West nach Ost, ich war immer dabei. Hans Albers hatte zwar einen Führerschein und war vor dem Krieg auch meist selbst gefahren, aber seit ich bei ihm war, hat er das Steuer nicht mehr angerührt. Das wäre wohl auch nicht sehr gut gewesen, dem standen mangelnde Fahrpraxis ebenso entgegen wie die Liebe zum Alkohol.«

Schraml war wohl der ideale Partner für Hanne. Er trank nicht und vermißte den Alkohol auch nicht. »Bei meinem Vorgänger war das nicht ganz so. Wenn der in Geiselgasteig oder anderen Studios während der Dreharbeiten stundenlang warten mußte, wie das nun oft das Los des Chauffeurs ist, dann nahm er doch wohl das eine oder andere alkoholische Getränk zu sich. Und das konnte auf die Dauer nicht gutgehen, so gern der Chef auch dem Cognac und Champagner zusprach. Eines Tages wurde er entlassen.«

Paul Schraml, ständig in der Nähe von Hans Albers, hat natürlich viel Prominenz kennengelernt. Fast immer war er dabei, auch wenn gespeist wurde. Besonders gern erinnert er sich an einen lukullisch-bayrischen Streifzug mit Albers und Hans Knappertsbusch, dem berühmten Dirigenten, der mit Hanne befreundet war: »Wir suchten schlichte Lokale auf, wo es gute bayrische Hausmannskost gab. Vornehme Umgebung wollten die beiden nicht unbedingt.«

Außer dem, liebevoll umsorgten, Cadillac hatte Paul Schraml gelegentlich noch ein Fahrzeug für Hanne Albers zu betreuen: das Segelboot mit dem merkwürdigen Namen »Windschere«. Dieser Name war für den Hamburger ein Relikt aus der Jugendzeit als Stegjunge an der Alster. Er mußte dort seinerzeit eine Prüfung ablegen: Man ließ ihn mit dem Boot von Anleger zu Anleger rudern mit dem Auftrag, eine Windschere zu besorgen. Aber dieses Instrument war immer schon zum nächsten Steg gebracht worden, wenn er danach fragte. Bei der Rückkehr zum Ausgangsort empfing ihn dann brüllendes Gelächter – aber er hatte seinen Test als Stegjunge bestanden.

»Wir sind sehr oft gemeinsam gesegelt, denn ohne das Wasser konnte der Chef nicht sein. Er schwamm jeden Tag, auch wenn der See schon sehr kalt war, er fuhr mit dem Boot raus, wenn Wind und Wetter es eben zuließen. Und wenn er die Zeit hatte, natürlich, denn so oft war er ja nicht in Garatshausen. Aber wenn er da war und es nicht gerade Bindfäden regnete, wurde ein Törn gedreht, und dann saß er an der Pinne, während ich den Vorschotmann spielte. Ja, segeln konnte er, der Chef.«

Hans Albers war ein rastloser Mensch, der ohne seine Filmarbeit nicht gut leben konnte. Hin und wieder legte er zwar eine Ruhepause ein, und dann pflegte er in seinem Garten die Rosen, schwamm und segelte, wie gesagt, empfing Freunde und Kollegen in seinem komfortablen Bootshaus und trank sie mit Vergnügen unter den Tisch, denn über seine Kapazität und sein Stehvermögen verfügte kaum einer. Oft aber blieb er während der Dreharbeiten gleich in München und traf sich dort zu Besprechungen oder zu kleinen Cognac-Feten. Dann schickte er seine Mitarbeiter Paul Schraml, den Chauffeur, Hans Dublies, den Maskenbildner, und Otto Sucrow, den Garderobier, nach Hause, das heißt in sein Haus am Starnberger See. »Vorher hat er dann angerufen, daß man sich auf unseren Empfang einstellen möchte, und dafür gesorgt, daß wir fürstlich bewirtet wurden. Es gab wohl keinen seiner engsten Mitarbeiter, der nicht für ihn durchs Feuer gegangen wäre.«

Darum überwältigt Paul Schraml auch heute noch die Erinnerung, wenn er von den letzten Lebensmonaten seines Chefs erzählt: »Er hatte in Wien gespielt, dann mußte er dort ins Krankenhaus. Als er so weit wiederhergestellt war, daß er nach Hause konnte, habe ich ihn in München am Flughafen abgeholt und nach Kempfenhausen in die Klinik gebracht. Er gab sich zwar immer noch herzlich und fröhlich, aber man spürte, daß er nicht ganz in Ordnung war. Als er dann einige Zeit in der Klinik gelegen hatte und sich wieder etwas wohler fühlte, mußte ich ihn abholen. ›Paul, fahr mich noch einmal um den See, aber ganz langsam.‹ Das machten wir zweimal, und als ich ihn nach dem zweitenmal – kurz vor seinem Tod – wieder in der Klinik ablieferte, sagte er ganz traurig: ›Dank dir, Paul, es wird wohl das letzte Mal gewesen sein.‹ Es war das letzte Mal, denn wenige Tage später starb er. Ich hatte gerade an dem Tag seinen Wiener Professor vom Flughafen in die Klinik gebracht – der sah regelmäßig nach seinem Freund und Patienten –, aber als wir dort ankamen, war der Chef schon tot. Es war der 24. Juli 1960.«

Paul Schraml blieb dann auf Wunsch von Hansi Burg in Garatshausen und versah weiter seinen Dienst im Haus und am Steuer. Er erlebte die Erbstreitigkeiten aus nächster Nähe mit. »Die Schwestern vom Chef hatten ja auch den Cadillac mit nach Hamburg genommen. Als nun Frau Burg den Prozeß gewonnen hatte und als Erbin feststand, ließ sie ihn wieder zurückholen. Aber der Wagen war zehn Jahre alt und kaum noch verkehrsfähig. Schließlich mußte ich ihn verkaufen, für 250 Mark hat ihn ein Mechaniker erstanden. Hinterher hat der Wagen dann verschiedene Besitzer gehabt, und heute steht er, voll aufgemöbelt, im Oldtimer-Museum in Ravensburg, als ein Glanzstück der ständigen Ausstellung.«

Der Motorsportjournalist Ernst B. Busch ist der Vater dieses Museums. Und eines Tages fuhr er mit dem frisch aufgeputzten Albers-Cadillac in Tutzing vor, setzte Paul Schraml ans Steuerrad und machte mit ihm eine Hans-Albers-Gedächtnisfahrt von Garatshausen nach Geiselgasteig, wo der Hamburger so viele seiner Filme gedreht hatte.

»Das war wirklich eine schöne Erinnerung an meine vielen guten Jahre in den Diensten von Hans Albers«, freut sich Paul heute noch über diese hübsche Idee.

Albers und sein Chauffeur waren so etwas wie Freunde. Paul Schraml: »Jedenfalls habe ich nie gefühlt, daß ich Angestellter war, und oft haben wir auf dem Starnberger See gesegelt. Ja, segeln konnte der Chef.«

Der Maskenbildner

Als Albers seine Filmkarriere begann, hatte sich sein Haupthaar schon bedenklich gelichtet. Und eine Halbglatze und eine strahlende Siegertype gehen ja nun mal nicht zusammen. Es sei denn, der Komödiant macht sie zu seinem Markenzeichen – wie es Yul Brynner in Hollywood tat. Das wollte Albers wohl nicht, also brauchte er bei der Arbeit ständig Perücken, zumindest aber Toupets. Auch bei Empfängen, Premieren und öffentlichen Veranstaltungen mußte das Spiegelbild stimmen. Darum war Maskenbildner beim blonden, haararmen Hamburger immer eine besondere Vertrauensstellung.

»Man mußte ihm ja immer rechtzeitig die Behauptung aufsetzen«, erzählt Hans Dublies, der diese Aufgabe jahrzehntelang gewissenhaft erledigte. Der Rostocker Junge, Sohn eines Theaterfriseurs, entschied sich früh für denselben Beruf und kam 1930 an die Volksbühne in Berlin. Dort hatte er einen der besten Lehrer, den es seinerzeit auf diesem Gebiet gab: Waldemar Jabs. In Berlin beschloß Dublies 1975 auch seine Karriere: Er war unter der Intendanz von Boleslaw Barlog und Hans Lietzau Chef-Maskenbildner der staatlichen Sprechbühnen von West-Berlin.

»Meine Arbeit für Hans Albers begann natürlich nicht gleich mit Schminke und Puderquaste, so einfach war das nicht. Zuerst durfte ich gerade mal den Spiegel halten, für die höheren Dienste war immer noch mein Chef Waldemar Jabs zuständig, außerdem pflegte sich Albers einfach mit der Puderquaste durchs Gesicht zu gehen – und sah fabelhaft aus. Und dann kam meine große Stunde: Wir drehten in der Nähe von Berlin, und Jabs war im Theater. Ihn holen zu lassen hätte die Arbeit sehr verzögert. Also bot ich mich an, einzuspringen: ›Herr Albers, sollte ich das nicht mal versuchen?‹ – ›Ja, Kleener, wenn du meenst, daß du dat kannst.‹ Ich versuchte es – und hatte gewonnen. Von da an

Ein Vertrauensverhältnis verband den Filmstar auch mit seinem jungen Maskenbildner Hans Dublies, der ihn – mit Ausnahme des Zweiten Weltkriegs – während seiner ganzen Filmkarriere mit Schminke und Puderquaste begleitet hat. Dublies: »Zuerst durfte ich ja nur den Spiegel halten, später aber überließ er alles seinem ›Gesichtsgärtner‹, wie er mich zu nennen pflegte.«

durfte ich ihn nicht nur ›behaupten‹, sondern auch schminken, und von da an wurde auch unser persönliches Verhältnis immer besser und intimer. Für ihn war ich jetzt sein ›Gesichtsgärtner‹.«
Nach einigen Jahren hat Dublies dann sein festes Arbeitsverhältnis an der Berliner Volksbühne gekündigt und sich auf dem freien Filmmarkt getummelt. Mit viel Erfolg und berühmten »Kunden«: Emil Jannings, Adolf Wohlbrück, Willy Fritsch, die Prominenz des deutschen Vorkriegsfilms nahm seine Dienste gern in Anspruch. Aber zu Albers entwickelte sich eben dies besondere Verhältnis, eine Art Freundschaft. Trotzdem geriet er einmal in einen leichten Gewissenskonflikt:
»Ich arbeitete mit Jannings an einem Film, da rief Albers an, er brauche mich für eine Premierentournee. ›Ich kann doch nicht, Herr Albers, ich bin doch im Augenblick bei Jannings beschäftigt.‹ — ›Ach was, der Jannings, dieses Arschloch, du kommst mit mir.‹ Ich machte also den Versuch auf der anderen Seite: ›Herr Jannings, ich kann hier nicht weitermachen, ich muß auf Tournee.‹ — ›Mit wem denn?‹ — ›Mit Hans Albers!‹ — ›Ach, der Albers, dieses Arschloch, das kommt gar nicht in Frage.‹
Die beiden mochten sich wirklich nicht sonderlich, ich aber mochte Albers lieber als Jannings, doch — dort hielt mich mein Vertrag. Trotzdem, Albers war mir nicht böse, rief mich ein paar Tage später an und nahm mich mit nach Paris, zu den Dreharbeiten für den Film *Varieté*, eine deutsch-französische Gemeinschaftsproduktion mit Annabella. Das war Anfang 1935.«
Wie um seinen Chauffeur Paul Schraml, so kümmerte sich Hans Albers auch sehr um Hans Dublies, den er oft im Scherz als seinen unehelichen Sohn vorstellte. Er hatte den jungen Mann in sein Herz geschlossen, und Dublies war wohl jederzeit bereit, ihm das entsprechend zu danken.

Wo immer Albers vor der Kamera stand, Hans Dublies war dabei. Hier bei Außenaufnahmen.

Der Zweite Weltkrieg unterbrach die so fruchtbare Zusammenarbeit von Star und Maskenbildner, Albers filmte weiter, und Dublies »wurde zu den Fahnen geeilt«. Aber gleich nach dem Zusammenbruch tauchte der Maskenbildner wieder auf, er war in englische Gefangenschaft geraten und hatte den Krieg heil überstanden. Mit einem Major war er Ende 1945 als Fahrer in der amerikanischen Zone unterwegs und wagte die Frage, ob er einen Bekannten am Starnberger See begrüßen dürfe. Der Major wollte den Namen wissen. »Es handelt sich um Hans Albers.« Darauf der erstaunte Major: »Ja, glauben Sie denn, daß der Sie kennt?« Dublies konnte da nur lächeln, und der Major sperrte die Augen auf, als Hanne seinen »Heimkehrer« in die Arme schloß. »Mensch, Junge, bleib doch einfach hier. Dies ist doch die amerikanische Zone, da kräht kein Hahn nach dir.«

»Das war typisch Albers, aber es wäre nicht typisch Dublies gewesen, wenn ich seinen Rat befolgt hätte. Ich wollte doch lieber warten, bis man mich von selbst wieder auf die Menschheit loslassen würde.«

Das geschah dann auch bald, und als Albers 1946 am Hebbeltheater erneut den »Liliom« spielte, war auch Dublies schon zur Stelle. Und nun trennte die beiden erst Albers' Tod im Jahre 1960. »Wir waren sehr oft in Garatshausen zu Gast, meine Familie und ich mußten dort auf Wunsch von Albers unbedingt unseren jährlichen Urlaub verbringen, und wir fühlten uns dort wirklich zu Hause. Eines Tages zeigte uns Hans Albers einen kleinen Flecken auf seinem riesigen Grundstück: ›Hier werden wir ein Haus für euch bauen, Hans. Wat willste denn noch in Berlin? Hier is frische Luft, hier kannste gut wohnen.‹«

Aus diesem Plan ist dann leider nichts mehr geworden. Aber die Freundschaft zu Albers hat Dublies über dessen Tod hinaus bewahrt. »Wir mußten auch nach 1960 jedes Jahr zum Urlaub in Garatshausen erscheinen, das wollte Frau Burg so. Und wenn ich einmal anmerkte, daß ich das ja gar nicht verdient hätte, denn ich sei ja für meine Dienste von den Filmgesellschaften immer gut bezahlt worden, dann hieß es nur: ›Nein, Hänschen, das bin ich ihm schuldig. Er hat immer gesagt, solange es geht, nehmt den Hans zu euch, und sooft es geht.‹«

Hans Dublies, Jahrgang 1909, trat 1975 in den Ruhestand, in dem Jahr, als Hansi Burg die Augen für immer schloß und aus dem Albers-Haus eine Fischerei-Versuchsanstalt wurde. Er lebt in Berlin und bedauert nur, daß auch sein Kollege Otto Sucrow, Garderobier, nicht mehr unter den Lebenden weilt. »Wissen Sie, der Otto, das war ein Original. Und den hat Hans Albers auch so gemocht wie mich und Paul Schraml. Der hat ihn ja auch ein Filmleben lang angezogen, so, wie ich ihn eben ›behauptet‹ habe.«

Hans Albers und seine engsten Mitarbeiter — das war schon ein besonderes Verhältnis. Der Star lebte gern und gut, aber er ließ auch gern und gut leben. Er fühlte sich nicht als der »Chef« und wurde doch von Dublies und Kollegen als solcher verehrt. Auch das beschreibt und erklärt einen Teil der außergewöhnlichen Persönlichkeit, die diesen »Filmstar im allerbesten Sinne« für Millionen unvergeßlich macht.

Freunde

Gert Fröbe war einmal zu Gast in Garatshausen. Er hatte in der Nähe ein Grundstück im Auge und nutzte die Gelegenheit zu einem Besuch bei Hanne. Das Albers-Haus mit seinem wunderschönen Garten und dem riesigen Park imponierte ihm sehr. Auch an der Einrichtung mit wertvollen alten Stücken hatte er seine helle Freude. Nur eins behagte dem Großstadtmenschen Fröbe gar nicht: Das Haus erschien ihm völlig ungesichert und dem Zugriff langer Finger allzu leichtsinnig preisgegeben. Er machte Albers darauf aufmerksam, aber der winkte lachend ab: »Laß man, das macht gar nichts. Die Einbrecher wissen doch, daß ich ihr Freund bin.«

Hans Albers war vieler Menschen Freund, es gibt nicht wenige, die heute noch stolz darauf sind, von ihm so genannt worden zu sein. Was jedoch bedeutete Freundschaft für den Filmstar? Er war ein großzügiger, weltoffener Mann, dem die Worte »mein Freund...« leicht über die Lippen gingen. Vor allem in der Öffentlichkeit, und wer gerade gemeint war, fühlte sich natürlich geschmeichelt. Der im Januar 1986 verstorbene Sammy Drechsel, prominenter Rundfunkreporter und langjähriger Chef der »Münchner Lach- und Schießgesellschaft«, sah das so: »Freilich sagte Hanne oft ›mein Freund Sammy...‹. Trotzdem verbietet mir die Ehrlichkeit, zu sagen, wir seien Freunde gewesen. Wir waren gute Kumpel und haben viel miteinander erlebt. Unsere Interessen kamen uns entgegen, wir haben einander auch genützt. Ich glaube aber nicht, daß Hans Albers Freunde gehabt hat, so, wie wir Freundschaften manchmal empfinden. Freunde, mit denen man durch dick und dünn geht, die sozusagen

Mit Berlins Fußballidol der zwanziger und frühen dreißiger Jahre, Hanne Sobek (vorn im Bild), verband Albers eine langjährige Stammtischfreundschaft. Wenn die beiden auf Helgoland Urlaub machten, was öfter geschah, waren sie natürlich eine Attraktion für die Kurgäste.

zum eigenen Dasein gehören. Freundschaft ist eben ein vielschichtiger Begriff, der vielerlei Auslegungen ermöglicht.«

Kollegen, die Hans Albers auch privat gekannt haben und oft mit ihm zusammen waren, glauben zu wissen, das er im Grunde seines Herzens ein einsamer Mensch gewesen ist. Diese Einschätzung entspricht allerdings überhaupt nicht dem Bild, das Hanne in der Öffentlichkeit hinterlassen hat. Und doch mag etwas Wahres daran sein, denn wie oft verbirgt sich gerade hinter Extrovertiertheit und – bei prominenten Leuten – dem Drang nach Publicity ein Stück Alleinsein. Auch die überlieferte Bemerkung seiner Gefährtin Hansi Burg, er sei eigentlich gar nicht der Hoppla-Typ gewesen, als der er sich immer dargestellt habe, paßt zu diesem Bild.

Alles in allem aber ist festzuhalten: Hans Albers war lebenslustig und gesellig, er genoß seine Popularität, seine Beliebtheit wie kaum ein anderer, er war eitel und schämte sich seiner Eitelkeit nicht, er verströmte Sympathie und genoß es – »Hoppla, jetzt komm' ich!« –, Mittelpunkt zu sein.

So sieht es auch der Textdichter und Schriftsteller Max Colpet, der Albers Ende der zwanziger Jahre im legendären Berliner »Romanischen Café« kennengelernt hat: »Nach den ›Verbrechern‹ und nach ›Rivalen‹, erst recht nach ›Liliom‹, war Hans Albers Tagesgespräch in Berliner Künstlerkreisen. Und er wußte es. Wir verstanden uns gut, und als eines Tages Robert Gilbert mich bat, mit ihm zusammen ein Lied für den Albers-Film *Der Sieger* zu schreiben, machte ich gern mit. Daraus wurde dann das berühmte ›Hoppla, jetzt komm' ich!‹«

Colpet lächelt in der Erinnerung: »Eigentlich war das so etwas wie das erste Nazi-Lied. ›Alle Türen auf, alle Fenster auf, und die Straße frei für mich‹, das paßte natürlich zu Albers, aber es hätte auch auf Hitler gepaßt. Aber den haben wir ja damals – leider – noch nicht ernst genommen.«

Gute Kumpel waren Hans Albers und Sammy Drechsel. So jedenfalls sah es der bekannte Sportreporter und Kabarettist: »Wir haben einiges miteinander erlebt, nicht nur in der Loge beim Sechstagerennen.«

Das »Hoppla« war das einzige Lied, das Colpet für Hans Albers geschrieben hat. Aber es hat das Bild des Schauspielers in der Öffentlichkeit stark geprägt. Der Schriftsteller hätte bestimmt noch öfter mit Hanne gearbeitet, aber – auch er mußte vor den Nazis fliehen: »Es gelang mir gerade noch, herauszukommen, nachdem ich meine Wohnung in Berlin schon eine Weile nicht mehr zu betreten wagte, und ich kam erst 1958 nach Deutschland zurück. Dann habe ich mich recht oft mit Hans Albers getroffen. Wir waren einander sympathisch, haben uns oft in Garatshausen gesehen und sind manchmal in Fröhlichkeit und Alkohol untergegangen. Er war schon ein sehr guter Kollege und Freund. Schade, daß er so früh gehen mußte.«

Max Colpet, Jahrgang 1905, lebt heute in München, nachdem er im Hollywood der vierziger und fünfziger Jahre sehr erfolgreich gearbeitet hat: »Ich hatte in Berlin schon für Marlene Dietrich und Billy Wilder geschrieben, und das setzte sich dann später drüben fort.«

Hans Albers war ein begeisterter aktiver Sportler, aber auch Zuschauer. Schon in den frühen Berliner Jahren versäumte er kaum ein Fußballspiel von Hertha BSC, kein Sechstagerennen im Sportpalast und keinen Boxkampf. Die Sportidole jener Jahre waren seine Freunde, ob Max Schmeling, Hans Breitensträter, Franz Diener – oder Hanne Sobek, Berlins Fußballidol der zwanziger Jahre. Mit Sobek verband ihn besondere Zuneigung:

»Ich war damals in meiner Glanzzeit, wir standen mit Hertha dauernd im Endspiel und wurden zweimal Deutscher Fußballmeister. Und auf unserer Ehrentribüne saß Hans Albers. Nach und nach entwickelte sich zwischen uns beiden ein recht freundschaftliches Verhältnis, vor allem, weil wir beide den Fußball und den Stammtisch bei ›Peltzer‹ in der Neuen Wilhelmstraße so gern mochten. Dort trafen wir uns sehr oft: Ernst Udet, der Bankier Karl Wallach, Joa-

Wenn Hans Albers Zeit hatte, erholte er sich in Garatshausen. Und sein Nachbar Ernst Henne, mit dem ihn eine starke Sympathie verband, machte mit ihm oft ausgedehnte Radtouren.

Hans Albers nannte sie seine Freunde: (von links) Hanne Sobek, den Fußballstar, Evelyn Künneke, die Sängerin, Max Colpet, den Schriftsteller und Texter von »Hoppla, jetzt komm' ich«, und Rudolf Fernau, den Schauspielerkollegen, der oft zu Gast im Bootshaus am See war.

chim Ringelnatz und Hanne Albers. Hin und wieder erschien auch mal ein gewisser Dr. Joseph Goebbels, der gern bei der Prominenz weilte. Damals konnte dessen gefährliche Rolle noch keiner voraussehen, außerdem wurde über Politik nicht gesprochen, und ein *bißchen* rechts waren wir alle. Konservativ, möchte ich sagen.

Meist wurde, so zum Spaß, ein wenig gepokert, ohne hohe Einsätze. Aber Albers und Ringelnatz hatten das nach einer Stunde satt und zogen sich an die Bar zurück. Hanne lernte seine Rollen, und Ringelnatz machte seine Gedichte. Auf Bierdeckel schrieb er, was ihm einfiel. Und wenn er eins fertig hatte, warf er uns den Deckel auf den Tisch. Fanden wir es gut, was ihm eingefallen war, nahm er die Dinger mit, waren wir nicht einverstanden, warf er sie in den Papierkorb. Nur eins verband ihn direkt mit Albers: der Whisky. Wenn die beiden den Daumen hoben, wußte der Barkeeper Bescheid. Er ließ die Luft aus ihren Gläsern.«

Die Freundschaft zwischen Hanne Albers und Hanne Sobek währte etliche Jahre. Sie begegneten sich regelmäßig, verstanden sich gut, so gut, daß sie sogar einen gemeinsamen Urlaub wagten. »Der Karl Wallach stellte uns sein Ferienhaus auf Helgoland zur Verfügung, und wir verlebten da fröhliche vier Wochen. Wir waren zwar selten allein – Hanne hatte ja auch eine Dame mit, aber die störte kaum –, denn wir waren damals beide so bekannt, daß dauernd Leute um uns herumstanden, wenn wir uns am Strand oder auf den Straßen zeigten. Doch wir haben auch Stunden für uns gehabt, und als eines Tages Albert Bassermann und Theodor Loos erschienen, durfte ich etwas erleben, was ich nie vergessen werde.

Die beiden großen Mimen hatten mit den beiden Hannes kräftig gekneipt, der Alkohol floß mal wieder reichlich, und der Morgen graute schon, als man sich auf den Heimweg machte. Und dann sprach Theodor Loos einen Satz aus ›König Lear‹ von Shakespeare. Bassermann nahm sofort das Stichwort auf, und

die beiden spielten eine ganze Szene. Das wird ewig in meiner Erinnerung bleiben, so etwas Eindrucksvolles hatte ich noch nie erlebt. Und Hanne Albers hatte Tränen in den Augen.« Die beiden fuhren noch öfter nach Helgoland, dann verloren sie sich ein wenig aus den Augen. Erst 1954, beim Endspiel um die Fußballweltmeisterschaft in Bern, trafen sie sich eher zufällig wieder. Es wurde natürlich ein feuchtfröhlicher Abend.
Das reetgedeckte Bootshaus am Starnberger See birgt viele schöne Geschichten. Es hat fröhliche Runden und bacchantische Nächte gesehen. Des öfteren zu Gast war auch Rudolf Fernau, Filmfreunden unvergeßlich seit »Dr. Crippen an Bord«. Er spielte aber nicht nur Filmbösewichter wie in diesem klassischen Krimi, er spielte vieles, was gut und teuer war. Vor allem auf Deutschlands Bühnen. Fernau hat eine fabelhafte Autobiographie geschrieben: »Als Lied begann's«. Auch von seiner einmaligen Filmarbeit mit Hans Albers, der für ihn ein kraftstrotzendes Phänomen war, erzählt er. Und vom Menschen Hans Albers, den er sehr gemocht hat. Joachim Cadenbach hat ihn für seine Albers-Biographie zu einer ausführlichen Schilderung bewogen:
»Albers hat mich von Garatshausen oft in München angerufen und gesagt: ›Komm doch rüber, ich lass' dich abholen!‹ Wir haben dann zu Abend in seinem Haus gegessen, Hansi Burg war meist sehr schweigsam, sie ist eine kluge Frau mit damenhaftem Charme, aber sie ist etwas kontaktarm.
Ich bin ein Mensch, der dankbar ist, wenn er verehren darf... Ich habe Albers verehrt und erforscht. Er war nicht zu allen zugänglich, er distanzierte sich auch sehr, er war nicht aller Welt Freund. Er merkte sofort, was echt war und was nicht. Und doch war er naiv. Kindlich naiv. Er sprach schon mal vom Sterben. Aber er sagte sich: ›Was kann mir schon geschehen, ich bin doch überall der liebe Gott, und hast du schon mal gesehen, daß der liebe Gott stirbt? Ich kann doch nicht sterben!‹ Die Sympathie, die Welle, die ihm vom Publikum entgegenschlug, trug ihn, er brauchte sie.

> Gottfried Reinhardt schreibt über seinen Vater Max, der nach 1933 mit zwei Inszenierungen auf Tournee war:
> »Die Tournee stellte den Tiefpunkt seines Wirkens dar. Der aus dem Dritten Reich kommende Hans Albers, welcher der Reinhardtschen Truppe in Basel mit seinem Berliner ›Liliom‹ folgen sollte, erzählte mir, der Schweizer Theaterdirektor habe ihn inständig gebeten, bereits zwei Tage vor dem angekündigten Abschluß der Reinhardt-Vorstellungen aufzutreten, da deren Häuser leer waren, sein Gastspiel hingegen bereits im vorhinein ausverkauft. Der ehemalige Reinhardt-Schauspieler Albers hat diese Zumutung von sich gewiesen, was ihm zu einsamer Ehre gereicht.«

Er hatte in Garatshausen nicht viele Menschen um sich. Er hatte da ein kleines Königreich und hat sich ein bißchen isoliert... Wir sind in sein Bootshaus gegangen — haben ein paar Flaschen Wein mitgenommen und da gesessen. Man sah das Kreuz, wo König Ludwig ertrunken ist, und man sah das andere Ufer und die Berge.

Und Albers sagte: ›Mensch, wenn du die Augen zumachst, da denkste, du bist in Blankenese.‹ Die Sehnsucht blieb.«

Die Sehnsucht nach der Alster hat Albers nie verlassen, nicht am Starnberger See und nicht an der Spree. Und was Fernau schreibt, deutet auch auf den anderen Albers hin, auf den Mann voller unerfüllter Wünsche. Im Grunde also doch ein einsamer Mensch, der in fröhlicher Runde außer Unterhaltung und Entspannung auch Vergessen gesucht hat? Der nicht frei war von Selbsttäuschungen, wie so viele mit polterndem Temperament? Man möchte es fast glauben.

Und ein Mensch auch, der manchmal Angst hatte, Angst vor dem Exhibitionismus seines Berufes. Sammy Drechsel wußte davon zu erzählen: »Hanne hatte Angst vor der Technik, vor der Kamera wie vor dem Mikrofon. Er gab gar nicht gern Interviews im Funk. Das wurde mir ganz deutlich, als ich das erste Gespräch mit ihm führte. Er gab es auch zu. Aber ich fand Zugang zu ihm, und das sollte mein Glück sein, denn fortan wollte er vor dem Mikro vorzugsweise nur mit mir reden. Wenn er irgendwo in der Bundesrepublik zu einem Interview gebeten wurde, sagte er meist: ›Ja, wenn ihr den Sammy holt, können wir das machen.‹ Und die Sender holten mich, ich reiste an, ob in Hamburg, ob in Köln, ob in Frankfurt oder Stuttgart. Ich wurde sozusagen sein Leib- und Magenreporter. Für meine Funkkarriere war das natürlich hervorragend, denn auf diesen Reisen habe ich viele Filmgrößen kennengelernt und interviewt. Insofern habe ich Hanne sehr viel zu verdanken.«

Aus dieser Zusammenarbeit hat sich zwischen Albers und Drechsel dann diese »kumpelhafte Freundschaft« entwickelt. Dazu kam auch hier die gemeinsame Liebe zum Sport, zum Fußball, Boxen, Eishockey, Sechstagerennen. Oft hat ihn Sammy in Garatshausen abgeholt, und wenn er mit ihm die Arena betrat, wurden beide gleich per Lautsprecher mit großem Hallo begrüßt. »Einmal war die Begeisterung bei den Six Days in München so groß, daß ich Hanne überredete, doch mal 'ne Ehrenrunde zu fahren. Er machte mit, und der Jubel in der verräucherten Halle war unbeschreiblich. Er ist dann auch gleich fünfzehn Runden gefahren, aber er stand so was ja durch, und die Zuschauer waren sowieso aus dem Häuschen.«

Also: Auch die Freundschaft mit Sammy Drechsel ist sehr differenziert zu betrachten. Ebenso wie die mit dem Motorradweltmeister der dreißiger Jahre Ernst Henne.

Albers und er waren Nachbarn am Starnberger See, sie waren einander sympathisch und beide sehr populär. Wohin sie auch kamen — und sie wurden oft zusammen gesehen —, feierte man sie, und beide genossen es. Der eine sonnte sich im Ruhm des anderen. Aber Freundschaft? Große Sympathie und gute nachbarschaftliche Verbundenheit, das trifft wohl eher den Kern dieser Beziehung.

Natürlich gab es auch Freundinnen in Hans Albers' bewegtem Leben, dank der Großherzigkeit von Hansi Burg sogar viele. Und aus manchem Flirt entwickelte sich eine Beziehung, die jenseits von Sex beiden Beteiligten viel bedeutete.

Evelyn Künneke hat das in ihrer ausgezeichneten Lebensrevue »Sing, Evelyn, sing« sehr bewegend geschildert:

»Hans Albers. Dreimal hatte ich mit ihm zu tun. In einem Zürcher Plattenstudio nahmen wir Duette auf: ›Das gibt es nur in Texas‹ und ›In Arizona und Arkansas (da laßt uns beide hin und grüne Bohnen ziehn!)‹. Wir hatten dabei einen kleinen Flirt, aber der lief so anständig, daß ich meine Liebe für ihn bis heute im Herzen bewahre. In München spielten wir später ›Dreigroschenoper‹ zusammen, und da mußte ich ihm immer die Anfangszeilen seiner Gesangstexte zuflüstern, er konnte sie nicht im Kopf behalten. 1977 nahm ich bei der Hamburger Teldec ›Das Lied von Hans Albers‹ auf Platte – ein Duett mit einem Verblichenen. Die Stimme von Hans mischte sich elektronisch mit meiner Stimme, und meine Schlußworte hießen: ›Danke schön, Hans! Ich kann mir schon denken, was du da oben machst ... grüne Bohnen ziehn, was?‹ ›Olé‹, rief er noch einmal aus dem Studiolautsprecher, dann fielen mir die falschen Wimpern von den Augen, und über meine Wangen rann schwarze Tusche – ich weinte. Mein Produzent kam herbei und sammelte die feuchten Wimpern wieder auf, ach, Ende.«

Wie gesagt, Hans Albers mochte die Frauen, er liebte sie und pflegte ihre Freundschaft. Doch zu Hause war er nur bei Hansi Burg, ohne die – so soll er einmal gesagt haben – sein Leben halb so schön gewesen wäre. Sie war ja auch sein guter Geist, nahm nach der Rückkehr aus der Emigration die eigene künstlerische Karriere nicht wieder auf, widmete sich ganz Hanne und seiner Arbeit. Sie suchte für ihn die Rollen aus, sie machte die Verträge, sie feilschte um die Gagen – und sie bot ihm in den wenigen Pausen der nervenverschleißenden Filmarbeit die Ruhe und Geborgenheit, die der unruhige Hamburger so dringend brauchte.

Und an ihrer Seite hat Hans Albers die »Freunde fürs Leben« sicherlich kaum vermißt.

»Auf dem Rummelplatz, das ist was los, mein Schatz«. Albers 1935 in Frankreich bei den Dreharbeiten zu *Varieté* mit Jacob Geis, dem Co-Regisseur des Films, mit Hans Dublies, dem Maskenbildner, und Otto Sucrow, seinem legendären Garderobier, auf der »fête de Neuilly«, einer großen Kirmes der Stadt.

ATELIER DEGEN
HANS
ALBERS
Der seit langem erwartete Farbfilm
Freiheit

Das Herz von St. Pauli

St. Pauli hat Hans Albers nicht vergessen. Es gibt den Albers-Grill, die Albers-Klause, das Albers-Eck. Und das alles am Hans-Albers-Platz.

Im Herbst 1985 führte ich in St. Pauli zwei Wochen lang eine Reihe von Gesprächen mit Anwohnern des Hans-Albers-Platzes und mit St. Paulianern, die in seiner Umgebung wohnen.

Zwei Nachmittage und eine Nacht habe ich mit den Toilettenfrauen der »öffentlichen Bedürfnisanstalt« auf dem Albers-Platz zugebracht, die zum Ende des Jahres ihren Arbeitsplatz verloren, weil ihr Häuschen zugunsten eines Hans-Albers-Denkmals abgerissen wurde.

Ich wollte nur eins wissen: Wie denken die Leute hier über Hans Albers? Ist er ihnen überhaupt noch ein Begriff?

Die Antworten haben selbst mich St.-Pauli-Kenner verblüfft. Zwei Drittel der Interviewpartner hatten eine recht »reservierte« Einstellung zum blonden »Hanne«. Kritiklose Fans habe ich kaum getroffen.

»Das Herz von St. Pauli ist meine Heimat . . .« hat Hans Albers einst gesungen, aber damit kann er nicht den Hans-Albers-Platz gemeint haben. Die St. Paulianer halten diesen Platz, an dem die Mädchen besonders billig sind und die Straßenreinigung besonders nachlässig ist, eher für die Kehrseite des Kiezes.

»Wie gut, daß unser Hanne schon tot war, als dieser Platz nach ihm benannt wurde«, sagen viele Hamburger. Er hätte was Gediegeneres verdient.

Bis 1964 hieß der Albers-Platz Wilhelmsplatz. Albers war vier Jahre tot, als die Hansestadt auf die Idee kam, ihrem großen Sohn einen Platz zu widmen. 25 Jahre war er tot, als ein Düsseldorfer Künstler das »La Paloma« am Albers-Platz kaufte und, um auch seinen eigenen Stern ein bißchen zum Glänzen zu bringen, den Bürgermeister von Dohnanyi mit der »Schenkung« eines Albers-Denkmals beglückte. Da menschliche Bedürfnisse auf St. Pauli sowieso mehr und mehr mit Füßen getreten werden, paßte es ganz gut, daß die »Bedürfnisanstalt« nun mit dem Argument »Hans-Albers-Denkmal« wegsaniert werden kann.

»Opa« ist Portier vor dem »Sauna-Club« am Hans-Albers-Platz. »Opa« ist Ende Dreißig und hat den Spitznamen im Hafen »eingefangen«, weil er beim Kampf um die Arbeit immer der letzte war. Ich frage ihn nach Hans Albers:

»Der hat viel gesoffen. Seine Filme, na ja, die belächel' ich. Ein Mann, der Seemannslieder singt und nie zur See gefahren ist, das ist doch irgendwie der Hohn. Er ist 'ne Kitschfigur, die bei den alten Seelen noch hängt. Ich find' das gut, seine Jahrgänge, die zerren sich die alten Schinken rein, die mögen ihn. Na ja, warum auch nicht. Ich gönn' dem alten Jungen mal 'nen kleinen Aufwind. Das könnte dann ja auch dem Platz hier zugute kommen. Is ja tote Hose hier zur Zeit.«

»Gibt es Leute, die hier mal nach Hans Albers fragen?«

»Eigentlich nicht. Die Leute, die hierher kommen, ist doch klar, was die wollen. Bist doch von hier, da weißte doch, was läuft . . . Aber irgendwie muß ich den Kerl bewundern. Keine Ahnung von der Seefahrt, aber Millionen Märker damit gemacht. Ich bin ja nicht schlecht beim Neppen, aber der Hans konnt's besser. Wenn man den schon so gucken sieht mit seinen angestrahlten blauen Augen, der konnt so schön traurig gucken, so guckt mein Hund auch immer.

Aber laß man, der war schon ganz in Ordnung, ist ja nur der pure Neid der Besitzlosen, die mosern halt alle über ihn. Auch bei mir ist das der pure Neid.«

Dem Neid der Besitzlosen begegne ich noch mehrfach auf meiner Hans-Albers-Gedächtnis-Tour.

Zum Beispiel in der Gestalt von Marion. Ich treffe Marion in einem Stehausschank am Albers-Platz. Sie schafft hier an und hat heute noch nicht mal Handgeld, das heißt ihre Unkosten gedeckt. Ihre zu erwartende Nachteinnahme steht aber bereits auf dem »Zettel« der Wirtin im Soll. Was sie dafür als Gegenwert bekommen hat, hat ihren Blick silbern-glasig und ihren Gang schwankend gemacht.

Marion: »Hans Albers, interessiert mich nich' die Bohne. Der hat sich doch hier

So hat man ihn auf St. Pauli geliebt: Immer war Stimmung, wenn Hanne ins Lokal kam.

nicht blicken lassen. Alles Schwindel mit die Filme. Das ist doch alles Studio gewesen. Hier hätt' der einen ausgeben müssen. Aber der hatte zugenähte Taschen. Guck dich mal um hier. Am Albers-Platz ist tote Hose. Alle hamse zugenähte Taschen.«
Ein Stammgast, der sich bis dahin schweigend an seinem Bier festgehalten hat, wird plötzlich munter:
»Mensch, Marion, du bist ja grad' geboren, als der Krieg aus war. Ich hab' den Albers hier selbst bei Außenaufnahmen gesehen, da hast du noch in die Windeln geschissen. Die haben da oben am Bismarckdenkmal gedreht und auch hier vorne neben dem ›Menke‹. Da hat Hans Albers einen ausgegeben. Einmal, da war das lausig kalt, und da hat er gerufen ›Drehschluß!‹ und ›Grog für alle!‹. Die Filmleute mußten da kübelweise Rum und heißes Wasser vom ›Lehmitz‹ ranschleppen. So geizig kann der also nicht gewesen sein.«
Ich setze meine Runde fort und treffe auf ein paar junge Leute, die gerade eine Wohnung im Nebenhaus renovieren.
Ein junger Mann aus der Wohngemeinschaft: »Hans Albers war ein Segler.«
Eine Mitbewohnerin fällt ihm ins Wort: »Ach Quatsch, der hat Filme gedreht, die man sich auch heut noch angucken kann.«
»Und deswegen hat man einen Platz nach ihm benannt?«
»Warum nicht. Das gibt blödere Typen, nach denen Plätze benannt worden sind. Auf dem Platz steht ein Lokus. Vielleicht war der Albers mal drin oder so.«
Mein nächster Gesprächspartner ist noch respektloser:
»Hans Albers? Der ließ bei St. Anschar [Hamburger Beerdigungsunternehmen, GZ] arbeiten und hat jetzt einen Bungalow im Tiefparterre in Ohlsdorf [Friedhof, auf dem H. A. begraben liegt, GZ] gemietet.«
Während wir noch im Gespräch sind, kommt Pico mit einem Essens-Tablett

vorbei. Er ist »Ritzenkellner«. So nennt man Männer, die den Freudenmädchen das Essen an den Arbeitsplatz bringen. (Sie könnten ja sonst einen Stammfreier verpassen, der nach ihnen sucht.) Pico ist in der Herbertstraße geboren und kennt den Kiez seit dem Babyalter:

»Hans Albers? Das war so einer, der auf Seemann gemacht hat. Aber so'n richtiger Seemann war das nicht. Dem hättste erzählen können ›Ein Schiff hat Räder‹, und der hätt's geglaubt. Aber singen konnt der, hört man ja heut noch oft. Als er jetzt Todestag oder so'n Jubiläum hatte, war der NDR mit 'nem ganzen Team und Übertragungswagen hier mitten auf dem Albers-Platz.«

Einem vorbeitorkelnden Schweden halte ich mein Mikrofon hin: »Wissen Sie, wer Hans Albers war?«

»Ingenting, nej ingenting...« läßt er sich vernehmen und stützt sich an einem parkenden Auto ab. Fehlanzeige, ich ziehe weiter. Im »Enten-Grill« bekomme ich tiefere Einblicke ins Privatleben von Hanne: »Oh, Hans Albers? Von dem weiß ich, daß er mit Marlene Dietrich in den Kulissen rumgemacht hat. Das ist nicht gesponnen. Ich weiß das von einem verstorbenen Freund, der da auch in den Kulissen zugange war.«

»Was wissen Sie sonst noch über Hans Albers?«

»Ja, das war ein großer blonder Mann mit blauen Augen, und auch sonst war er viel blau, wie man sagt. Auf Matrose hat er gemacht und war so maritim eingefärbt. Was mir auch noch einfällt, ist, man hat es ihm hoch angerechnet, daß er damals zu seiner Lebenspartnerin, die Jüdin war, sein Verhältnis nicht aufgegeben hat, und von den Nazis hat der sich gar nichts sagen lassen. Das sollte man nicht vergessen, wenn man Hans Albers bewertet.«

Weitere Gäste vom »Enten-Grill«, die Wirtin Brigitte und auch Köchin Ruth sind bei dem Namen Hans Albers hellhörig geworden. Alle haben nun was beizusteuern:

Die unvergeßliche Hafenrundfahrt aus *Große Freiheit Nr. 7* mit Albers am Mikrofon.

»Albers, der konnte doch gar nicht singen.« – »Ach, laber nicht, klar konnt' der singen. Wenn ich dun bin, hör' ich mir das gern an. Allerdings sagt mir die Musik sonst nicht so zu, wenn ich keinen im Kahn hab'.« – »Nächstes Jahr kommt hier ja sein Denkmal auf den Platz. Der Lokus soll dann weg. Find' ich total bescheuert. Sind eh keine Lokusse hier im Viertel.« – »Das Denkmal hab' ich gesehen. Total beknackt. Außer dem Schifferklavier hab' ich da wenig Ähnlichkeit entdeckt.« – »Hier in der Musikbox ist keine einzige Albers-Platte. Unseren Aufsteller haben wir schon so oft um eine Albers-Platte gebeten. Der kommt einfach nicht rüber damit.«

Als ich das Lokal verlasse, ist eine lautstarke Debatte über Hanne in Gang gekommen. Draußen vor der Tür treffe ich auf Sonya. Sonya schafft hier schon seit zehn Jahren an.

»Hans Albers? War so'n Sänger und Schauspieler. Aber er war ein Kerl, und die taugen alle nichts. Kannst einen ausgeben oder mitgehen, aber laß die dummen Fragen.«

»Das schlechte Geschäft macht schlechte Laune«, denke ich nur und besuche die »Königin der Nacht«, Domenica, in der Herbertstraße. Domenica: »Was soll ich von Hans Albers wissen. Das war doch mindestens 1910, als der aktiv war. Sein Vater war Schlachter, das hab' ich mal im Fernsehen mitgekriegt. Ansonsten hab' ich da nix mit am Hut.«

Das war wohl nichts. Ich gehe zurück zum Albers-Platz. Der Barkeeper vom »Albers-Eck« hat eine Neuigkeit für mich:

»Albers, das war ein Bayer, den se auf norddeutsch getrimmt haben. Das hat mir mal ein Gast vom Rundfunk verraten, und die müssen's ja wissen. Den hat man so als singenden Seemann verkauft, und das lief ja, glaub' ich, ganz gut.«

Beim Zuhören wandert mein Blick über die Kneipensprüche an der Wand und bleibt an einem hängen: »Frauen lieben simple Dinge, zum Beispiel MÄNNER!« »Männer« ist durchgestrichen und durch »Hans Albers« ersetzt!

Im griechischen Imbiß »Taverna Hellas« stoße ich auf die erste ortsansässige Person, die nicht weiß, wer Hans Albers war. Seit zwanzig Jahren ist Cia nun in Hamburg und arbeitet Tag für Tag zwölf Stunden direkt neben dem Albers-Platz. In der Musikbox nur griechische Musik. Auf der Speisekarte griechische Speisen mit griechischem Wein. Eine kleine griechische Insel mitten auf dem Kiez. Ich sitze hier oft und unterhalte mich gerne mit Cia. Cia kennt Hanne nicht, na und?

Die nächste Station meiner Neugierde ist wieder ein Stehimbiß. Verkäuferin Schmiddel: »Ich kann dir erklären, was eine Currywurst ist, aber sonst weiß ich nix, gar nix. Wir sind doch alle doof hier auf der Ecke.«

An ihrem Ton merke ich aber deutlich, wen sie hier für doof hält. Ich wünsch' ihr bessere Geschäfte und bessere Laune und begebe mich in meine etwas weiter weg liegende Stammkneipe »Feldkeller«. Durch meine Fragen nach Hans Albers löse ich unter den Schaustellergehilfen und Schlachthofarbeitern fast eine Keilerei aus:

»Hans Albers, das war ein Original, jawohl, ein Original war das!« – »Aber singen konnt' der nicht. Der kam nicht rauf und nicht runter. So 'ne Art Sprechgesang, das war seine Masche. Aber ein Original war er.« – »Das ist ja nun Quatsch, was du erzählst. Der Albers war ein sehr guter Sänger und ein Spitzenschauspieler.« – »Ach Quatsch, beides konnte der nicht. Keinen Ton konnte der lang halten.« – »Na und, dann hör dir doch die heutigen Affen mal an. Das ist doch alles Schrott. Da, da, da, balla, balla, balla, vergiß es.«

Eifernd mischt sich noch ein Rentner in den Streit: »Jawoll, heut is in der Musikbox nur noch Remmidemmi. Der Albers hat Glück, daß er das nicht mehr erleben mußte. Der hat's fein ruhig in Ohlsdorf.«

War Hanne denn nun ein richtiger Sänger, oder war er keiner? Leicht verdattert darüber, daß dies offensichtlich strittig ist, mache ich mich auf zu einem alten

---

Géza von Cziffra: »...Mein Zimmernachbar war diesmal nicht Ferdinand Marian, sondern ein anderer berühmter Schauspieler. Als ich zum erstenmal das Zimmer betrat, standen dort genauso viele leere Schnapsflaschen herum wie bei Ferdl. Hans Albers hatte das Zimmer bezogen. Albers stand Marian, was den Alkoholkonsum anbelangt, bestimmt in nichts nach. Ein großer Unterschied bestand allerdings: Hänschen merkte man fast nie an, daß er betrunken war. Er erklärte mir einmal sein Geheimnis: ›Ich benehme mich einfach auch dann, wenn ich vollnüchtern bin, so, als ob ich besoffen wäre.‹«

> Heinz Rühmann in seinen Erinnerungen »Das war's«:
> »Das Drehbuch verlangte, daß mein großer Kollege und ich aus einer Barkasse an Land sprangen und frohgemut schlendernd eine hohe Treppe zum Kai hinaufgingen, im Takt zu Werner Richard Heymanns Lied ›Das ist die Liebe der Matrosen‹ ...Wir fanden die Probe schon sehr schön, aber Herr Schwarz meinte: ›Machen Sie das noch mal, meine Herren, und ohne diese Operettenbewegungen.‹ Große Pause.
> Dann sagte der blonde Hans zu mir: ›Haben Sie das gehört, Herr Kollege, Operettenbewegungen!‹ Dann zu unserem Regisseur: ›Also, ich will das aber nicht gehört haben, Herr Spielleiter. Für heute ist Schluß. Spielen Sie Ihre Operette alleene!‹«

Bekannten — Bernhard Weber, Antiquar und Albers-Spezialist. Jetzt will ich's genau wissen, von einem, der es wissen muß.

Günter Zint: »Was ich jetzt immer wieder bei meinen Umfragen auf St. Pauli gehört habe, ist, daß viele Leute sagen: ›Der konnte gar nicht singen!‹ — ›Sein Gesang war doch nur Sprechgesang.‹ — ›Der hätte keinen hohen und keinen tiefen Ton halten können.‹«

Bernhard Weber: »Also, das ist verkehrt, wobei ich gestehen muß, daß viele das anders sehen. Er hat in den dreißiger Jahren — und dafür habe ich Belege — bei einigen Aufführungen Richard Tauber vertreten können, zum Beispiel in der ›Blume von Hawaii‹. Er hat in Nelson-Revuen mitgesungen, wo man Stimme und ein stimmliches Können braucht. Also, ich finde, gerade Albers hat, wie kaum ein anderer Künstler, die Stimme beherrscht bis ins hohe Alter. Er konnte mit seiner Stimme enorm umgehen, und zwar in der Tradition der alten Franzosen — Maurice Chevalier usw., das konnte Albers zweifelsohne. Und er war hochmusikalisch.«

GZ: »Gibt es denn auch Schallplatten von seinen variableren Sangeskünsten?«

BW: »Ja, es gibt sehr alte Aufnahmen, wo er mit Irene Ambros singt, aus einer Nelson-Revue: ›Ich will Sie küssen, wenn Sie es verlangen.‹«

GZ: »Na ja, die Operette wird ja bei den Sängern auch nicht so als richtige Musik ernst genommen ...«

BW: »Nein, also, er ist um Gottes willen kein Opernsänger gewesen. Er ist ein singender Schauspieler gewesen, der unwahrscheinlich mit der Stimme umgehen konnte, der Höhen und Tiefen hatte und vor allen Dingen, was wichtig ist, auch eine stimmliche Durchschlagskraft besaß; der ohne Mikrofon — ich glaub', das war nach dem Krieg in München — auch die ›Dreigroschenoper‹ gesungen hat, und wer den Mackie Messer singen kann ... da geht das zum Schluß zum a hoch, das hohe a, das hat er geschafft, also konnte er singen! Es ist bloß eben sein Stil gewesen, vom Sprechen, also von der Diktion der Sprache zu kommen, und er hat eben viel Sprechgesang gemacht, aber er hat immer Legato drin gehabt, hat also auch Bögen gesungen.«

GZ: »Eine weitere Sache, die mir immer wieder begegnet ist bei meinen Gesprächen mit St. Paulianern, war die, daß man sagte, er habe mit Seemannsliedern und seinem Seemanns-Image viel Geld verdient, hätte aber nicht die geringste Ahnung von der Seefahrt gehabt. Wissen Sie darüber etwas?«

BW: »Es gibt 'ne Schallplatte aus dem Jahre '57 oder '58, da führt, glaub' ich, Ria Hans durch diese Platte, und da sagt Albers selbst, er sei zur See gefahren. Aber ich glaube, das hat er mehr im Suff erzählt; er ist in der Tat nie zur See gefahren. Er ist als Junge wie viele St. Paulianer und Eimsbüttler über die Alster geschippert, aber er ist nie zur See gefahren. Er ist also nie draußen gewesen.«

GZ: »Ich habe am ganzen Hans-Albers-Platz nur zwei Kneipen gefunden, die überhaupt noch Hans-Albers-Platten in ihrer Musikbox haben: zwei, und zwar jeweils die gleichen: ›La Paloma‹ und ›Auf der Reeperbahn nachts um halb eins‹. Ich habe herumgefragt, warum das so ist, und erfahren, daß die Automatenaufsteller in die Boxen ein automatisches Zählwerk eingebaut haben, womit die Häufigkeit der Plattenwahl festgestellt werden kann. Die Platten, die am wenigsten gewählt werden, fliegen raus. Die Albers-Lieder sind nicht häufig genug gedrückt worden, also sind sie rausgeflogen. — Glauben Sie, daß Hans Albers out und vergessen ist?«

BW: »Ja, ich bin davon überzeugt, daß in den Kneipen der Umgebung St. Pauli/Hans-Albers-Platz wenig Freunde von Hans Albers zu finden sind. Da sind halt Zuhälter, ihre Mädchen, Nachtbummler usw., und ich kann aus meiner Sicht sagen, hier im Geschäft, daß ich sehr viele Hans-Albers-Platten verkaufe, wenn ich sie da habe, wenn ich sie ankaufen kann. Und das Interesse dabei ist, daß nicht die alte Generation die Platten kauft, sondern die Jungen. Neulich waren auch Punker hier im Laden. Ich dachte erst, die wollen sich einen Witz erlauben, aber sie suchten Hans-Albers-Platten. Grade die Jugend kauft Albers-Platten.«

GZ: »War Albers eigentlich wirklich so unpolitisch, wie es heißt? Ich hab' zum Beispiel auch Lieder von ihm gehört, da singt er ›Die Braut des Soldaten ist das Gewehr‹, und er hat auch einige Lieder gesungen, in denen es schon recht kämpferisch zugeht.«

BW: »Ja, das ist aber ein Antikriegsstück gewesen, ›Rivalen‹ mit Albers und Kortner. Da muß man die ganze Handlung kennen, um auch das Lied zu verstehen. Albers hat den Krieg gehaßt, und er hat die Nazis gehaßt. Er hat's auch unwahrscheinlich geschafft, in der Zeit keine Nazifilme zu drehen, bis auf einen: ›Carl Peters‹. Das war auch unter Selpin, der ja von den Nazis ermordet wurde. Wenn man den Film heute sehen würde, wär er harmlos. Das ist für mich also kein Tendenzfilm. Es gibt einen Film noch, ›Flüchtlinge‹ mit Käthe von Nagy und Eugen Klöpfer. Das war auch ein Tendenzfilm, aber da ist eben interessant zu wissen, daß der Film vor der Naziherrschaft gedreht wurde, und die Nazis haben sich das dann zu eigen gemacht.«

GZ: »Erklären Sie doch mal — Sie sind ein Mann Anfang Vierzig —, was hat Sie an Albers so interessiert, und wieso sind Sie ein beinahe professioneller Albers-Fan?«

BW: »Ich hab' Albers nicht zuerst gesehen, sondern gehört, und war als Kind von der Stimme, von der musikalischen Ausdruckskraft begeistert. Ich glaub', mit elf Jahren hab' ich ihn zuerst gehört, und diese Stimme hat mich quasi nie verlassen. Also, ich hab' die immer weiter gehört und bin darüber an und für sich zum Schauspieler gekommen, zum Komödianten, Kabarettisten und großen Bühnenschauspieler und hab' ihn dann eigentlich erst richtig kennengelernt. Was mich also begeistert hat, war am Anfang die Stimme, die Art, wie er sang.«

GZ: »Haben Sie auch mit der Singerei was zu tun?«

BW: »Ja. Ich hab' ne Opernausbildung.«

GZ: »Hat eigentlich jemals die von Hans Albers besungene Romantik St. Paulis, des Hafens und der Seefahrt existiert?«

BW: »Ich glaube, unsere Eltern haben eine gewisse Romantik auf St. Pauli gehabt. Es war volkstümlich, es wurde enorm viel Kultur geboten, Varietés, Theater, für Kinder Kasperltheater usw. Ob die Seefahrt jemals eine Romantik hatte, das bezweifle ich. Das ist also immer harte und härteste Arbeit gewesen. Ich glaub', daß Albers diese Seemannstypen gespielt hat, weil er zuerst mal eine romantische Seele war, und dann, weil er sehr viel Geld damit verdient hat, aber im Grunde kam er von der Klassik und hat das auch in einem seiner letzten Filme gezeigt: *Vor Sonnenuntergang*, die Hauptmann-Geschichte. Da hat er gezeigt, was an Schauspielerischem in ihm stecken konnte, wenn er von diesen Seemannstypen weggebracht wurde. Interessant ist zu wissen, daß Gustaf Gründgens in seine Aufführungen ging. Der hat sich dreißigmal ›Liliom‹ angesehen — in Verkleidung. Das ist bekannt. Der ist immer wieder hingepilgert, um sich Albers anzugucken. Curt Riess hat das mal geschrieben. Albers gehörte zu den Leuten, die von der Pike auf gelernt und gearbeitet haben.«

Auf dem Rückweg zum Albers-Platz, zufrieden und gut informiert, schaue ich noch bei Fritz Schreiber im Café »Charlie« an der Kleinen Freiheit vorbei. Fritz Schreiber hat lange Zeit ein Lokal am Albers-Platz gehabt.

»Hans Albers war eigentlich nicht der typische St. Paulianer, für den er in den Medien herhalten muß. Er hat viele Jahre, vor allem als er älter wurde, am Starnberger See in Garatshausen gelebt. Für St. Pauli tut er aber heute noch recht viel, indem er immer noch ›Auf der Reeperbahn nachts um halb eins...‹ singt. St. Pauli ist ein so vielseitiger und brodelnder Stadtteil, der unbedingt ein Idol braucht, um sich überhaupt präsentieren zu können. Insofern ist das schon viel, was Hans Albers für diesen Stadtteil getan hat. Albers würde heut-

---

Bei den Außenaufnahmen zu <u>Bomben auf Monte Carlo</u> erlebte Rühmann in Monte Carlo Tag für Tag folgendes Ritual:

»...Schon damals wiederholte sich jeden Morgen, wenn Hans Albers ins Studio kam, das gleiche Spiel: Nach einem kräftigen ›Guten Morgen‹ stellte er die Kasperlfrage: ›Seid Ihr alle da?‹ Darauf die ganze Belegschaft im Chor: ›Jaaa.‹

Hannes war's zufrieden, jetzt konnte er seine Pointe abschießen: ›Darum s-tinkt's auch so.‹

Gemeinsames Morgengelächter.

Später nahm er noch eine Abend-Variante auf. Nach Drehschluß erklärte er: ›So, jetzt wird einer reingelegt.‹ Prompt fragte einer: ›Wer denn?‹ Und Hannes verkündete triumphierend: ›Der Arsch ins Bett!‹

Es hatte etwas Befreiendes, seine Freude an der eigenen Pointe zu erleben.«

> Schauspieler kommen manchmal über einen Satz nicht hinweg, so erging es auch Hans Albers bei den Aufnahmen zu seinem letzten gemeinsamen Film mit Heinz Rühmann. Rühmann schreibt:
> »Der Dialog zwischen uns war einfach:
> Ich: ›Eine Revue muß her, und die nennen wir...‹
> Er ergänzt: ›...Auf der Reeperbahn nachts um halb eins!‹
> Wir hatten die Szene schon vierzehnmal gedreht, doch ausgerechnet dieser Satz, den er Tausende von Malen gesungen hatte, kam nicht. Längst war die normale Arbeitszeit überschritten. Geduldig hielten Regisseur Liebeneiner, Kameramann Kurt Schulz und Belegschaft aus. Ich machte einen Vorschlag: ›Großer Kollege, ich werde sagen: ...und die nennen wir Auf der Reeperbahn...dann brauchen Sie nur zu ergänzen: ...nachts um halb eins!‹
> ›Fabelhaft!‹ Albers war sofort wieder obenauf und fragte Liebeneiner: ›Warum drehen wir nicht endlich?‹
> Also: Licht! Ton ab! Die 267. das fünfzehnte Mal, bitte Aufnahme!
> Ich: ›Eine Revue muß her, und die nennen wir Auf der Reeperbahn...‹ Präzise ergänzte Hans: ›...nachts um halb *zwei*.‹
> Strahlend sieht er sich um, überzeugt, die Hürde genommen zu haben.«

zutage bestimmt von irgendeiner Werbeagentur als Markenzeichen für St. Pauli eingetragen werden.«

Auch am »Eros Center« komme ich auf meinem Gang durch die Große Freiheit vorbei. Im »Eros« stehen die »Frischlinge«, der Nachwuchs sozusagen. Mal hören, was die Mädchen dort von Hanne wissen. Kaum stehe ich in dieser Tiefgarage der Erotik, da unterziehen schon zwei Mädchen meine Jackenärmel einem Materialtest. Ich versuche zu erklären, daß ich im Moment ganz andere Interessen habe. Ein dünnes blondes Mädchen im Strandbikini, und das im November, gibt mir tatsächlich Auskunft:

»Hans Albers? Ne, zu mir kommt der nich'. Aber geh mal rüber zu Corinna, ich glaub', das is ein Freier von der.«

Corinna kann mit dem Namen aber gar nichts anfangen oder will es nicht. Mißtrauische Blicke mustern mich. Hält man mich für einen »Schmiermichel« [Polizist, GZ], oder fühlen sich die Mädchen auf den Arm genommen? Hat die dünne Blonde sich über mich lustig gemacht, oder war die Auskunft ernst gemeint? Ich kann's nicht ergründen und mache mich lieber wieder davon Richtung Albers-Platz. Unterwegs werfe ich in einer Telefonzelle noch einen Blick ins Hamburger Telefonbuch. Fünfundzwanzigmal finde ich darin Hans Albers. Ob einer davon wirklich die Corinna kennt? Ich will's nicht unterstellen. Es wär' mir wirklich peinlich, wenn ich nun fünfundzwanzigmal Ehekrach verursacht hätte. 'tschuldigung!

Bei »Wempe« an der Ecke treffe ich Renate. Sie ist Wirtschafterin im »Palais d'amour«: »Albers? Das war ein Sänger, ach, halt, ne, das war ein Seemann, oder war er Schauspieler? Egal, aber wenn mal ein Film von dem kommt, dann sitzt der ganze Salon voll, und keine Frau geht ackern.«

»Aids-Siggi« schreckt mich aus meinen Gedanken. Er braucht Geld für die U-Bahn. Seit mindestens einem Jahr ist »Aids-Siggi« (den Namen hat ihm »Opa« verpaßt, weil Siggi zusehends verfällt, der Kiez ist da nicht zimperlich) nicht mehr U-Bahn gefahren, aber Geld dafür schnorrt er täglich, um es dann bei »Edeka« gegen »Bauernfreund« aus Tirol (zwei Liter 3,98) einzutauschen. Vielleicht hat Diäthylenglykol zu Siggis Verfall beigetragen. Statt einer Antwort auf meine Frage nach Hans Albers bekomme ich von ihm einen Sangesvortrag von Albers-Liedern zu hören. In besseren Tagen ist Siggi sogar schon mal als Albers-Imitator im Fernsehen aufgetreten. Aber das ist offensichtlich schon eine kleine Weile her. Siggis Hauptinteresse gilt heute dem Alkohol. »Good bye, Jonny...« — singend steuert er mit meinem Heiermann den »Edeka«-Laden an.

Hans Albers lebt! Nicht nur Siggi glaubt das. Sonntag vormittags sitzt ein leibhaftiger Hans Albers mit zwei Schifferklavieren in der »Albers-Klause« oder auf dem Hans-Albers-Platz. Kaum jemand weiß, wie er wirklich heißt. Er selbst will es auch nicht wissen. Er ist halt »Hans«. Im Laufe der Jahre hat er sich in die Albers-Rolle immer mehr hineingesteigert. Auf dem Hamburger Fischmarkt spielt er Albers-Stücke und sammelt dann mit der typischen Schippermütze Münzen ein. Nie sieht man ihn ohne seine beiden »Brüder«, wie er die Ziehharmonikas liebevoll nennt.

Sophie aus der »Heißen Ecke« genau gegenüber der Davidswache kann mir eine ganze Menge über Hans Albers erzählen. Sophie ist 73, muß aber wegen der niedrigen Rente »zuverdienen«. Genauer, sie muß nicht nur, sie will auch. Ohne ihren »Frikadellenpuff« kann sie nicht leben (»Wenn ich aufhör', dann ist ganz Schluß«).

»Ich weiß von Hans Albers 'ne ganze Menge. In Tutzing am Starnberger See hatte der 'ne ganz große Villa. Die hat er dann den alten Schauspielern vermacht, die nix zum Wohnen hatten. Ich hab' da mal selber drin gewohnt. Meine Enkeltochter, die hat 'ne Pflegemutter, weil ja meine Tochter hier erschossen worden ist. Aber das weißt du ja alles aus der Zeitung. Na, die sind jedenfalls nach Tutzing gezogen und haben da ein Haus gekriegt von der Firma. Das Haus war noch nicht fertig, und da waren sie auch ein halbes Jahr in der Villa von dem Albers untergebracht. Ich hab' die da besucht. Das ist richtig schade um das Haus.«

»Wieso, das ist doch schön, wenn da alte bedürftige Menschen wohnen können?«

»Ja, schon, aber keiner macht was in Ordnung. Da geht ja viel kaputt. Die großen Figuren im Garten sind alle umgefallen. Ach, der Garten, ja, der war das Schönste, was ich je gesehen hab'. Der war so groß wie hier die ganze Große Freiheit. Aber der Gärtner, das war nich' der richtige Mann. Der hat das ganz verlottern lassen. Der Hans Albers hat da ein gutes Werk getan, aber der Gärtner, ne, das war nix. Ich weiß, wovon ich rede. Mein Bekannter ist auch Gärtner. Der da bei Albers im Haus hat frei Wohnen und kriegt 1800 Mark. Und dann ist der zu faul, mal ein bißchen Zement zu holen und die Figuren im Garten wieder aufzustellen. Das mußt du dir mal angucken, fahr mal hin nach Tutzing.

Ach ja, der Albers, der war in Ordnung. Aber guck dir mal den Freddy an. Der war letztens hier bei uns, er hatte da so 'nen Begleiter bei sich. Aber wie die sich benehmen. Benehmen? Ach, hör doch auf! Geschmatzt hat der. Nur weil er hier im Imbiß ist, oder was? Der wollt' doch in den Albers seine Schuhe steigen. Aber das schafft der nie, ne, das schafft der nie.«

Als letzte Station meiner Gedächtnis-Reise rund um den Hans-Albers-Platz steure ich nun das Toilettenhäuschen mitten auf dem Platz an, das also inzwischen, am letzten Tage des Jahres 1985, dem Albers-Denkmal weichen mußte. Nun, ein wertvoller städtebaulicher Beitrag ist dieses Häuschen nicht. An seiner Rückseite lagern Müll und alte Möbel. Unübersehbar hat ein Sprayer seine »Note« an der Wand angebracht: HANS ALBERT? SÄHR LUSTIG!

Die Toilettenfrauen vom Hans-Albers-Klo finden es gar nicht lustig, daß sie hier weg sollen. Ich unterhalte mich mit einer von ihnen:

»Für Sie ist ja Ende des Jahres Schluß hier, da genau an dieser Stelle das Hans-Albers-Denkmal stehen soll.«

»Ja, für uns ist das bitter. Wir sind hier reingewachsen. Wenn wir hier raus müssen, ja, das ist bitter, aber auch für die Kunden.«

»Sind Sie denn dem Hans Albers böse deswegen?«

»Ach, Quatsch, wenn der Hanne noch leben würde, der würd' sagen, haut ab mit dem dusseligen Denkmal, die Toilettenfrauen brauchen wir hier! Was ist eigentlich los mit euch, seid ihr alle bekloppt, würde der sagen. Außer dem Schifferklavier ist doch sowieso nix an dem Denkmal zu erkennen. Auf'n Kopp würd' er sie hauen, diese ... (ich hab' nix gesagt) da im Rathaus. Aber der Hanne würd' überhaupt traurig sein, wenn er seinen Namen da drüben auf dem Schild lesen würd', auf deutsch gesagt! Guck doch mal selbst, was für 'nen Laden sie nach Hanne benannt haben. Nich' mal ein Faßbier gibt's in der Kaschemme. Aber die größte Schweinerei ist, daß wir jetzt hier verschwinden sollen. Ich hab' 220 Mark Rente. Aber nich' nur wegen dem Geld, auch so wird uns das hier fehlen. Ich glaub', das halt ich gar nicht aus.«

Als ich wieder auf den Hans-Albers-Platz heraustrete, stelle ich fest, daß ein kalter Novembernebel aufgezogen ist.

Ja, es wird kälter, Hanne ...

Gustav Knuth erinnert sich an folgende Geschichte, die Albers ihm erzählt hat:
»Albers, ein Freund von deftigen Witzen, sollte einer Filmgesellschaft in den frühen Tonfilmjahren helfen, bei einem angesehenen Bankhaus Geld lockerzumachen. Die Manager aber baten ihn, sich höchst vornehm zu geben, was dem Hans zwar nicht gefiel, aber er machte mit.
Und er spielte seine Rolle sehr gut. Auch als der Hund des Hausherrn ihn mit seinen Frühlingsgefühlen belästigte und sich immer wieder an seinem Knie zu schaffen machte, fand Albers nur ein vornehmes ›Nicht doch!‹.
Der Besuch war erfolgreich, die Gesellschaft bekam das nötige Geld. Beim Abschied lag der Hund in der Halle der Villa und hechelte Hans Albers sehnsüchtig an. Da beugte sich der Hamburger über ihn und flüsterte ihm ins Ohr: ›Lennéstraße 7‹, seine Berliner Adresse.«

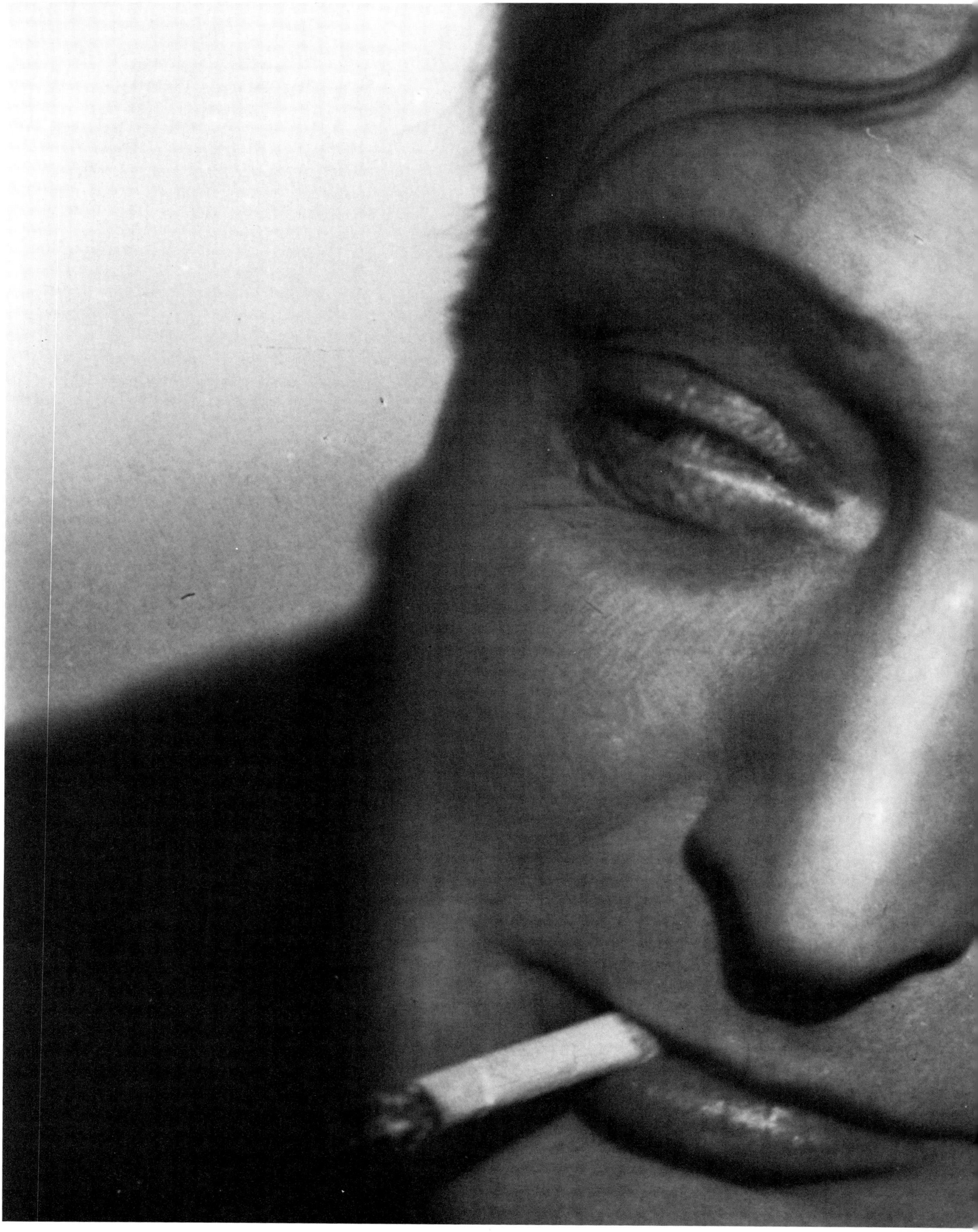

Filmographie

Stummfilme

Hans Albers hat in mehr als hundert Stummfilmen mitgewirkt, ein Star jener Jahre der tonlosen Leinwand war er jedoch nicht. Die Rollen seiner filmischen Frühzeit waren oft nur klein und unbedeutend, sie gerieten bald in Vergessenheit. Und es fehlen in seiner Filmographie die großen stummen Filmepen, die man heute als »klassisch« bezeichnet. Albers produzierte vielfach melodramatische Unterhaltungsware, die ihm kaum Gelegenheit zur komödiantischen Profilierung bot. Aber er spielte mit zum Teil heute noch dem Namen nach bekannten Partnerinnen und Partnern.

Hier sind die wesentlichen Stummfilme aufgeführt. D steht für Darsteller, die Titel lassen in etwa auch auf Inhalt und Thematik schließen.

Der Mut zur Sünde (1918). D: Hans Albers, Olga Desmond.
Lola Montez (1919). D: Hans Albers, Maria Zelenka, Gustav Adolf Semler.
Rauschgold (1920). D: Hans Albers, Stella Harf.
Die Marquise von O. (1920). D: Hans Albers, Herta Heden.
Die große und die kleine Welt (1921). D: Hans Albers, Lia Eibenschütz.
Madeleine (1921). D: Hans Albers, Ria Jende, Eduard von Winterstein.
Versunkene Welten (1922). D: Hans Albers, Ria Jende.
Lumpacivagabundus (1922). D: Hans Albers, Karl Etlinger, Hans Brausewetter.
Der falsche Dimitry (1922). D: Hans Albers, Paul Hartmann, Eugen Klöpfer.
Fräulein Raffke (1923). D: Hans Albers, Werner Krauß.
Guillotine (1924). D: Hans Albers, Marcella Albani, Willy Fritsch.
Gehetzte Menschen (1924). D: Hans Albers, Johannes Riemann.
Die Venus von Montmartre (1925). D: Hans Albers, Lya Mara.
Ein Sommernachtstraum (1925). D: Hans Albers, Valeska Gert, Werner Krauß.
Luxusweibchen (1925). D: Hans Albers, Lee Parry.
Halbseide (1925). D: Hans Albers, Kurt Gerron.
Die Gesunkenen (1925). D: Hans Albers, Olga Tschechowa, Otto Gebühr.
Der Mann aus dem Jenseits (1925). D: Hans Albers, Olga Tschechowa, Paul Wegener.
Der Prinz und die Tänzerin (1926). D: Hans Albers, Lucy Doraine, Willy Fritsch.
Deutsche Herzen am deutschen Rhein (1926). D: Hans Albers, Adele Sandrock.
An der schönen blauen Donau (1926). D: Hans Albers, Harry Liedke.
Nur eine Tänzerin (1926). D: Hans Albers, Lil Dagover.
Der lachende Ehemann (1926). D: Hans Albers, Charlotte Ander.
Die versunkene Flotte (1926). D: Hans Albers, Heinrich George.
Die Frau, die nicht nein sagen kann (1926). D: Hans Albers, Gustav Fröhlich.
Der Soldat der Marie (1926). D: Hans Albers, Harry Liedke.
Primanerliebe (1927). D: Hans Albers, Grete Mosheim, Fritz Kortner.
Herr Meister und Frau Meisterin (1928). D: Hans Albers, Ida Wüst.
Prinzessin Olala (1928). D: Hans Albers, Marlene Dietrich.
Rasputins Liebesabenteuer (1928). D: Hans Albers, Hilde Hildebrand.
Saxophon-Susi (1928). D: Hans Albers, Anny Ondra.
Asphalt (1929). D: Hans Albers, Rosa Valetti, Gustav Fröhlich.
Mascottchen (1929). D: Hans Albers, Käthe von Nagy.
Teure Heimat (1929). D: Hans Albers, Renate Müller, Hans Brausewetter.
Die Schleiertänzerin (1929). D: Hans Albers, Evelyn Holt, Harry Hardt.

Links: Stummfilm 1918   Stummfilm »Kinder, wie die Zeit vergeht«

Tonfilme

Im deutschen Tonfilm war Hans Albers ein Mann der ersten Stunde. Sozusagen über Nacht wurde er zum Star. Er drehte Anfang der dreißiger Jahre bis zu vier Filme pro Jahr, insgesamt wurden es 49, sieht man von den filmischen Rückblicken »Herrliche Zeiten« (1950) und »Das gab's nur einmal« (1957) ab. Diese Produktionen waren Zusammenschnitte der populärsten deutschen Streifen.

Verzeichnis der Abkürzungen:
R: Regie. K: Kamera. B: Drehbuch. M: Musik. D: Darsteller; in Klammern, soweit bekannt, der Rollenname. Nach dem Titel ist das Jahr der Uraufführung angegeben.

Aus begreiflichen Gründen wird Albers als Darsteller immer zuerst genannt, was nicht bedeutet, daß er jeweils die Hauptrolle gespielt hat.

Die Nacht gehört uns (1929). R: Carl Froelich. K: Reimar Kuntze, Charles Metain. B: Walter Reisch und Walter Supper nach dem Schauspiel von Henry Kistemaeckers. M: Hansom Milde-Meißner. D: Hans Albers (Harry Bredow), Charlotte Ander (Bettina Bang), Ida Wüst, Lucie Englisch, Otto Wallburg, Walter Janssen.

Albers rettet anonym eine verunglückte Rennfahrerin, wird später in der Automobilfabrik ihres Vaters angestellt und offenbart das Geheimnis der Rettung. Nach einer weiteren dramatischen Rettungsaktion werden die beiden ein Paar.

Der blaue Engel (1930). R: Josef v. Sternberg. K: Günther Rittau, Hans Schneeberger. B: Robert Liebmann nach dem von Carl Zuckmayer und Karl Vollmöller bearbeiteten Roman »Professor Unrat« von Heinrich Mann. M: Friedrich Hollaender. D: Emil Jannings (Professor Rath), Marlene Dietrich (Lola), Hans Albers (Mazeppa), Rosa Valetti, Eduard von Winterstein.

Die berühmte Geschichte des Gymnasialprofessors, der eine Revuesängerin heiratet und daran zerbricht. Hans Albers spielt den Artisten, der als Liebhaber der Sängerin den Professor ins Unglück treibt.

Der Greifer (1930). R: Richard Eichberg. K: Heinrich Gätner, Bruno Mondi. B: Rudolf Katscher, Egon Eis. M: Hans May, John Reynders. D: Hans Albers (Sergeant Harry Cross), Charlotte Susa (Dolly Mooreland), Lotte Stein, Karl Ludwig Diehl, Eugen Burg, Harry Hardt.

Hans Albers spielt in dieser englisch-deutschen Gemeinschaftsproduktion einen Detektiv-Sergeanten von Scotland Yard, der auf seine Art, mit Tricks und Humor, viele Ganoven zur Strecke bringt.

Hans in allen Gassen (1930). R: Carl Froelich. K: Franz Planer. B: Rudolf Frank nach dem Roman »Smarra« von Ludwig Wolff. M: Hansom Milde-Meißner, Erwin Bootz. D: Hans Albers (Reporter), Camilla Horn (seine Braut), Max Adalbert, Gustav Diessl, Paul Heidemann.

In diesem Kriminalfilm ist Hans Albers ein Reporter, der sich mit Geschick und Frechheit jeder Story bemächtigt, die er aufspüren kann.

Drei Tage Liebe (1931). R: Heinz Hilpert. K: Otto Kanturek. B: Heinz Hilpert nach einem Manuskript von Joe Lederer. M: Friedrich Hollaender. D: Hans Albers (Franz), Käthe Dorsch (Lena), Trude Berliner, Lotte Stein, Rudolf Platte, Fritz Odemar.

Ein Streifen mit einem Schuß Sozialkritik. Hans Albers spielt einen Möbelpacker, in den sich ein hübsches Dienstmädchen verliebt. Um ihm zu gefallen, stiehlt sie ihrer Dienstherrin eine Diamantbrosche. Die Sache fliegt auf, das Mädchen wählt den Freitod.

Bomben auf Monte Carlo (1931). R: Hanns Schwarz. K: Günther Rittau,

Links: *Der blaue Engel* *Drei Tage Liebe*

Konstantin Tschet. B: Hans Müller und Franz Schulz nach dem gleichnamigen Roman von Fritz Reck-Malleczewen. M: Werner Richard Heymann. D: Hans Albers (Craddock), Anna Sten (Yola), Heinz Rühmann (Peter), Ida Wüst (Isabel), Peter Lorre, Otto Wallburg.
Eine Filmoperette, die internationalen Erfolg hatte. Albers als Kapitän eines Kreuzers, der vor Monte Carlo liegt, verliert beim Roulette und droht, das Kasino zu beschießen, wenn er sein Geld nicht zurückbekommt.

Der Draufgänger (1931). R: Richard Eichberg. K: Heinrich Gätner, Bruno Mondi. B: Josef Than und Richard Eichberg nach einer Novelle von Franz Höllering. M: Hans May. D: Hans Albers (Martin Timm), Martha Eggerth (Trude), Gerda Maurus, Ernst Stahl-Nachbaur, Leonard Steckel, Eugen Burg, Alfred Beierle.
In diesem ebenso turbulenten wie humorvollen Film spielt Hans Albers einen Hamburger Hafenpolizisten, der lichtscheuem Gesindel ebenso Respekt einflößt, wie er die Herzen der jungen Damen höher schlagen läßt.

Der Sieger (1932). R: Hans Hinrich und Paul Martin. K: Günther Rittau, Otto Baecker. B: Leonhard Frank, Robert Liebmann. M: Werner Richard Heymann. D: Hans Albers (Hans Kühnert), Käthe v. Nagy (Helene), Adele Sandrock, Ida Wüst, Hans Brausewetter, Max Gülstorff.
Die Hoppla-jetzt-komm'-ich-Komödie. Albers ist ein kleiner Telefonist, der sich in ein reiches Mädchen verliebt und seine Braut über allerlei komische Umwege heimführt.

Quick (1932). R: Robert Siodmak. K: Günther Rittau, Otto Baecker. B: Hans Müller nach dem gleichnamigen Bühnenstück von Felix Gandéra. M: Werner Richard Heymann, Hans-Otto Borgmann, Gérard Jacobson. D: Hans Albers (Quick), Lilian Harvey (Eva), Käthe Haack, Paul Hörbiger, Paul Westermeier, Fritz Odemar.
In diesem Film aus dem Artistenmilieu verliebt sich Hans Albers unglücklich in eine etwas überspannte Dame. Sie will nur den Clown, nicht den Mann hinter der Maske. Ein Albers-Film ohne Happy-End für den »Sieger«.

Der weiße Dämon (1932). R: Kurt Gerron. K: Carl Hoffmann. B: Philipp Lothar Mayring, Fritz Zeckendorf. M: Hans-Otto-Borgmann. D: Hans Albers (Heini Gildemeister), Gerda Maurus (seine Schwester), Lucie Höflich (seine Mutter), Trude v. Molo, Peter Lorre, Raoul Aslan, Hubert v. Meyerinck, Alfred Abel.
Ein abenteuerlicher Film um eine Rauschgiftbande, der mit viel Action und unter manchen Schwierigkeiten von Hans Albers das verwerfliche Handwerk gelegt wird.

F.P.1 antwortet nicht (1932). R: Karl Hartl. K: Günther Rittau, Konstantin Tschet, Otto Baecker. B: Walter Reisch nach dem gleichnamigen Roman von Robert Siodmak. M: Allan Gray, Hans-Otto Borgmann. D: Hans Albers (Thomas Ellissen), Sybille Schmitz (Claire), Paul Hartmann (Droste), Peter Lorre, Hermann Speelmanns, Paul Westermaier, Erik Ode, Rudolf Platte.
Geschichte um den Bau einer künstlichen Insel im Atlantik, die den Flugverkehr zwischen Europa und Nordamerika ermöglichen soll. Albers als berühmter Flieger treibt mit einem Trick den Bau der Insel voran und rettet letztlich F.P.1 vor der Zerstörung durch Saboteure.

Heut kommt's drauf an (1933). R: Kurt Gerron. K: Bruno Mondi. B: Philipp Lothar Mayring, Wolfgang Wilhelm. M: Helmut Wolfes, Bronislaw Kaper, Walter Jurmann, Stephan Weiß, Paul Mann. D: Hans Albers (Hannes Eckmann), Luise Rainer (Marita Costa), Oskar Karlweis, Oskar Sima, Max Gülstorff.

Links: *Der Draufgänger* *Quick*

Ein Musikfilm mit populären Schlagern. Hans Albers als Kapellmeister, der um das goldene Saxophon kämpft und es natürlich auch erringt. Der Superhit: »Mein Gorilla hat 'ne Villa im Zoo«.

Ein gewisser Herr Gran (1933). R: Gerhard Lamprecht. K: Eduard Hoesch. B: Philipp Lothar Mayring. M: Hermann Schulenburg, Hans-Otto Borgmann. D: Hans Albers (Herr Gran), Karin Hardt (Viola Dolleen), Olga Tschechowa (Frau Mervin), Albert Bassermann (Tschernikoff), Hermann Speelmanns, Hubert v. Meyerinck.
Ein Spionagethriller um den Raub von wichtigen militärischen Plänen. Hans Albers als getarnter Geheimdienstoffizier vollbringt äußerst verwegene Kunststücke, um für sein Land die Papiere zu retten. Das schafft er natürlich.

Flüchtlinge (1933). R: Gustav Ucicky. K: Fritz Arno Wagner. B: Gerhard Menzel. M: Herbert Windt, Ernst Erich Buder. D: Hans Albers (Arneth), Käthe v. Nagy (Kristja), Eugen Klöpfer (Laudy), Ida Wüst, Franziska Kinz, Carsta Löck, Marja Koppenhöfer, Fritz Genschow, Veit Harlan, Josef Dahmen.
Melodramatischer Abenteuerfilm mit nationalistischer Tendenz. Hans Albers, deutscher Offizier in fremden Diensten, rettet unter Einsatz seines Lebens eine Gruppe von Wolgadeutschen vor der Zwangsrückkehr in die Sowjetunion und führt sie heim ins Reich.

Gold (1934). R: Karl Hartl. K: Günther Rittau, Otto Baecker, Werner Bohne. B: Rolf E. Vanloo. M: Hans-Otto Borgmann. D: Hans Albers (Werner Holk), Brigitte Helm (Florence Wills), Lien Deyers, Fita Benkhoff, Else Wagner, Michael Bohnen, Friedrich Kayßler, Rudolf Platte.
In diesem utopischen Film geht es um die synthetische Gewinnung von Gold aus Blei. Hans Albers zieht als Ingenieur auf der Suche nach dem weltweiten Erfolg alle Register.

Peer Gynt (1934). R: Fritz Wendhausen. K: Carl Hoffmann. B: Josef Stolzing-Czerny, Richard Billinger, Fritz Reck-Malleczewen nach Motiven von Ibsens Drama. M: Giuseppe Becce unter Verwendung von Motiven von E. Grieg. D: Hans Albers (Peer Gynt), Marieluise Claudius (Solveig), Lucie Höflich (Mutter Aase), Olga Tschechowa, Lizzi Waldmüller, Friedrich Kayßler, Otto Wernicke, Fritz Odemar.
Eine monströse Verfilmung, die zwar den Aufstieg und den Fall des »nordischen Faust« nachzeichnet, mit dem Drama von Henrik Ibsen aber kaum mehr als den Titel gemein hat. Ein Abenteuerfilm, in dem die literarische Vorlage auf den blonden Hans zugeschnitten ist.

Varieté (1935). R: Nikolaus Farkas, Jacob Geis (Dialoge). K: Victor Arménise. B: Nikolaus Farkas, Rolf E. Vanloo. M: Hans Carste. D: Hans Albers (Pierre), Annabella (Jeanne), Attila Hörbiger (George), Else Reval, Karl Etlinger, Gerhard Dammann.
Eine deutsch-französische Gemeinschaftsproduktion aus der Welt der Artisten. Neid und Eifersucht führen zu dramatischen Aktionen unter den Protagonisten. Hans Albers gewinnt gegen seinen Partner Attila Hörbiger das Herz der schönen Partnerin Annabella.

Henker, Frauen und Soldaten (1935). R: Johannes Meyer. K: Franz Koch. B: Max Kimmich und Jakob Geis nach dem Roman »Ein Mannsbild namens Prack« von Fritz Reck-Malleczewen. M: Peter Kreuder. D: Hans Albers (Michael von Prack und Alexej Alexandrowitsch von Prack), Charlotte Susa (Vera Iwanowna), Jack Trevor, Aribert Wäscher, Hubert v. Meyerinck, Otto Wernicke, Bernhard Minetti.
Ein nationalsozialistisches Filmdrama, das gegen Ende des Ersten

Links: *Ein gewisser Herr Gran* »Illustrierter Film-Kurier«, Titelblatt

Weltkriegs spielt. Albers in einer Doppelrolle als vaterlandstreuer Flieger und als dessen Vetter, einen sowjetischen General. Der Deutsche besiegt seinen Verwandten im Zweikampf und entscheidet im Tod die Schlacht gegen die Sowjets zugunsten des Freikorps.

Savoy-Hotel 217 (1936). R: Gustav Ucicky. K: Fritz Arno Wagner. B: Gerhard Menzel. M: Walter Gronostay. D: Hans Albers (Andrei Antonowitsch Wolodkin), Brigitte Horney (Nastasja Andrejewna Daschenko), Käthe Dorsch (Anna Fedorowna Orlowa), Gusti Huber, René Deltgen, Aribert Wäscher, Hans Leibelt, Erich Fiedler, Herbert Hübner, Rudolf Schündler.
Der Film, nach dem Krieg in »Mord im Savoy« umbenannt, erzählt von einem Kellner in einem Moskauer Hotel, der unschuldig unter Mordverdacht gerät. Albers zieht wieder alle Register, um als Verdächtiger aus diesem Teufelskreis herauszukommen. Selbstverständlich mit Erfolg.

Unter heißem Himmel (1936). R: Gustav Ucicky. K: Fritz Arno Wagner. B: Gerhard Menzel. M: Theo Mackeben. D: Hans Albers (Kapitän Kellersperg), Lotte Lang (Rosa Ferugas), Aribert Wäscher, René Deltgen, Bruno Hübner, Hans Leibelt, Willi Schur, Jack Trevor.
Nahezu dasselbe Team wie bei *Savoy-Hotel 217* produzierte diesen Seemannsfilm, in dem Hans Albers einen in den Waffenschmuggel geratenen Kapitän spielt. Durch allerlei Tollkühnheiten à la Albers rettet er sich und seiner Geliebten das Leben.

Der Mann, der Sherlock Holmes war (1937). R: Karl Hartl. K: Fritz Arno Wagner. B: Robert A. Stemmle, Karl Hartl. M: Hans Sommer. D: Hans Albers (Sherlock Holmes), Heinz Rühmann (Dr. Watson), Marieluise Claudius (Mary Berry), Hansi Knoteck (Jane Berry), Hilde Weissner (Madame Ganymar), Siegfried Schürenberg (Monsieur Lapin), Paul Bildt, Eduard von Winterstein, Ernst Legal, Edwin Jürgensen.
Eine recht komische Geschichte um den legendären Detektiv, den Sir Conan Doyle erfunden hat. Albers und Rühmann spielen virtuos das Kriminalistenpaar, das sich mit Augenzwinkern selbst auf den Arm nimmt.

Die gelbe Flagge (1937). R: Gerhard Lamprecht. K: Franz Koch. B: Helmut Brandis und Otto Linnekogel nach dem gleichnamigen Roman von Fred Andreas. M: Giuseppe Becce. D: Hans Albers (Peter Diercksen), Olga Tschechowa (Helen Roeder), Dorothea Wieck (Schwester Dolores), Aribert Wäscher (Orveda), Rudolf Klein-Rogge, Alexander Engel, Hans Adalbert Schlettow, Arthur Schröder.
Abenteuerliches in einer Quarantänestation mit vielen guten, aber auch sehr bösen Menschen. Albers, ein ehemaliger Flieger, schützt natürlich die Guten vor den Bösen und bekommt nach manchen Gefahren seine geliebte Helen alias Olga Tschechowa.

Fahrendes Volk (1938). R: Jacques Feyder. K: Fritz Koch, Josef Illig. B: Jacques Feyder. M: Wolfgang Zeller. D: Hans Albers (Fernand), Françoise Rosay (Flora), Camilla Horn, Irene v. Meyendorff, Hannes Stelzer, Herbert Hübner, Alexander Golling, Herbert Weißbach.
Eine deutsch-französische Gemeinschaftsproduktion, in der Hans Albers seine erste Vaterrolle spielt. Er ist aus dem Gefängnis ausgebrochen und geht zu seiner Frau, die als Dompteuse beim Zirkus gelandet ist. Dort lernt er seinen inzwischen erwachsenen Sohn (Hannes Stelzer) kennen. Aber die Vergangenheit holt den Ausbrecher ein, bei einem Gefecht mit der Polizei wird er erschossen.

Links: *Der Mann, der Sherlock Holmes war* *Fahrendes Volk*

Sergeant Berry (1938). R: Herbert Selpin. K: Franz Koch. B: Walter Wassermann und C. H. Diller nach dem gleichnamigen Roman von Robert Arden. M: Hans Sommer. D: Hans Albers (Berry), Herma Relin (Ramona), Toni von Bukowicz (Mutter Berry), Peter Voß (Oberst Turner), Edwin Jürgensen, Herbert Hübner, Erich Ziegel, Hans Stiebner, Kurt Seifert.

Eine Art Ersatz-Western auf deutsch. Abenteuer, Action, Albers in allerbester Form. Auf unglaubliche Weise bringt er Gangster und Schmuggler zur Strecke, wird zum Leutnant befördert und führt die Dame seines Herzens heim.

Wasser für Canitoga (1939). R: Herbert Selpin. K: Franz Koch, Josef Illig. B: Walter Zerlett-Olfenius nach dem Bühnenstück von G. Turner Krebs. M: Peter Kreuder. D: Hans Albers (Oliver Montstuart), Charlotte Susa (Lilly), Hilde Sessak (Winifred Gardener), Peter Voß, Josef Sieber, Karl Dannemann, Heinrich Schroth, Beppo Brem, Ernst Fritz Fürbringer, Carl Wery.

Ein ähnlich angelegter Streifen wie *Sergeant Berry*, er endet jedoch dramatisch. Albers als Ingenieur beim Bau einer Wasserleitung nach Canitoga (Kanada), die er unter Einsatz seines Lebens vor Saboteuren rettet. Der dritte Albers-Film, in dem der Held stirbt.

Ein Mann auf Abwegen (1940). R: Herbert Selpin. K: Franz Koch. B: H. G. Petersson und Walter Zerlett-Olfenius nach dem Roman »Percy auf Abwegen« von Hans Thomas. M: Franz Doelle. D: Hans Albers (Percival Patterson), Hilde Weissner (Lisaweta Iwanowna), Charlotte Thiele (Percys Tochter Ingrod), Hilde Sessak, Werner Fuetterer, Gustav Waldau, Peter Voß, Herbert Hübner, Harry Hardt.

Turbulente Filmkomödie um einen Großunternehmer, der vorübergehend aus den Geschäften aussteigt, weil er die Nase voll hat. Albers spielt diesen Millionär auf Abwegen mit allem Charme, der ihm zu Gebote steht.

Trenck, der Pandur (1940). R: Herbert Selpin. K: Franz Koch. B: Walter Zerlett-Olfenius nach dem gleichnamigen Theaterstück von O. E. Groh. M: Franz Doelle. D: Hans Albers (der junge, der alte und der preußische Trenck), Hilde Weissner (Gräfin St. Croix), Käthe Dorsch (Maria Theresia), Sybille Schmitz (Prinzessin Deinartstein), Elisabeth Flickenschildt (Natalie Alexandrowna), Hans Nielsen, Peter Voß, Oskar Sima, Herbert Hübner, Hubert v. Meyerinck, Fritz Lafontaine.

Eine gleich dreifach angelegte Paraderolle für Hans Albers in diesem monumentalen historischen Filmgemälde. Die Husarenstücke, die Trenck auszulösen und zu bestehen hat, sind so recht nach Albers' und des Publikums Geschmack.

Carl Peters (1941). R: Herbert Selpin. K: Franz Koch. B: Ernst v. Salomon, Walter Zerlett-Olfenius, Herbert Selpin. M: Franz Doelle. D: Hans Albers (Carl Peters), Erika v. Thellmann, Karl Dannemann, Fritz Odemar, Hans Leibelt, Herbert Hübner, Ernst Fritz Fürbringer.

Ein Politfilm des NS-Propagandaministeriums um die Gründung der ersten deutschen Kolonien in Afrika. Der Film nimmt es mit der historischen Wahrheit nicht sehr genau. Albers' einzige *totale* Entgleisung in Richtung NS-Propaganda.

Münchhausen (1943). R: Josef v. Baky. K: Werner Krien, Konstantin Irmen-Tschet. B: Erich Kästner unter dem Pseudonym Berthold Bürger. M: Georg Haentzschel. D: Hans Albers (Münchhausen), Brigitte Horney (Katharina die Große), Ilse Werner, Käthe Haack, Marianne Simson, Leo Slezak, Hermann Speelmanns, Wilhelm Bendow, Walter Lieck, Ferdinand Marian, Gustav Waldau, Hu-

Links: *Wasser für Canitoga* *Trenck, der Pandur*

bert v. Meyerinck.
Eine filmisch und vor allem filmtechnisch sehr gelungene Darstellung der Abenteuer des Lügenbarons. Hans Albers fühlte sich in der Titelrolle sichtlich wohl. Ein guter Jubiläumseinstand der Ufa, die 1943 25 Jahre alt wurde.

Große Freiheit Nr. 7 (1944). R: Helmut Käutner. K: Werner Krien. B: Helmut Käutner, Richard Nicolas. M: Werner Eisbrenner. D: Hans Albers (Hannes), Ilse Werner (Gisa), Hilde Hildebrand (Anita), Ethel Reschke (Margot), Hans Söhnker (Willem), Gustav Knuth (Fiete), Günther Lüders (Jens).
Einer der besten Filme, die Albers gedreht hat. Eine deftige, rührende, bewegende Seemannsstory vom alten Hannes, der sich noch einmal in ein junges Mädchen verliebt, sich vergeblich Hoffnungen macht und zum guten Schluß wieder auf seinem Kahn anheuert.

Shiva und die Galgenblume (1944). R: Hans Steinhoff. K: Carl Hoffmann. B: Hans Steinhoff und Hans Rudolf Berndorff nach dessen gleichnamigem Roman. M: Werner Eisbrenner. D: Hans Albers (Kriminalrat Dietrich Dongen), Elisabeth Flickenschildt, Grethe Weiser, Eugen Klöpfer, Aribert Wäscher, Harald Paulsen, Heinz Moog, Carl-Heinz Schroth, O. W. Fischer.
Der letzte Versuch der Nazis, noch einen leichten Unterhaltungsfilm herzustellen. Der Streifen war angesiedelt im Milieu von Geldfälschern und Bilderdieben. Die Dreharbeiten in Prag wurden vom Einmarsch der sowjetischen Truppen beendet, der Film ist nach dem Krieg nicht fertiggestellt worden.

Und über uns der Himmel (1947). R: Josef v. Baky. K: Werner Krien. B: Gerhard Grindel. M: Theo Mackeben. D: Hans Albers (Hans Richter), Paul Edwin Roth (sein Sohn), Lotte Koch, Elsa Wagner, Annemarie Haase, Otto Gebühr, Ralph Lothar, Ludwig Linkmann, Erich Dunskus.
Hans Albers' erster Nachkriegsfilm, er spielt im deutschen Trümmermilieu einen Heimkehrer, der sich den Gepflogenheiten der Schwarzmarktzeit anpaßt, später aber wieder auf den rechten Weg zurückfindet.

Föhn (1950). R: Rolf Hansen. K: Richard Angst. B: Erna Fentsch nach einer Filmnovelle von Arnold Fanck. M: Mark Lothar. D: Hans Albers (Dr. Johannes Jensen), Liselotte Pulver (Maria), Antje Weissgerber (Frau Dr. Jensen), Adrian Hoven, Heinrich Gretler.
Eine Charakterrolle für den etwas älter gewordenen Hans Albers. Er rettet einem jungen Paar in den Schweizer Bergen das Leben und findet dabei selbst den Tod.

Vom Teufel gejagt (1950). R: Viktor Tourjansky. K: Franz Koch, Josef Illig. B: Emil Burri und Viktor Tourjansky nach einer Idee von Viktor de Fast. M: Franz Grothe. D: Hans Albers (Dr. Blank), Lil Dagover, Maria Holst, Heidemarie Hatheyer, Edith Schultze-Westrum, Willy Birgel, Otto Wernicke, Joseph Offenbach, Georg Lehn.
Auch diesmal stirbt Albers den Filmtod. Er hat ein Serum gegen bestimmte Geisteskrankheiten erfunden, wird aber durch Selbstversuche (eine Nebenwirkung ist vorübergehende Willenslähmung) zum Mörder und geht an seiner eigenen Entdeckung zugrunde.

Blaubart (1951). R: Christian-Jacque. K: Christian Matras. B: André Paul Antoine, Christian-Jacque, Jean Bernard Luc, deutsche Fassung Hans Rehfisch, E. Kröhnke, Boris Borresholm. M: Werner Eisbrenner. D: Hans Albers (Blaubart), Cécile Aubry, Lina Carstens, Ina Halley, Fritz Kortner, Arno Paulsen, Carl Wery.
Eine französisch - deutsch - österreichisch - schweizerische Gemein-

Links: Uraufführung von *Blaubart*, 1951 in Frankfurt

Albers, der Blaubart

schaftsproduktion. Die berühmte Geschichte vom Ritter Blaubart, der seine Frauen reihenweise umbringt, bis er dem Charme eines jungen Mädchens erliegt. Die Rolle war Albers nicht unbedingt auf den Leib geschrieben.

Nachts auf den Straßen (1952). R: Rudolf Jugert. K: Vaclav Vich, Theo Nischwitz. B: Fritz Rotter, Helmut Käutner. M: Werner Eisbrenner. D: Hans Albers (Heinrich Schlüter), Lucie Mannheim (seine Frau), Hildegard Knef (Inge Hoffmann), Karin Andersen, Marius Goring, Heinrich Gretler, Hans Reiser, Hans Elwenspoek.

Hier ist Hans Albers als Fernfahrer, der vorübergehend einem leichten Mädchen verfällt, ganz in seinem komödiantischen Element. Der Film erhielt für die Gesamtleistung (Buch, Regie und Darstellung) den Bundesfilmpreis 1952.

Käpt'n Bay-Bay (1953). R: Helmut Käutner. K: Friedl Behn-Grund. B: Heinz Pauck, Per Schwenzen und Helmut Käutner nach Motiven des gleichnamigen Lustspiels von Iwa Wanja, Fritz Grashoff und Norbert Schultze. M: Norbert Schultze. D: Hans Albers (Käpt'n Bay-Bay), Lotte Koch, Angèle Durand, Renate Mannhardt, Anneliese Kaplan, Carsta Löck, Rudolf Fernau, Fritz Rémond, Karl Kuhlmann, Ernst Fritz Fürbringer, Bum Krüger, Fritz Benscher.

Hans Albers, nun ein reiferes Semester, aber ein Draufgänger wie in seinen großen Vorkriegsfilmen, verwegen und versoffen, ein Kapitän mit ungeheurem Charme, vielen Liebschaften und Abenteuern. Und es gibt ein Happy-End.

Jonny rettet Nebrador (1953). R: Rudolf Jugert. K: Hans Schneeberger. B: Werner Jörg Lüddecke, Heinz Pauck und Per Schwenzen nach dem Roman »Manuel erkennt seine Macht« von Karl Lerbs. M: Werner Eisbrenner. D: Hans Albers (Jonny und General Oronta), Margot Hielscher, Trude Hesterberg, Peter Pasetti, Bum Krüger, Rudolf Vogel, Franz Muxeneder, Ernst Legal, Al Hoosman.

Wieder einmal eine Doppelrolle für Hans Albers. In einem Operettenstaat herrscht er als General Oronta mit brutalen Mitteln, in seiner Eigenschaft als Jonny stößt er diesen Diktator vom Sockel.

An jedem Finger zehn (1954). R: Erik Ode. K: Ekkehard Kyrath. B: Joachim Wedekind, Per Schwenzen nach einer Idee von Aldo von Pinelli und Hans Jacoby. M: Werner Müller. D: Hans Albers, Germaine Damar, Loni Heuser, Josephine Baker, Cornelia Froboess, Bibi Johns, Mona Baptiste, Rudolf Schock, Helmut Zacharias, Walter Giller, Erich Auer, Hubert v. Meyerinck.

Ein sehr leichter und lockerer Musikfilm, wie schon die Besetzungsliste mit vielen Gesangstars ausweist. Albers dominierte zwar auch in diesem Streifen, aber als Sänger eben nicht allein.

Auf der Reeperbahn nachts um halb eins (1954). R: Wolfgang Liebeneiner. K: Kurt Schulz. B: Gustav Kampendonk, Curt Braun. M: Herbert Trantow. D: Hans Albers (Hannes Wedderkamp), Heinz Rühmann (Pitter Breuer), Fita Benkhoff, Sybil Werden, Helga Franck, Gustav Knuth, Erwin Strahl, Wolfgang Neuss, Wolfgang Müller.

Ein Albers-Film im Milieu der Großen Freiheit, aber nicht im entferntesten mit dem Käutner-Film von 1944 zu vergleichen. Der Film lebt von Albers und Rühmann und den vielen Schlagern und Shanties, die beide zum besten geben.

Der letzte Mann (1955). R: Harald Braun. K: Richard Angst. B: Georg Hurdalek, Herbert Witt. M: Werner Eisbrenner. D: Hans Albers (Karl Knesebeck), Romy Schneider

Links: *Jonny rettet Nebrador*   Filmplakat von *Käpt'n Bay-Bay*

(Niddy), Camilla Spira, Ursula von Reibnitz, Rudolf Forster, Peter Lühr, Joachim Fuchsberger, Michael Heltau, Walter Gross, Karl-Maria Schley, Karl-Georg Saebisch, Heini Goebel.

Mit F. W. Murnaus großem Stummfilm hat dieses Remake nicht viel gemeinsam. Bei Murnau steigt der Oberkellner Knesebeck ab bis zum Toilettenmann und bleibt dort, Albers dagegen wird vom Oberkellner zum letzten Mann, dann aber zum ersten, zum Hoteldirektor nämlich.

Vor Sonnenuntergang (1956). R: Gottfried Reinhardt. K: Kurt Hasse. B: Jochen Huth nach dem gleichnamigen Schauspiel von Gerhart Hauptmann. M: Werner Eisbrenner. D: Hans Albers (Geheimrat Clausen), Annemarie Düringer (Inken Peters), Maria Becker, Hannelore Schroth, Inge Langen, Johanna Hofer, Martin Held, Erich Schellow, Wolfgang Preiss, Hans Nielsen, Claus Biederstaedt.

Die zweite Verfilmung von Gerhart Hauptmanns Schauspiel. Der reiche Industrielle Clausen verliebt sich in ein junges Mädchen. Da er Inken heiraten will, versucht seine Familie, ihn zu entmündigen. Das überlebt er nicht. – Albers erhielt für seine Leistung den Goldenen Bären der Berlinale 1956 und den Golden Globe, den Preis der internationalen Filmkritik.

Die Verlobten des Todes (1956). R: Romolo Marcellini. K: Aldo Giordani. B: Gino de Santis, Nicola Ferrari, Jacques Remy, Franco Solinas. M: Angelo Francesco Lavagnino. D: Hans Albers (Lorenzo), Margit Nünke, Sylvia Koscina, Rik Battaglia, Gustavo Rojo.

Albers' Ausflug zum italienischen Film. Der Streifen ist im Rennfahrermilieu angesiedelt, und Hans Albers spielt einen Rennleiter, wie er im Lehrbuch für den Motorsport stehen könnte.

Der tolle Bomberg (1957). R: Rolf Thiele. K: Vaclav Vich. B: Hans Jacoby und Per Schwenzen nach dem gleichnamigen Roman von Josef Winckler. M: Hans Martin Majewski. D: Hans Albers (Baron von Bomberg), Marion Michael, Camilla Spira, Ilse Künkele, Gert Fröbe, Harald Juhnke, Paul Henckels, Herbert Weissbach, Hubert v. Meyerinck.

Eine Verfilmung des berühmten westfälischen Schelmenromans von Josef Winckler, in der Albers die Rolle des verrückten Barons spielt. Er besteht natürlich alle Abenteuer mit Bravour. Der Film sollte wohl an *Münchhausen* anknüpfen, erreichte aber die Qualität nicht.

Das Herz von St. Pauli (1957). R: Eugen York. K: Ekkehard Kyrath. B: Kurt E. Walter und Eberhard von Wiese nach dessen gleichnamigem Roman. M: Michael Jary. D: Hans Albers (Jonny Jensen), Camilla Spira (seine Frau), Hansjörg Felmy, Mady Rahl, Carla Hagen, Karin Faber, Karin Baal, Gert Fröbe, Peer Schmidt, Werner Peters, Ernst Waldow, Hans Richter, Ludwig Linkmann.

»Jonny« Albers' filmische Heimkehr auf die Reeperbahn, es sollte die letzte sein. Er spielt einen ehemaligen Kapitän, der jetzt auf St. Pauli eine Kneipe betreibt und sich erfolgreich mit den bösen Umtrieben seines Gegenspielers (Gert Fröbe) auseinandersetzt.

Der Greifer (1958). R: Eugen York. K: Ekkehard Kyrath. B: Curt J. Braun. M: Hans Martin Majewski. D: Hans Albers (Otto Friedrich Dennert, Kriminaloberkommissar), Hansjörg Felmy (sein Sohn Harry), Susanne Cramer, Mady Rahl, Agnes Windeck, Siegfried Lowitz, Ernst Stankovski, Werner Peters, Horst Frank, Herbert Hübner.

Ein Remake des Eichberg-Film von 1930, allerdings transponiert auf deutsche Verhältnisse und auf das Alter von Hans Albers. Der erste *Greifer* war erfolgreicher Scotland-

Links: *Der Mann im Strom*   *Vor Sonnenuntergang*

Yard-Detektiv, diesmal ist er ein pensionierter Oberkommissar, der zeigt, daß er noch nicht zum alten Eisen gehört.

Der Mann im Strom (1958). R: Eugen York. K: Ekkehard Kyrath. B: Jochen Huth nach dem gleichnamigen Roman von Siegfried Lenz. M: Hans Martin Majewski. D: Hans Albers (Taucher Hinrichs), Gina Albert, Carsta Löck, Helmut Schmid, Jochen Brockmann, Hans Nielsen, Josef Dahmen, Wolfgang Völz, Joseph Offenbach, Ludwig Linkmann.
Die Verfilmung eines frühen Romans von Siegfried Lenz, der aber Albers zuliebe mit einem Happy-End versehen wurde. Ein alter Taucher verjüngt sich selbst in seinem Paß, um weiter beschäftigt zu werden. Er leistet Großes, doch die Fälschung fliegt auf. Im Film drücken die Behörden ein Auge zu. Hinrichs kann weitertauchen.

Dreizehn alte Esel (1958). R: Hans Deppe. K: Ekkehard Kyrath. B: Janne Furch nach dem gleichnamigen Roman von Ursula Bruns. M: Martin Böttcher. D: Hans Albers (Josef Krapp), Marianne Hoppe (Martha Krapp), Karin Dor, Gunnar Möller, Günther Lüders, Isabell Stumpf, Erna Sellmer, Werner Peters, Josef Dahmen, Joseph Offenbach, Robert Meyn, Hans Fitze.
Ein harmloses Lustspiel. Albers hat seiner Frau den Rücken gekehrt und kommt erst nach Jahren zurück. Im Heim für schwererziehbare Kinder, das sie leitet, bringt er mit seinem goldenen Herzen alles schnell wieder in Ordnung. Und warum der Titel? Hans bewahrt dreizehn alte Esel vor dem tödlichen Gang zum Schlachthof...

Kein Engel ist so rein (1960). R: Wolfgang Becker. K: Karl Löb. B: Eckart Hachfeld. M: Erwin Halletz. D: Hans Albers (Dr. Zilinsky), Sabine Sinjen (Therese), Ingrid van Bergen, Gustav Knuth, Horst Frank, Peter Kraus, Walter Giller, Ludwig Linkmann.
Eine Kriminalkomödie, in der Albers vom angesehenen Rechtsanwalt zum Boß einer Gaunerbande absteigt. Er und seine Spießgesellen werden aber von einem jungen Mädchen der Heilsarmee wieder auf den rechten Weg geführt. Dies war Hans Albers' letzter Film.

Links: *Kein Engel ist so rein* *Dreizehn alte Esel*

Diskographie

Hans Albers hat eine Unzahl von Liedern, Schlagern und Shanties gesungen — und populär gemacht. Viele waren ihm von bekannten Komponisten und Textern sozusagen maßgeschneidert worden. Albers hat aber auch Evergreens zu neuem Leben verholfen. Wer denkt nicht an *seine* »La Paloma«-Interpretation mit dem auf ihn zugeschnittenen Text von Helmut Käutner? Oder an den alten Schlager »Auf der Reeperbahn nachts um halb eins«, den erst der blonde Hans zum Hit machte?

Die Schallplatte war immer dabei. Schon die ersten populären Albers-Songs, die den Beginn seiner Karriere markieren, wurden in den guten alten Schellack-Rillen verewigt, und nach dem Zweiten Weltkrieg hatte »Hanne« noch viele Gelegenheiten, seine berühmtesten Lieder auf Singles wie auf Langspielplatten zu singen.

Sicherlich ist Hans Albers durch seine Filme im Gedächtnis von Millionen lebendig. Mehr noch aber durch seine Lieder, die immer wieder aus dem Radio schallen oder aus der Musikbox. Er ist eben unvergessen. Darum erstaunt es nicht, daß noch eine ganze Reihe von Langspielplatten und Musikkassetten im Schallplattenhandel up to date sind. Und sie werden, wie die Händler bestätigen, von allen Altersgruppen gekauft.

Nach dem großen Katalog der Plattenindustrie von 1985/86 sind folgende Originalproduktionen auf dem Markt:

Auf der Reeperbahn nachts um halb eins:
Nimm mich mit, Kapitän, auf die Reise / Weine nicht, o Signorina / Käpt'n Bay-Bay aus Schanghai / Mein Junge, halt die Füsse still / La Paloma / Das letzte Hemd hat keine Taschen / In einer Sternennacht am Hafen / Ja, das Leben / Das Herz von St. Pauli / Kleine weiße Möwe (Teldec, auch als Kassette)
Flieger, grüß mir die Sonne (Elektrola, zwei LP)
Große Freiheit Nr. 7 (Teldec, drei LP)
Die großen Erfolge von gestern (Albers und Rühmann):
Jawohl, meine Herrn / Einmal noch nach Bombay / Ich brech' die Herzen der stolzesten Frau'n / Auf der Reeperbahn nachts um halb eins / Good bye, Jonny / Das kann doch einen Seemann nicht erschüttern / La Paloma / Ein Freund, ein guter Freund / Kind, Du brauchst nicht weinen (Ariola)
Hans Albers:
La Paloma / Nimm mich mit, Kapitän / Kleine weiße Möwe / Käpt'n Bay-Bay / O Signorina / Das gibt es nur in Texas (mit E. Künneke) / Auf der Reeperbahn nachts um halb eins / Das Herz von St. Pauli / Weine nicht / In einer Sternennacht am Hafen / Sag, wie Du heißt / O Susanna (Ich kam aus Alabama) (Teldec, auch als Kassette)

Hans Albers — Originalaufnahmen eines unvergessenen Künstlers:
Beim erstenmal, da tut's noch weh / La Paloma / Hoppla, jetzt komm' ich / Hein Mück aus Bremerhaven / Komm auf die Schaukel, Luise / Flieger, grüß mir die Sonne / Jawohl, meine Herrn / Good bye, Jonny / Auf der Reeperbahn nachts um halb eins / Ganz dahinten, wo der Leuchtturm steht / In meinem Herzen, Schatz (EMI, auch als Kassette)
Das Herz von St. Pauli — Melodien aus dem gleichnamigen Film (Teldec, auch als Kassette)
Hoppla, jetzt komm' ich:
Hoppla, jetzt komm' ich / Kind, Du brauchst nicht weinen / Gnädige Frau, komm und spiel mit mir / Flieger, grüß mir die Sonne / Ganz dahinten, wo der Leuchtturm steht / Mein Gorilla hat 'ne Villa im Zoo / Immer, wenn ich glücklich bin / Ich bin der Hans im Glück / In meinem Herzen, Schatz / Hamburger Kedelklopper / Nun muß ich fort, ade, mein Kind / Zwischen Hamburg und Haiti / Jawohl, meine Herrn / Good bye, Jonny / Auf der Reeperbahn . . . / La Paloma / Beim erstenmal, da tut's noch weh / Und über uns der Himmel / Komm auf die Schaukel, Luise / Ich will Sie küssen, wenn Sie es verlangen / O Susanna / In Hamburg an der Elbe / Ich hab' eine kleine Philosophie / Hein Mück (EMI, zwei LP, zwei Kassetten)
Ich bin der Hans im Glück:
u. a. Mein Gorilla hat 'ne Villa im Zoo / In vierundzwanzig Stunden / Ich kam aus Alabama / Nun muß ich fort, ade, mein Kind / Hans im Glück / Hoppla, jetzt komm' ich / Gnädige Frau, komm und spiel mit mir / Komm auf die Schaukel, Luise / Ases Tod / Kind, Du brauchst nicht weinen / Das ist die Liebe der Matrosen / In Hamburg an der Elbe / Ganz dahinten wo der Leuchtturm steht / Flieger, grüß mir die Sonne / Unter heißem Himmel / Sehnsuchtsmusik / Lied der Flüchtlinge (EMI)
Jawohl, meine Herrn (EMI, zwei LP)
Portrait:
Auf der Reeperbahn nachts um halb eins / Der Wind und das Meer / Kleine Nordseeschwalbe / Einmal noch nach Bombay / Fünf kleine Affen / Mein Junge, halt die Füße still / La Paloma / Das letzte Hemd . . . / Ich frag' nicht, ob Du Geld hast / Das Lied vom Nigger Jim / Das Lied vom Columbus / Kleine Möwe, flieg nach Helgoland / Nimm mich mit, Kapitän / Wenn ich morgen mit Dir am Hafen steh' / Kapitän hieß Jack / Trippel, trappel, trapp / Bohemien / Föhn / Käpt'n Bay-Bay / Rummelplatz / In einer Sternennacht am Hafen / Das Herz von St. Pauli / Einmal noch nach Bombay / Komm auf die Schaukel, Luise (Teldec, zwei LP, zwei Kassetten)
Unvergessener Hans Albers — Das große Erinnerungsalbum mit 24 seiner größten Erfolge:
u. a. La Paloma / Nimm mich mit, Kapitän / Kleine weiße Möwe / Käpt'n Bay-Bay / O Signorina / Auf der Reeperbahn . . / In Hamburg an der Elbe / Einmal noch nach Bombay / Weine nicht / Das letzte Hemd . . . / Ja, das Leben / Das Herz von St. Pauli / Es ist egal / O Susanna / In Arizona (mit E. Künneke) / Das gibt es nur in Texas (mit E. K.) / In jedem Hafen gibt's den ›Blauen Peter‹ / Der Mensch muß eine Heimat haben / In einer Sternennacht am Hafen / Sag, wie Du heißt / Mein Onkel hat Plantagen / Kokosnüsse und Bananen / Wenn Du mein Schatz wärst (Teldec, zwei LP, zwei Kassetten)

Quellen/Bildnachweis/Impressum

Die Aufmacherfotos

Vorsatz: Uraufführung von *Sergeant Berry* 1937 im Ufa-Palast am Zoo, Berlin
Seite 2/3: *Wasser für Canitoga*
Seite 4: Albers als Peer Gynt
Seite 6: *Der Sieger*
Seite 8/9: privat in Garatshausen
Seite 36/37: *Der Draufgänger*
Seite 48/49: *Der Mann, der Sherlock Holmes war* (mit Heinz Rühmann)
Seite 58/59: *Der blaue Engel* (mit Marlene Dietrich)
Seite 90/91: *Vor Sonnenuntergang* (Dreharbeiten)
Seite 114/115: *Heut' kommt's drauf an* (mit Luise Rainer)
Seite 132/133: Albers mit Freunden und Mitarbeitern im Garten seines Hauses am Starnberger See
Seite 148/149: Deutsche Erstaufführung von *Große Freiheit Nr. 7* 1945 in Berlin
Seite 180/181: Während einer Drehpause bei den Aufnahmen zu *Das Herz von St. Pauli*
Seite 182: *Gold*
Rücksatz: Hans Albers präsentiert 1957 im Atelier am Zoo, Berlin, »Das gab's nur einmal«, einen filmischen Rückblick mit vielen Stars; er selbst spielte in der Rahmenhandlung.

Quellen

Arnheim, Rudolf, Kritiken und Aufsätze zum Film, München 1977
Bab, Julius, Kränze dem Mimen, Berlin 1954
Bandmann, Christa, Hembus, Joe, Klassiker des deutschen Tonfilms, München 1980
Bloch, Ernst, Vom Hasard zur Katastrophe, Frankfurt 1972
Brecht, Bertolt, Arbeitsjournal, Frankfurt 1973
Cadenbach, Joachim, Hans Albers, Lebensbilder, Berlin–Wien 1983
Courtade, Francis, Cadars, Pierre, Histoire de cinéma nazi, Paris 1972; dt. Ausg.: Geschichte des Films im Dritten Reich, München 1975
Czifra, Géza von, Kauf dir einen bunten Luftballon, Bergisch Gladbach 1975
Fernau, Rudolf, Als Lied begann's, München 1975
Groll, Gunter, Lichter und Schatten, München 1956
Ihering, Herbert, Von Reinhardt bis Brecht, Reinbek 1967
Kerr, Alfred, Mit Schleuder und Harfe, Berlin 1982
Knef, Hildegard, Der geschenkte Gaul, Wien–München–Zürich 1970
Knuth, Gustav, Mit einem Lächeln im Knopfloch, Frankfurt 1976
Kortner, Fritz, Aller Tage Abend, München 1969
Künneke, Evelyn, Sing, Evelyn, sing, Hamburg 1982
Luft, Friedrich, Stimme der Kritik I, Berlin 1982
Mertens, Eberhard, Hans Albers in seinen großen Erfolgsfilmen, Filmprogramme Bd. 4, Olms Presse, Hildesheim 1979
Riess, Curt, Das gab's nur einmal, Wien–München 1977
Rühmann, Heinz, Das war's, Berlin 1982
Schumann, Uwe-Jens, Hans Albers, seine Filme – sein Leben, München 1980
Spiess, Eberhard, Hans Albers, eine Filmographie, Frankfurt 1977
Weinschenk, Harry E., Schauspieler erzählen, Berlin 1938
Witte, Karsten, Athlet in Halbseide, in: Adolf Heinzlmeier, Berndt Schulz, Karsten Witte, Die Unsterblichen des Kinos, Bd. 2, Frankfurt 1980

Bildnachweis

Deutsches Institut für Filmkunde e.V.: 2/3, 4, 8/9, 10, 11, 18, 19, 21, 22, 24, 26 (oben), 28, 36/37, 40, 41, 42, 43, 44, 45, 48/49, 53, 54, 55, 58/59, 60, 61, 62/63, 65, 66, 68, 69, 71, 72, 73, 75, 76, 77 (unten), 78, 79 (Mitte), 80/81, 82, 83, 84, 85, 86/87, 88/89, 97, 98, 99, 100, 107 (oben rechts), 108/109, 110, 111, 113 (oben), 114/115, 117, 118/119, 121, 122, 123, 124, 125, 128/129, 131, 138, 148/149, 151, 152, 158/159, 161, 162, 163, 164, 165, 167, 170, 174, 182, 184
Deutsche Presse-Agentur *(dpa)*: 23, 34 (oben), 51, 93, 94, 95, 96, 101, 102, 103, 145 (links)
Ullstein-Bilderdienst: 17, 29, 50, 160
Archiv Dublies: Titelfoto, 1, 6, 14/15, 33, 38, 47, 57, 79 (oben), 90/91, 105, 107, 132/133, 139, 140, 147, 166, 168, 169, 171, 172, 173, 175, 176, 177
Archiv Schraml: 12, 13, 25, 26/27, 30, 34, 35, 77 (oben), 134, 135, 137, 143, 179
CCC-Film, Berlin: 98 (unten links), 178; Real-Film, Hamburg: 56, 92, 127; Kurt-Ullrich-Film, Berlin: 113 (unten)
Privat: 141, 142, 144, 145 (rechts), 180/181
Günter Zint: 150

Impressum

CIP-Kurztitelaufnahme der Deutschen Bibliothek

Hans Albers: Hoppla, jetzt komm ich / hrsg. von Otto Tötter. — Hamburg; Zürich : Rasch und Röhring, 1986.
ISBN 3-89136-064-9
NE: Tötter, Otto [Hrsg.]

Copyright © 1986 by Rasch und Röhring Verlag, Hamburg
Einband und Gestaltung: Studio Reisenberger
Lithographie: Albert Bauer KG, Hamburg
Satzherstellung: alphabeta, Hamburg
Druck- und Bindearbeiten: Bercker Grafische Betriebe, Kevelaer
Printed in Germany

Kino
bei Rasch und Röhring

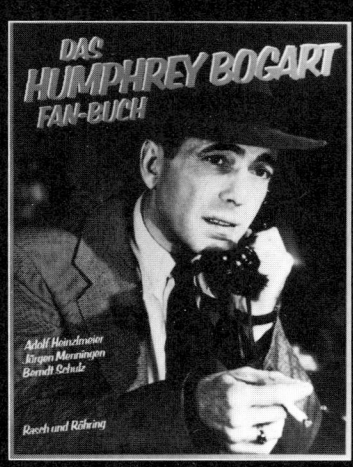

**192 Seiten
durchgehend illustriert**

**192 Seiten
durchgehend illustriert**

**184 Seiten
durchgehend illustriert**